L Es Anciennes et modernes ge‐ nealogies des Roys de france et mesment du roy Pharamond auec leurs Epitaphes et Effi‐ gies.

❡ Nicolai Parui Bellosanensis ad IoānemBouchettum
  vetustissimę Francorū historiæ parentem Epigramma,
❡ Ignorabantur nostrę primordia gentis,
   Francorum primus, rex Pharamundus erat.
Quadraginta illum sed præcessisse recenses
   O Bouchete grauis conditor historiæ.
Et ꝗ ab Hectoreo Francorum sanguine reges
   Descendunt, etiam qui modo scœptra tenet.
Hoc tibi debemus studio qui prisca fideli
   Gallorum primus nominis ista doces.

❡ Et sont a vendre a Paris en la rue sainct Jacques
Et a Poictiers au Pellican.   Et a limprimerie a s
Celle, et deuant les Cordeliers par Jacques Bouchet
Imprimeur audict Poictiers·
        ❡ Cum priuilegio.

A treſilluſtre ⁊ reuerendiſſime ſeignr monſeignr Anthoyne du prꝛe Cardinal du ſainct ſiege apoſtolicque arceueſque de Sens et Chancelier de France.

S la tant Belle ⁊ louable concertaciõ deſ long tẽps a pꝛetermiſe de ceulx qui diſoient les nobles ⁊ fidelles eſcripuans les faſtes⁊ geſtes des empereurs roys ducz et pꝛinces a poꝛter aux humains non moins de fruict et pꝛoffit ꝗ ceulx meſmes qui les auroient faiz(treſilluſtre cardinal arceueſque ⁊ chãcelier) Ny auroit celuy qui couuoiteux de la cõgnoiſſance des choſes antiques ne ſe appli quaſt Beoir et lire les liures de hiſtoꝛiographes hcbꝛieux grecz ⁊ latins a raiſon de ce ꝗ par telle eſtude ſes ieunes au roient lepperiẽce appꝛochãt de celle par laꝗlle les Bielz et anciens hõmes ſont pꝛudẽs eptimez/Et ſeroiẽt les entre pꝛinſes des guerres plus rares ⁊ mieulx conſiderees/Les Batailles par pluſgrãt Bertu ⁊moins cruellemẽt cõduictes et plus facillemẽt par paix dirimees/Et ceulx qui deſirẽt par incoꝛꝛupuz iugemens eſtre par claritude de Beſiqueux faictz en laduenir magniffiez⁊ eſtre pꝛeux ⁊Baillans renõ mez congnoiſtroient ꝗ les epemples de fidelite clemẽce ⁊ pꝰ tie ſont a pꝛeferer a ceulx de atrocite impudicite⁊iniuſtice/ La Bie des hõmes ſeroit en pluſgrant ſeurete⁊ moins ſuꝶ gecte a couuoitiſe/et les choſes par leſquelles on peut par uenir a dꝛoicture par les epemples de ceulx du paſſe con gneues/on paruiendꝛoit a publicque felicite ⁊ integrite de Bouloir/de ſoꝛte ꝗ les ſubiectz par Bꝛaie⁊ non fardee obeiſ ſance Biuroient en paix et ſans oultrage ſoubz lauctoꝛite de leurs ſuperieure.

⁘ Par la foy et teſmoignage des anciennes hiſtoires on

✚ ii

peut scauoir voire mieulx que par preceptz et doctrines
commant la chose militaire doit estre gouuernee qui sont
les moiens de longuemēt ꞇ eureusement regner Cōmant
les royaumes florissent/Et silz sont par quelque infortune
opprimez/ou demy mors/par quelle voie on les peut suble=
uer et faire reuiure/Et de ce tresprouident seigñr incum=
bant au salut publicque ꞇ regardāt de toutes pars les pro
cesses dicelluy vo⁹ estes tresbien sceu ayder en ladministra
cion des affaires du royaume de france/tant en la prospe=
rite que aduersite dicelluy en general et particulier de sorte
quon vous peut(non a tort)nommer loeiul des princes le
pere du pays ꞇ lamateur de paix/dont la louange ne peut
estre par mectres poeticque ne par annalles celebree mais
par le iugement des prudens rememoree et perpetuee/Je
eptime que par la verite des histoires ioincte a vostre sciē=
ce ciuille vertuz et auctorite par la conduicte de vostre sub=
lime sens auez toutes ces choses ainsi bien et eureusement
conduictes.

¶ Dr donc congnoissant vostre tant noble ꞇ vigillant es=
prit aucuneffoiz prendre plaisir aux histoires de france/et
que auez vng incomprehensible amour a lhōneur ꞇbien du
pays/Je me suis hardie vo⁹ adroisser ce present opuscule
que iay fait oultre les Annalles dacquitaine contenant en
peu de parolles les faictz ꞇ gestes de quarāte roys et deux
ducz qui ont regne sur les frācois auāt le roy Pharamōd/
que noz historiēs appellent le premier roy de france/ensem
ble des aultres roys iusques au roy qui a present est en for=
me de Epitaphes/auec leurs genealogies ꞇdaucuns prin
ces de leur sang/et mesmement la genealogie de ce Phara
mond par long temps aux francois incongneue/Par la=
quelle on congnoistra de quelles tenebres le nom frācois
a si longuement este couuert/ꞇ pourquoy les Rommains
ne les ont ainsi nommez par leurs histoires auāt le regne

de Pharamond/ Non que ie presume ceste chose Vo' estre
nouuelle ne se liuret digne de passer dauant Voz yeulx
parce quil nest en langue latine mais en langage fran=
cois/ Touteffoiz iespere que Voz benignite doulceur et
clemence qui donnent matiere de Vray iugement a Vo=
stre honneste grauite force temperance iustice et admi=
rable science en toutes sectres/ permectront sopuscule
plins de la Verite de lhistoire estre publie et mis au azart
des diuers iugemens des hommes/ Cest seulement Vng
art de memoire contenant non au long mais en sommai
re listoire et genealogie de chescun Roy de France auec
leurs effigies faictes selon la mutacion des temps / la
qualite de leurs personnes et quantite de leurs ans

C Je ne ignore tresillustre seigneur combien est ardu
et hault de nouueaute donner aux choses antiques/ aus
ctorite aux choses nouuelles/ foy aux choses doubteuses/
et lumiere aux choses obscures/ et nay ceste chose entre=
prinse/ Mais plus amoureux de lhonneur des fran=
cois/ que doubteux dentrer en particuliere reprehension/
côtre loppinion de Caton ne puis tenir mon agreste plu
me descrire/ aymant mieulx prier quon parbonne a mes
deffaulx en escripuant/ que sans escrire demourer sans
coulpe/ a lexemple de Diogenes lequel non obstât sa de=
rision de ceulx de Corinthe trouuoit meilleur transpor=
ter de lieu en aultre le tonneau ou il couchoit que estre
oiseux et sans rien faire/ non sans cause appelle ce que ies=
criz Vng tonneau a mectre Vin/ parce que mon intention
est ne mectre en mes petiz escriptz autre chose qui ne soit
au Vin ressemblant/ qui a couleur/ goust/ et force/ mais
necessaire est que ce tonneau soit bien lye de Vostre aucto
rite que ie appelle non seulement de Catôn al Arceuess
que et Chancelier/ mais celle qui passant par tous Voz

iii

aages est selon iceulx par les degrez des honneurs ciuilz
non par le benefice de fortune mais par voz merites et
graces iusques a souuerain fastige paruenue / de sorte q̃
de tresdoct en toutes lectres fustes aduocat du roy / puis
maistre des requestes / puis premier president en sa court
de parlement a Paris / puis chancelier / puis arceuesque
et cardinal / vous plaise donc tresillustre seigneur auto
riser lopuscule et regarder lhumilite et bon vouloir du
pauure escripuant qui ne demande fors la prosperite du
roy de madame et messeigneurs ses enfans / et la vostre
comme estant le chief de iustice en son royaume.

Spe labor leuis.

Au tresprudēt ¢ hardy cheualier ¶ne beloquen
ce latine messire Marc Viconte de la Mothe au
groing/seigneur de la Moriniere.

Nduit de amour que chescun doit auoir
A son pays/iay prins labeur a veoir
Treshault seigneur des mes ans iuueniles
Plusieurs traictez des histoires gentilles
Des fors francois/et gaules belicqueux
De hispaniens/et anglois courageux
De Italiens/ et des germains feroces
Veniciens astutz en leurs negoces
Semblablement des gretz mendacieux
Assiriens/et rebelles hebrieux

Et le tout veu/de tous les gēs pugnicques
(Si nous lisons bien au long les cronicques)
Nous trouuerons que gaules et francois
Et les germains qui sont(si dire ousois)
Au temps present trois nations en vne
Trop plus amez de Mars que de fortune/
Ont merite de loz autant/ou plus
Pour leurs haulx faictz/q̄ na tout le surplus/

Quel peuple a pl⁹autreffois doubte rōme:
Ce sont gaulois/et les gaulois en somme/
Quatre cens ans ont este molestez
Par les francois/et de guerre infestez
Qui fut au temps que vne grant cōpaignie
De ces francois se tinst en germanie/

Et pour la fin les francois ont vaincu
Tous les gaulois par la lance et lescu/
Apres quilz ont par plus de cent batailles
Eu guerre entre eulx(non sans grās coups ne tailles)

Finablement des gaules ilz ont faict
La double france/ou apres maint beau faict
Onze cens ans ilz ont tenu leur regne
Triumphamment et soubz trefforte resne/
Jacoit que aucuns de leurs roys mal menez
Se sont trouuez par temps infortunez/
      Et non obstant quilz aient change de ligne
Trois foiz/non plus/qui lira ligne a ligne
Les faictz de france/on verra que le sang
De Pharamond tient encores son rang
Qui descendit du noble Hector de troie
Dont ya eu(comme nature octroie)
Par compte faict des roys cinquante huyt
Regnans en gaule en triumphe et bon bruit
Et parauant sur eulx des roys quarante
Auec deux ducz en noblesse apparente
Auoient regne/non sans grant contredict
En germanie/ou ce peuple fut dict
Et appelle par foiz peuple de Scithe
Et scithiens/et par foiz on les cite
Sycambriens/francois/et puis germains/
Et mesmement au temps que les rommains
Et leurs cesars feirent aux germains guerre
Furent nomme germains/parce que en terre
De germanie ilz auoient preside
Et trois cens ans et plus y reside
      Finablement leur non francois reprindrent
Ung peu dauant que les gaulois surprindrent
Sur les rommains/qui fut onze cens ans
ya passez/maulgre tous leurs nuysans/
Sans que iamais ilz fussent tributaires/
Mais tousiours francs par vertuz militaires/
      Et parautant que noz predecesseurs

Historiens(comme non assez seurs)
De tout cecy nont escript par histoire
En quel pays contree et territoire
Les roys francois(desquelz pharamõd vinst)
Se sont tenuz/et comme on se y maintinst/
Jay concuilly de liures autenticques
Long têps absconds en frãce/⁊ tresanticques
Lantiquite de tous ces nobles roys/
Et concorde les discors et berrois
De leurs parens et genealogies
Depuis francus/et mis les effigies
Et nobles faictz des roys mors et enuers
Puis Pharamond en vernaculles vers/
Et letout prins des historiographes/
Puis redige soubz forme de Epitaphes/

    Noble seigneur louurage est fort petit
Et vouldrois bien quon y prinst appetit
Non pour le stille et vulgaire langaige
Car il est fait en naturel ramage
Mais parautant que ce dont est yssu
Fut aultreffoiz de anticz aucteurs tyssu/
Et que ay voulu les faictz en brief comprêdre
De tous ces roys pour par cueur les aprêdre/
Lequel le adroisse a monsieur le Daulphin/
Mais a raison que ce nest euure fin
Pour presenter a si noble personne
Sans ce que aucun(ace faire consonne)
Ayt premier veu/si par faulte desprit
Il ya rien mal dit/ou mal escript/
Considerant que en toutes bonnes lectres
Estes eppert soit en prose ou en mectres/
Et que a present cheualier nest de nom
Qui ayt en court le bruyt et le renom

Auec leffect des lectres/et des armes
Plusgrans q̃ vous(ce scauent les gensdarmes)
Leuure petit vous supply regarder/
Et lamender aussi contregarder
De detracteurs non viuans sans enuie
Tenans subgectz tous ceulx qui sont en vie/
    Et quil soit vray ce que iay de vous dit
Lapreuue est clere en cas de contredict/
Car puis le temps que vous prinstes lespee
Laissant lescolle/allant apres Pompee
Auez suiuy les armes et tournois
Comme vray noble/et deslors vous congnois/
Et nya eu bataille ne rencontre
Sans vous/de france/a vostre bõne enconĩre/
Dont vous auez este le bien venu
Es cours des roys/lesquelz vous ont tenu
Si tresloyal/que pour vostre science/
Vostre hardiesse/et bonne epperience
Vous ont choisy pour les gens praticquer/
La paix traicter/et secretz epplicquer
En Italie/Angleterre/Alemaigne/
A Romme aussi/sans oublier Espaigne/
Comme celuy qui scet persuader
En rethoricque/et perilz euader/
Non ignorant les sciences humaines/
Les droiz ciuilz/et histoires rommaines/
Du par tel eur fortune vous a duyt/
Et si tresbien vostre affaire a conduit/
Que auez tousiours vostre charge acomplie
Au gre du roy/qui de ce rien ne oublie/
    Et quant a ceulx ou il vous enuoioyt
Quant si parfait en tout on vous voioyt
Se debatoient par propos admirable

Si leur estoit plus propre et conuenable
Pour enuers vous faire loyal deuoir
De collauder voz armes/ou scauoir/
   Pour ceste cause O tresnoble Vicomte
Jay fait (& faiz(mais cest sans vo⁹)mon compte
Que si vous plaist me estre si gracieux
De traueiller voz spirituelz yeulx
Sur mon liuret/et y mectre la plume
Le radroissant sur vostre doulce enclume/
Il passera comme chose de priz
Dauant tous yeulx sans quen rien soit repris/
De ce vous prie/et faiz humble requeste/
Et si voiez sourdre quelque tempeste
Sur iceluy par orage enuieux
Le soustenir/et ie ne pourrois mieulx/
En priant dieu quil vous donne la grace
Viure en honneur par Nestoree trace/
   Cest de poictiers soubz agreste cachet
Par le voftre humble a vous seruir Bouchet.·.

¶ Nicolai Parui Bellofanenfis Car. Heroicum de Lau
dibus Gallię, Ad dominum Petrum Anthoniũ. Confi=
liarium regium vtriufq; iuris confultiffimum.

V anta fit, Vnde fuos accepit martia reges
Gallia, quos olim magnos fœlicib’hoftes
Vicerit aufpicijs :frãcæ quot regna coronę
Addiderit, quantumq; fuis effecerit armis:
Et per Neptuni, fpumantia regna profundi,
Et per multigenis habitatum gentibus orbem,
Veridici monumenta canunt æterna, breuefq;
Boucheti hiftorię, & Francorum epicœdia regum
Aedita nunc primum, & magno congefta labore.
Gallorum regio vafti lux vnica mundi
Tangit ab occafu ventofæ faxa Pyrenes
Ardua, qua primo Phaetontis lora fuperbi
Igne micant, Rhenum profertur ad vfq; bicornem.
Adriacis ambitur aquis vbi refpicit auftrum.
Vnde minax Boreas hyemes, & frigora fpirat,
Oceanæ refluis in longum Thetios vndis
Alluitur. Belgas fluuijs Celtafq; feroces
Difcernit, variatq; fuæ cognomina gentis.
Terrarum nullis hæc pofiponenda, requiras
Quæ tibi cunq; placent, hæc Francis lætus in oris
Inuenies. opibus non eft Phœbœia maior
Infula, Perfœum ꝗuis fufceperit imbrem.
Diues agris, non tot fruges Aegyptia tellus,
Africa ve, aut cultę producunt rura Cremonę,
Hic domus eft Cereris, nec tantum fertur Eleufim
Mopfopiam, aut trimares hæc fœcundare Sicanos.
Temperies his magna locis, æternaq; nunꝗ
Deftituens populum tam pura luce fruentem,
Qualis Hyperboreis eft in regionibus aer.
Nullus ineft æftus. Lybie quo tota laborat.
Graminibus lætis pecudes, armentaq; pafcit;
Qualia fuppeditat niueis Mœuania tauris
Optatufq; gregi Clitunnus, agerq;Phalifcus.
Tota caret monftris, fitiens quibus Africa fqualet,
Gorgonos anguicomæ Virofo fanguine natis.
Relligionis amor noftræ fyncætus, & ingens
Infitus ingenijs Francorum eft, optima poftꝗ
Sacra panomphœi didicerunt iuffa tonantis

Contempsere feris gaudentem altaribus Hesum,
Et Taranim scythicæ poscentem sacra Dianę
Orgia, Sarronidumq; genus, Druydasq; seueros.
Nulla deum coluit regio constantius, almam
Defendit mucrone fidem, ferroq;, Gothorum
Contra scœuiciem, quibus vtraq; iamq; patebat
Hesperia. Ausoniæ deiectum reddidit vrbi
Pontificem crœbro. Hispanis deiecit ab oris
Aduersos Christo Gepidas, acremq; Gelonum.
Illa suos reges Phrygijs accepit ab oris
Postq̃ res Asiæ superis euertere visum est
Vindicibus Danais, excisaq; Pergama ciues
Emisere: quibus fortuna pepercerat, & quos
Diuersis regnare locis immota volebat
Fatorum series, Anchisæ filius, almæ
Natus adulterio Veneris. Lauina petiuit
Littora, magnanimo satus Hectore Frācus: & ipsum
Insigni referens clarum virtute parentem
Pannonas accessit, quos turbidus alluit Ister.
Hic vbi regnatum est. donec Meotica vates
Prœscia venturi Troianā educere gentem
Marcomirum, & Rhęni gelidis insidere ripis
Impulit: ostenso triplicis phantasmate vultus.
Quot facies Hecate varias Persœa ferebat.
Ergo penetrauit torrentis ad ostia Rhæni
Educens omnem populum, q̃ bella timeret
Sauromatum, atq; illinc cedendū Aliruna moneret.
Cognatos adijt Saxonas, munere quorum
Vicinam accepit terram, quæ Gueldria fertur.
Et quam Vangiones habitant, fortesq; Bataui.
Seruaruntq; datum Cambra sibi nomen ab illa.
Quæ rude formarat vulgus: moresq; ferinos
Sustulerat, populoq; suas monstrauerat artes
Donec post validum Franco regnante parentem
Antharium, nomen Franci de nomine regis
Accepere, sequens quod seruauere per æuum:
Aeternumq; illud Francorum nomen habebunt.
Protendere suos vario certamine fines
Assueti bellis, & semper in arma furentes:
Insana rabie: duriq; libidine Martis
Vnde trucem gens spirat adhuc animosa Gradiuum,
Vt Geta laudato contemnens vulnere mortem.
    Tandem Cœsareum fortes ceruice rebelli

✠✠

Excuffere iugum, dextro Clodouæus olympo
Sufcepit baptifma facrum, fuit vnctus oliuo
Aethereo, cecidere polis tria lilia, quæ nunc
Aurea cernuntur Francorum infignia Regum.
Auriflamma fimul cœlo delapfa, profanam
Contra Barbariam fignum, quo freta iuuentus
Gallica fternebat fidei contraria fanctæ
Agmina, crudelefq; Gothos, vnnofq; rapaces.
Sic demiffa Numæ referunt Ancilia, Teucris
Palladium, quo fpes:& Troiæ fata iacebant.
Tantus Martis amor, pugnandi tanta cupido
Infita Gallorum populis, vt fede relicta
Audaces trifidum metuendis viribus orbem
Terruerint. fenfit fatalem Rhoma tumultum:
Et teftatur adhuc romanas Allia clades.
Vicerunt Macetas. Pœnum, domuere bilinguem,
Sidoniofq; patres:& caftæ Mœnia Elifæ
Hefperiam tenuere fuis vtranq; fub armis.
Vafta Parętonij fulcarunt oftia Nili.
Argolidum reges a gallis fœdus emebant.
Intonuit græcos tempeftas illa per omnes.
Nouerunt folymi Francos.& delphica rupes.
Tantus erat terror:tam formidabile nomen
Gallorum:nec adhuc hodie gens vlla putatur
Quam mage Turcarum timeat violenta poteftas.
Hæc fi cuncta velis breuibus cognofcere verbis:
Florida percurras Francorum Epicœdia regum:
Quę modo Bouchetus verfu ꝙ, ftyloq; diferto
Edidit, hiftoriæ lux,& certiffimus author.
Carolidum mores,& totum gefta per orbem
Inclita cognofces,& quo fint funere merfi,
Quoq; modo populi rexerunt frœna potentis.

FINIS.

¶Table des chappitre et matieres de ce present liure.

++ ii

✠✠ iii

¶ finis.

¶ Les genealogies epitaphes
et effigies de tous les Roys de
frâce / auec le sommaire des ge
stes de quarante Roys et deur
ducz qui regnerêt en Germanie
sur les frâcoys auât Pharamôd
Et aussi des cômêtaires Celar
touchât la côqueste des Gaules

¶ A tresßault trespuissant ¿tresilluftre pr̄ce
môsieur francoys premier enfant ¿ daul
phin de france · Jean Bouchet Daquitaine
Bostre tresßûble ¿ tresobeissant seruiteur.

E me suis souuêt esßay tresillu
ftre prince Dont procede que les
faictz ¿ geftes Des Rômair s̄ôt
ertimez ¿collaudez par plusgrât
nôßre de Orateurs ¿ hiftoric gra
phes / et plus recômâdez de singulieres ¿ ßaul
tes ßouanges / que ceulr ßes gauloys ¿ fran
coys / qui De present sont Bne mesme naticn /
parce que a mon petit esprit a semble les gau
loys ¿ francoys en auoir autant merite que
les Rômains / Mais apꝰ mes esßayssemês ¿
pêsees iay trouue les rômains aucir este tât
eureur en la coppie ¿ fecûdite des escripuans
tât en grecque q̃ lâgue latine / que la memoire

Dôt preße
que les rô
mains sont
plꝰ eftimez
p les âcês
orateurs q̃
les gaulots
et francoys

A

du moindre de leurs faictz (ꝛ dictz(deschlz a pre‑
sent on tiendroit petite extime)a este gardee p
lastuce de si coppieuse escripture et tãt dilatee
par labondance de leurs orateurs/ que dune
petite chose on en a faict une grãt (ꝛ admira‑
ble / Et les choses belliqueuses des gauloys
auant quilz fussent subiuguez par les fran‑
coys/ et semblablement celles des francoys
depuis quilz ont a eulx soubmis les Gaules/
et dicelles faict une france occidentale et une
aultre orientale/ont este si mal recuillies/ q̃lz
en ont presque perdu la gloire par la suppres‑
sion des historiographes Italiẽs (ꝛ Rõmains
anciens emulateurs (ꝛ enuieulx de la prospe‑
rite des Gauloys(ꝛ frãcoys/les nobles faictz
desquelz ilz sefforcent tousiours calũpnier et

Cõparaisõ
des pmiers
roys de rõ‑
me ꝛ de frã‑
ce ꝛ dont ilz
sõt descẽduz

abastardir/Combien que a mettre ces deux fa‑
meuses generaciõs en iuste balance ie ne esti‑
merois moins pesante la force/lastuce/la pru
dence/la hardiesse/la richesse/(ꝛ la religion des
francoys/que celle des Rõmains/a cõmãcer
a hector duquel les francoys sont descẽduz/
et au proditeur Enee ouquel la gloire rõmai‑
ne(cõme recite Saluste)a prins son inciatiõ
Ou a Pharamond premier regnant sur les
francoys es gaules/ou a Romulus premier
roy des Rõmains/Car si les enfans tiennẽt
des cõplextõs (ꝛ meurs des peres/les frãcoys
se trouuerõt fors/hardiz/veritables/liberaux

et de noble τ hault cueur a cause du preux hector de Troye/Et les Rōmains prodíteurs
díssimulateurs/deceptífz/ambícieux τ Usur-
pateurs dextrāge gloire a cause de Enee quí
par auarice Uendít lhonneur de son pays τ de
son parantage a ses aduersaires les Grecz.

℘ Les Rōmains se gloríffient de ce q̄ de ceste
infame τ petíte retraícte(que Romulus leur
premíer roy Uoulut estre lieu de franchíse et
seurete/appellee Asyłle/a lexemple de celluy
que Theseus premíeremēt es athenes ínstí-
tua tant de Uaíllans τ hardíz hōmes sont pro
cedez quílz ont ínuade et assaílły les ínuíncí-
bles royaumes de Asíe τ Europe/τ apres en
auoir chasse mythrídates τ Anthíocus/íceulx
par tyrannie occupez/Et obtenu Uíctoíre en
tant de furieuses bataílles que les humaíns
nont plus puíssammēt ne par plus grant eur
dílate τ eslargy leurs seígneuríes/Il est Uray
que les Rōmains ont faíct choses dígnes destre louees τ recítees pour donner couraíge et
Uouloir aux íeunes hōmes de faíre cōme eulx
touteffoíz ont este tresfort augmentees τ ren-
dues celeberrímes τ admírables par ceulx q̄
les ont escríptes/plus que la Ueríte du faíct
ne le requíert/Et sí elles estoyent iustement
et esgallement conferees aux choses des gau
les/cōbíen quelles soyent resplendíssantes/
perdroyent a ceste comparaíson leur restuíḡ

A íj

ce/ Leurs propres orateurs ne scauroiēt ny
les innumerables victoires des gauloys q
par les grecz furent appellez Celtes tant
septemtrion ou ilz imposerent le nom de L
tosite/ que es Espaignes/ Lesquelles du l
et du large surmōtees laisserēt tesmoings
leurs victoires les Celtiberes. ¶ Je noubli
ray que les Gaulois apres auoir vaincu l
Thirrennees conquirent venetie quilz app
lerēt la gaule Cisalpine parce quilz y habit
rent et ediffierent les citez et villes de Mila
Cosme/ Bresse/ Veronne/ Bergome/ Trid
te/ Vicence/ et Papie. ¶ Diray ie par qlle v
tuz les Ethruciens chassez/ les Vmbres sur
montez/ et les Lucains profligez/ ilz cōquirēt
plusieurs citez quilz nōmerent de leur nom.
Et le fleuue de L'alier passe prosternerent et
deffirent les Rōmains/ Et leur cite de rōme
quilz auoyēt ordonnee la maistresse/ pillee et
dirupte/ labandonnerēt a feu et a sang. Puis
en poursuyuāt leurs eureuses fortunes sur/
monterēt les Getes/ Triballes/ et les grecz/
templirent la grece de leurs gens/ occuperēt
macedonne/ et feirent leurs demourances en
vne partie dasie quilz appellerēt de leur nom
gallacie. ¶ Les Rōmains ont eu guerre con
tre leurs voisins pour sur eulx dominer/ cō
tre les carthaginiens pour les mettre soubz
leur empire/ et contre les aultres nations par

ambicion de mondaine gloire/mais les guer
res quilz ont eues contre les gaules ont este
pour la conseruacion de leurs femes ⁊ enfãs
de leurs vies/et de leurs pays/Et cõbien q̃lz
se portassent seigneurs de tout le monde/tou
tesfoizpour la merueilleuse crainte q̃lzauoiẽt
des Gaulois/quelque priuilege q̃ leurs eues
ques ⁊ pstres eussent de vacquer aux armes
durant lannee de leurs dignitez/nen estoient
exẽptez/mais tenuz de se armer ⁊ aussi tous
aultres priuilegiez si et quant les gaulois fai
soient bruyt de marcher contre eulx/quilz ap-
pelloyent le tumulte des gaules. ⸿ Le nom
galicque a este dune si terrible terreur ⁊ crain
te/⁊ dune si tresgrant rendõmee pour son eur/
fureur/⁊ vehemence/hardiesse/et entreprise/
que par long temps aulcun roy ne pensoit sa
mageste estre asseuree/ne pour sa seigneurie
pdue recouurer sans la vertu ⁊ aide des gau-
lloys. ⸿ Et si toutes ces choses nont este par
les francoys faictes/mais par les gaulois/
neautmoins la couronne de final honneur
en appartient aux francoys/Lesquelz apres
estre descenduz quatre cens ans ou enuiron
auant lincarnacion de nostre seigneur Jesuchrist en Germanie pres la riuiere du rhin/et
soubmis a eulx les Germains/Thuringiẽs
Theutonicques/Daciens ⁊ aultres natiõs
alemaniques soubz le nom de Sycambriẽs/

A iij

La grãt re-
nõmee du
nom galicq̃

La pmiere
descẽce des
frãcoys en
germanie

ont conquis premierement la gaule celtique/
puis la belgique/ɀ finablement la gaule da=
quitaine ɀ larmorique. Et de tous ces pays

chassez ɀ pfligez les Rõmains/les Tisigotz/
Allains/Vendalles/herulles/Gepides/et
hunts superateurs/et eneruateurs de lẽpire
Rõmain/ et depuis faict vne monarchie des
gaules.⸿ Et pour venir au faict particulier
si nous lisons les faictz et gestes des quatre
premiers roys francoys qui ont regne sur les
Gaules/scauoir est Pharamond/ Clodion/
Merouee/ɀ Childeric/nous trouuerõs quilz
ont trop plus faict que les sept roys de rõme
Romulus/ Numa põpilius/ Tulushostili⁹
Ancus martius/Tarquinius priscus/ Ser=
uius tulus/ et Tarquinus supbus/ Car ces
quatre roys conquirent la gaule Celtique/et
la Belgique en moins de soixãte ɀ trois ans
Et ces sept Roys emploierẽt deux cens qua=
rante et trois ans pour adiouxter au tour de
leur cite rõmaine neuf lieues de pays/ Et si
Jules cesar cõquist les gaules en dix ans/ ce
fut parce quil praticqua et gaigna vne partie
des seigneurs de la gaule celtique/ Et si nen
fut onc vng an paisible sans reuoltement/cõ
me on peult veoir par ces cõmentaires/mais
Clouis cinquiesme roy de frãce ɀ le premier
crestien fut paisible monarque de toutes les
gaules/fors du pays de Bourgongne dont il

ne fut du tout possesseur pacificque. Depuis
Clotaire ⁊ aultres ses enfans la mirēt entie=
rement soubz leur monarchie: Pour lesqlles
grans victoires lempereur Anastase enuoia
au roy Clouis les tiltres de perpetuel patrice
conseiller ⁊ auguste. ℂLes Rōmains se glo=
riffient des scipions quilz appellent fouldres
de bataille/ ⁊ les ont nōmez affricās pour les
victoires quilz eurent en Carthage/ Toutes=
foiz ie treuue deux princes francois Geoffroy
de boulion ⁊ Baudoin cōte de flandres auoir
mieulx faict que les scipions en la conqueste
de vne grant partie dasie ⁊ de Affricque lors
quilz furent couronnez roys de hierusalem.
Silz veullēt parler de Marius/ des Cathōs
de Gracus/ des Deciens/ des fabiens/ des
Camilles/ des Emiliens ⁊ de Pōpee. Je leur
mettray dauāt les yeulx Pepin heristel Char
les martel. Roland. Oliuier/ et leurs cōpai=
gnons pers de france/ messire Bertrand de
gueaquin/ messire Jehan bastard dorleans et
comte de dunois. Phelippes de bourgongne
surnōme le hardy. Charles daniou son frere
roy de Cecille. Artur de bretaigne cōnestable
de frāce/ messire Preget de coicteup/ messire
Taneguy du chastel/ flocquet/ Bignolle sur
nōme la hire/ Poton de saincte treille/ messire
George de la tremoille/ le seigñr de la Pali=
ce/ messire Gaston de fouex duc de nemoux et
A iiij

Dauscuns
louables cō
sulz rōmais.

Dauscuns
prices ⁊ ca=
pitaines
biē renōmez
de france

lieutenãt general pour le Roy de fráce a Mi-
lan/meſſire Loys daſt/monſieur Loys de la
tremoille Vicõte de thouars q̃ ie ouſe bien cõ-
parer a Põpee (z pluſieurs aultres princes et
bien renommez capitaines qui ont merite les
triũphes de Victoire auſſi bien ou mieulx que
leſditz rõmains (les faitz (z geſtes de chaſcun
deulx bien entẽduz) Et ſi les Rõmains ont

Les Vertuz des rõmais

eſte ſur les aultres hõmes ſingulieremẽt re-
cõmãdez pour deux choſes La premiere quilz
ont eſte hardiz en bataille (z magnanimes a cõ
querir/La ſecõde que en tẽps de paix ont Vſe
de loix equitables (z ont treſbiẽ adminiſtre la
choſe publicque/p le moyen de quoy les grãs
Roys ont eſte p eulx domptez/les natiõs Bar
bares ſubiuguees/les mers (z toutes les terres reduictes a leur empire. Conſiderẽt auſſi

Les Vices des rõmais

cõme pour leur auarice de pecune (z ambicion
de regner(quatre ou cinq cẽs ans reuoluz) cõ-
mãcerẽt ouurir les portes a tous Vices (z Vſer
de diſſimulaciõs/trayſons/faulſe amytie/lu
bricitez/Vindicaciõs/crudelitez/diſcors inte-
ſtins (z ciuilz/ſacrileges/pilleries/ſpoliacion
des temples/Pour leſquelz crimes rendirent
leur empire intolerable/qui parauant eſtoit
eſtime iuſte (z Bon/(z finablemẽt les ſupateurs
des royaulmes (z monarchies ont eſte Vaicuz
p petites cõpaignees de gens Barbares/cõme
gotz Viſigotz (z aultres q̃ iay deſſus nommez/

surmôtez apꝛes p̄ les hardiz ⁊ nobles frãcoys
qui ont tenu leur royaulme p̄ plus de têps q̃
les Rômains/car ſi nous cômãcons a lan q̃lz
cômancerêt a regner en Germanie ſoubz leur
roy Antßenoꝛ iuſques au regne du Roy frã=
coys p̄mier de ce nom Boſtre pere a p̃ſt regnãt

Côbien de
têps lcsfrã
coys ont re
gne.

Il ya mil neuf cês ſoixãte ans ou enuiron/ et
ſi nous cômancons a Pßaramond qui p̄mier
regna ſur les Gaules/il ya Bnze cês Bingt et
quatre ans. Et le regne ⁊ empire des rômais
a cômancer a Romulus ⁊ finer au têps q̃ les

Le têps de
ſa ſeigneu=
rie rômaine

gotz deſtruyzêt Rôme/na dure q̃ enuiron mil
ſoixãte ans/ſont ilz furêt plus de trops cês
ans quilz nauoyêt ſoubz leur ſeigneurie dou=
ze lieues de terre au tour de leur cite rômaine.
Et au regard des meurs ⁊ Bertuz des frãcoys

Les meurs
et Bertuz
des Fran=
coys.

elles ont excede celles des rômains/car en p̄=
mier lieu neurêt oncques Boiſins deſq̃lz ilz ne
fuſſent crains ⁊ doubtez pour leur foꝛce ⁊ har
dieſſe/⁊ ont fait excercer iuſtice en leur royau
me non p̄ Bng ſeul ſenat/mais p̄ pluſieurs ßo
noꝛables parlemês rêpliz de gês plaine de let
tres ⁊ dequite/Et ſi ont eu ceſte grace que ſur
tous les aultres Roys ⁊ princes ceulx de frã
ce ont ayme legliſe ſaincte/en gñal ⁊ en parti=
culier/icelle deffêdue des pſecuteurs/ſciſma
tiques/⁊ ßereticques/fonde ⁊ erige monaſte=
res religiôs ⁊ collieges/iceulx dotez ⁊ augmê
tez ⁊ pꝛis ſingulier plaiſir a faire refoꝛmer les

abuz d'aulcûs preſtres et aultres gẽs diſſoluz
et onc̨qs ne la pſecuterẽt ne furẽt notez ne ma
culez de hereſie/ſciſme/tyrãnie/ne aultre ne
phãdiſſime crime/côme pluſieurs empereurs

Aulcûs vi
cieux empe
reurs

rômaïs. Trouuerez vous p les hiſtoires prïce
plus mal voulu de ſon ſenat q̃ Jules ceſar au
moyen de ſon arrogãte ambicio. A lon veu cho
ſe plus funeſte (̃ pnicieuſe q̃ lẽtree de lempe
reur Octauian q̃ priua Jtalie de tãt de noßles
hõmes p proſcrptions (̃ diuiſions ciuilles.

¶ Le cueur a horreur de ſeullemẽt pẽſer les

Neron

libidineuſes (̃ des naturees voluptez de Nerõ
(̃ Caligula/(̃ la ſtolidite de Claudius. Que

Caligula
Claudius

trouueroit on plus hort auare (̃ moul que ces
trops ſceuiq̃s empereurs Galba/Othõ/(̃ Vi

Galba
Othon
Vitelius

telle/(̃ q̃ ce ſemenin hõme Heliogabalus:
Trouuerez vous hõme plus cruel iceſtueux
et pſumptueux q̃ lẽpereur Decius q̃ voulut

Decius

eſtre appelle dieu? Si vous pẽſez en Como

Comodus.

dus vous trouuerez q̃ le ſenat pour ſes cõmeſ
ſations (̃ vilennies le iugea eſgal en vices a

Caracala.

Domician. Que dirons nous du parricide
de Caracalle? de la malice de Seuerus? de la

Seuerus
Maximin⁹

crudelite de Maximin? de lapoſtaſie et mali
ce couuerte de Julien lapoſtat (̃ aultres per
ſecuteurs de ſaincte egliſe qui furẽt treze en
nombre/leſquelz par leur infidelite crudelite
orgueil (̃ arrogance ont tant faict mourir de
ſainctes perſonnes par mille nouueaultez de

martyre. ¶ Et si nous parlons des Roys
de france a cõmancer au cinquiesme nõme
Clouis qui fut le premier crestien ne trouue/
rez en la pluspart diceulx chose repugnante
a vertuz & religion. Clouis fut le premier de
tous les princes crestiens qui par fer molesta
les hereticques / car il en purgea toutes les
gaules lors quil vainquit & en chassa les Vi
sigotz tous maculez de lerreur arrianne.
Et si le roy Dagobert fist quelq̃ tẽps de lop/
pression a aulcunes eglises de son royaulme/
fut pour enrichir labbaye de sainct denys en
france quil ediffia et dota sumptueusement
et richement/ Et sil se retira de sa vraye es/
pouse ne fut sans cause & peu se arresta au cõ
cubinaige/mais incontinant retourna & pas/
sa son vieil aage es pmieres vertuz de son ado
lescence/en sorte que apres son deces son ame
fut veue par le vouloyr diuin estre deliuree
de la fureur dyabolicque et portee par les an/
ges es cieulx. Considerons le bon vouloyr
du roy Pepin le premier de sa generacion qui
tant dõna de villes et seigneuries quil auoit
conquises en Italie au sainct siege polisticque.
Son filz Charlemaigne qui fut Roy apres
luy & depuis empereur de Rõme/cõbiẽ remist
il de papes en leur siege: En quelle stabilite
mist il lauctorite apostolicq: En q̃lle deuociõ
reuera il saincte eglise: en q̃lle peine p dixsept

Clouis qui
pmier guer
roya les he
reticques

Dagobert

Pepin.

Charlemai
gne.

ou dixhuyt diuerses batailles fist il côuertyr
les Saxôs a la foy catholicq̃:semblablemêt
ceulx despaigne ↄ autres natiôs lors ifideles
En q̃lle diligêce fist il mettre ordre es cerimonies de saincte eglise:lors q̃l fist faire le marti-
loge/q̃lle fut sa foy/sa prudêce/ↄ sa côstâce en
psecution de sarrazins ↄ payens.Côbien em-
ploya il de ses biês têporelz a fôder ↄ doter tât
deglises ↄ monasteres ↄ faire en toutes sortes
de si grâs biês q̃ depuis a este canonize ↄ mis
au nôbre des sainctz. Côtêplons ẞng peu la

Loys de bô
aire.

pitie ↄ religiô de son filz Loys de bônaire q̃ fut
roy ↄ empereur aps luy/ↄ côbiê il fut curieux
a lêtretiênemêt de la sainctete ecclesiasticq̃/cô-
bien il fut deuot enuers dieu ↄ paciêt en la pse
cution que luy feirêt ses ẞraiz enfans.

Sainct loys

℄ Est a mettre en arriere le roy saict Loys/q̃
habâdôna son royaume/laissa son ayse priuee
et les delices de sô pays pour aller oultre mer
secourir les crestiens en la terre saincte par
deux diuerses foiz/ou tât il endura de maulx
peines iniures molestes et trauaulx quil y de
ceda/et depuis pour la sainctete de sa religieuse
ẞie a este mis on cathologue des sainctz

Phelippes
le tiers

℄ Que dirôs nous de son filz Phelippes qui
fut roy aps luy/leq̃l portoit la haire/ieusnoit
troys foiz la sepmaine/et faisoit tât deuures
charitables/que mieulx ressembloit hôme de
monasticque ẞie/que de magesté Royalle.

¶Oublieros nous le bõ roy Robert: qui prinst
tel plaisir au seruice diuin quil se dedia a com
poser proses anthenes (¿ versetz a lhõneur de
dieu/(¿ supprima tãt son auctorite seigneuria=
le que luy mesme portoit chappe on cueur de
leglise/(¿ par vne singuliere deuocion chãtoit
loffice ecclesiasticq auec les prestres/ou dieu
quelque foiz prinst tel plaisir que en chantant
par luy les agnus dune messe/les murailles
dune ville assiegee p ses gensdarmes tumbe=
rent miraculeusement p terre sans euure hu=
main. Brief on ne scauroit trouuer p toutes
les veritables histoires que tant de Roys de
chascune nation crestiẽne ayent si souuent et
bien/par dictz (¿ faictz subuenu aux necessitez
de leglise cõme les Roys de france/ Ilz ont
este le braz senestre de la puissance apostolicq
le contre arrest de la fureur des scismatiques
lanichilacio de la force hereticque/la priua=
cion de la crudelite tyrãnicque/le support (¿ re
traicte des papes fugitifz/le reffuge de vraye
religion/lexaltacion de lhumilite euangelicq
et la decoracionde lediffice materiel de leglise
et refformacion du desordre des ministres di=
celle/En sorte que par les papes ont eu les
excellens tiltres de trescrestiens/(¿ destre nõ=
mez les premiers enfans de leglise. Et affin
que puissez veopr en briefues parolles lantiq
generacio de voz antecesseurs Roys de frãce

Dont les hiſtoriographes francoys nont au=
cune choſe eſcript p leurs Volumes publiez
et cōmunicquez/ et le ſommaire en Vers Des
treſnobles faictz et geſtes de tous les Roys
de france/iuſques au Roy Voſtre pere a pre=
ſent regnant/par forme de epitaphes iay fait
ce petit euure pour pſenter a Voſtre mageſte
En laquelle genealogie iay bien Voulu pre=
mierement ꝛ au long inſerer loꝛigine du nom
francoys / Et concuillir en ſommaire les
faictz ꝛ geſtes de quarante Roys ꝛ deux ducz
francoys qui ont regne en Germanie ꝛ ſur la
riue du grant fleuue du Rhin deca ꝛ dela par
le temps de huyt cens ans ou enuiron auant
ledict roy Pharamond/auquel noſdictz hiſto
riographes ont commance leurs hiſtoires/et
ſemblablement y adiouxter le ſommaire des
commentaires de Julius ceſar ꝛ les genealo
gies daulcunes maiſons du ſang de france.
Suppliāt treſhūblemēt a Voſtre illuſtre ſei=
gneurie ꝛ benigne doulceur accepter lopuſcu
le ꝛ pдōner a ma folle hardieſſe qui a auſe en=
trepꝛēdꝛe pꝛeſenter a Voꝛclers peulx repeuz de
tant grans ꝛ haulx ouurages euure ſi petit/
Duꝗl iay plus laboure pour accoꝛder la ꝗtra
riete des hiſtoires ꝛ elucider la Verite dicelles
ꝗ a eſcripꝛe en hault etgrāt ſtille/Et me faiꝛe
eſcripꝛe au derrier nōbꝛe de ceulx ꝗ Vous eſti=
mez auoir merite Voſtre grace ꝛ bieVeeVeillance
que ie deſire pour toute retribucion

Troie lagram.

francois

anthenor

eneas

tuiana eneas fugiens incendia fümus
narrauus genitor.

⦅ De lanticque extraction et ge=
neracion des francoys

Es hystoriens anticques et mo=
dernes se accordent assez que les
fracoys sot desceduz des troyes
Mais tous ne se accordent pour
quelle cause ilz ont este nommez
francoys/Car aucūs ont escript quilz acgrēt
premieremēt ce nom au temps de lempereur
Valētinian le ieune/parce quil les affrāchit
de tribut par dix ans pour les recōpenser du
secours quilz luy auoyent donne contre les
Alains/ꞇ que les dix ans passez reffuserent le
payer/et en demourerēt francs ꞇ quictes des=
lors en auāt.⦅ Aultres ont escript quilz prin
drent ce nom de francus/ou francion.filz de
Hector de troye. Aultres de leur courtoysie
ou ferocite/et les aultres dung frācus filz de
Antharius descēdu des Troyens. ⦅ Aussi
saccordēt les historiens que auparauāt furēt
appellez Sycambriēs/ꞇ dient aulcūs que ce
fut au moyen de ce quilz firēt ediffier en Pa=
nōnie vne cite quilz nommerent Sycambre.
Les aultres ont escript que ce fut pour autre
cause. ⦅ Lesquelles oppinions semble estre
impossible daccorder q̄ nauroit veu la croniq̄

B

Hinnibald⁹ de Hinnibaldus ancien hyſtoriographe des
francops qui Biuoit du temps de Clouis pre
mier Roy creſtien de celle noble generacion/
et lequel Hinnibaldus eſcripuit apres le phi
Dorachus. loſophe Doracus/lhiſtorie Duaſthaldus/et
autres treſancies hiſtoriographes Bng liure
des croniques des fracops cotenat douze par
ties/ainſi q̃ recite frere Jehan tritemius abbe
de ſaict Jaques le maieur es faulxbourgs de
Wircipurg on premier Bolume des annalles
q̃l a faictes ⁊ mis a lumiere puis peu de teps
¶ Touteſfoiz ie me euertueray dieu aydant de
moſtrer en la deduction de ce petit euure ſans
aultre epilogacion que es oppinios cy deſſus
recitees,nya ſi grant contrariete quon pour,
roit de prime face iuger/et que icelles bien en,
tendues peuent eſtre Brayes

Buerre des ¶ Or pour entendre la Berite de lhiſtoire eſt
grecz côtre a preſuppoſer que au moyen du rauiſſement
ſes tropens impourpenſe que Paris Alexandre lun des
enfans de Priam roy de Trope fiſt de la belle Helaine femme de Menelaus roy de La-
cedemone/les Grecz feiret longue ⁊ cruelle
guerre aux Tropens/ Et ſe accordent les hi-
ſtoriens que apres la mort du preux ⁊ Baillat
Hector/et auſſi celle de Paris/et que Helenus leur frere qui eſtoit grant Baticinateur
eut eſte prins priſonnier par les Grecz/les

Troyens ennuyez de si grosses pertes demã﹣
derent paix aux Grecz / Pour laquelle trai﹣
cter les Troyens enuoyerent vers les grecz
Anthenor / ⁊ Eneas le roux qui auoit espouse
Creusa fille de Priam / Mais en lieu de trai﹣
cter paix ilz machinerent auec les Grecz vne
grosse et reprochable trahison. Et moyênant   Troye des
icelle (que ie ne declaire parce qlle est a tous struicte
commune) La noble ⁊ sumptueuse cite De
Troye fut par les Grecz pillee ⁊ mise a feu
et a sang / le roy Priam occis / et la plusʳpart de
son noble lignaige mis a mort dauant ses
yeulx / Lan du monde quatre mil vingt selon
la computacion de Eusebius en sa cronicque En qᵉ têps
des temps qui par ce fut vnze cens soixante fut la destru
dixneuf ans dauant la natiuite nostre sei﹣ ctiõ de troie
gneur Ihesucrist qui nasquit par mesme tes﹣
moygnage Lan du monde cinq mil cent qua﹣
tre vingts dixneuf / Et a ce saccorde An﹣
thonius sabelicus en la seconde partie de sa
cronicque on premier liure de la septiesme
enéade.

¶ Apres la miserable ⁊ plorable destruction Accord enˢ
de Troye / Anthenor ⁊ Eneas qui deuoyent tre lesgrecz
auoir part au butin ⁊ a la despouille de celle et Eneas
trespiteuse ⁊ tradicieuse pillerie / eurent ques﹣
ftion auec les Grecz / qui disoiêt Eneas auoir
prins toüs les tresors du chasteau de Ilion

(côme aussi auoit il faict a la Berite)Et sur ce
feirêt accord/Par lequel Eneas (z ânthenor
se departirêt du royaume de frigie/z de tous
les douze ceptres q̃ le roy Priam̃ auoit tenuz
et fut dict quilz sen iroyêt leurs bagues saul/
ues ailleurs ou bon leur sembleroit/z ainsi q̃
fortune les conduyroit.Ce quilz feirêt p̃mier
Et tant nauigerêt que Eneas arriua en Jta/
lie/ou il eut quelque cômancement de guerre
contre le Roy latin/puis par accord de paix es/
pousa Lampynia sa fille/Et par ce moyẽ fut
eneas Roy des Latins/z de luy est procedee
la noblesse Rommaine

De ceulp q̃
sont procedez
de eneas

¶Anthenor prinst terre/z se aresta au lieu ou
de p̃sent est la cite de Padoue/en laquelle son
corps repouse/et comme tesmoigne pape Pie
en sa cosmographie menna auec luy les Eue/
ties qui sestoyêt trouuez a la guerre de trope/
lesquelz prindrêt leur demourâce pres le lieu
ou de present est la cite de Denize/et diceulx
sont venuz les Deniciens

De ceulp q̃
sont procedez
de Anthe/
nor et des
Eueciens.

¶Helenus qui estoit prisonnier fut par les
grecz donne a Pyrrhus filz Dachiles auec An
dromacha Befue de Hector pour la part de sõ
butin/Lequel pyrrhus incôtinant apres alla
faire sa demourâce en Pire/quon nôme de pre
sent Albanye/et auec luy menna Helenus/
Et parce quil estoit grât Baticinateur/z quil

luy auoit predict aulcunes choses depuis ad/
uenues/se prist en si grant amour quil luy dõ
na poꝛciõ de sa terre/ou Helenus ediffia vne
cite quil nõma Troie/ et de present est appel/
lee Croie. A luy se rendirēt plusieurs troiēs
et les enfans de Hectoꝛ/Lesquelz dix ans a/
pres (comme tesmoygne Eusebius en sa cro/   Eusebius.
nicque des temps) trouuerent moyen de recõ
querir le chasteau de Ilion/ et en chasserent
les successeurs de Anthenoꝛ/mais peu le gar/
derent/ Car francus filz de Hectoꝛ accom/
paigne de grant nombꝛe de Troiens ondict
an laisserent Ilion/et allerēt en la basse Sci/
thie premiere region de Europe cõmanceant
es maretzmeothides entre la riuiere du Noue
et la mer septemtrionnalle qui sextend ius/
ques en Germanie/ selon la description de
Isidoꝛe en ses ethymologies/et se arresterent   Isidoꝛus
en la terre de Pannõnie/quon appelle de pre/
sent Hongrie/qui est en Scithie/pour y faire
leur perpetuelle demourance/soubz leur duc
francus ou francion filz de Hectoꝛ. Le pape
Pie/Anthonius sabelicus/et aulcũs aultres
ont escript que ce fut soubz Priam nepueu du
gꝛãt Priam roy de Trope/ qui nest vray sem/
blable/ et ne croy ceste oppinion estre vraye/
veu quilz ne alleguent leur aucteur/et que   Vincẽti⁹ Bel
maistre Vincent de Beauuaiz historien tres/ uacensis.

S iij

renomme/a escript en son miroir histozial le
contraire/Et en saccozdant auec Manethon
degipte et son commentateur/ont maintenu
que francus filz de Hectoz Vinst en Pannõ;
nie auec grant compaignee de Troyens/et
quil espousa la fille de Rhemus lozs roy de
la gaule Celticque/comme a escript treseles
gamment maistre Jehan le maire on tiers Vo
lume des illustracions des Gaules

Jehan; le
maire

¶ Le peuple Troyen quoyquessoit la plus
grant part dicelluy demourra en Pannonnie
depuis Lan du monde quatre mil trente ius;
ques en lan du monde quatre mil sept cens
cinquante et neuf/qui sont en nombre en tout
enuiron sept cens Vingt et neuf ans/Et ius;
ques quatre cens quarante ans ou enuiron
auant la natiuite nostre seigneur Jhesucrist
quilz descendirent en Germanie et Saxonie
pzes la riuiere du rhin ou de pzesent est Guel;
dzes/comme on Verra cy apzes. Et parauant
comme tesmoygne Tritemius suyuant son
aucteur Hinnibaldus / ilz furent a leur de;
scence appellez Troyens / Apzes au moyen
de leurs nouuelles habitacions ilz furent ap
pellez Scithes/et depuis quilz furent desce;
duz en Germanie on les appella Sycam;
bziens / Et tel estoit leur nom on temps que
Jules cesar conquist les Gaules / comme il

Cõputatiõ
du temps.

Mutatiõ des
tropẽs et de
leurs noms

appert par ſes commentaires/Deſquelz Sy╌
cambꝛiens eſt deſcendu Pharamond pmier
Roy de la france gallicanne / Car il fault
entendꝛe quil ya france germanique/ɇ frā╌
ce galicanne/et quelles ont ainſi eſte diui╌
ſees par les francoys qui furent roys ɇ mo╌
narques de Germanie/Saxonie/ɇ des gau
les/comme on pourra veoyꝛ cy apꝛes.

Double frācꝛ

Et combien que mon intencion ſoit ſeul╌
lement eſcripꝛe les epitaphes et genealogies
des Roys de la france Galicanne et com╌
mancer a Pharamond / ouquel tous noz hi╌
ſtoꝛiens (qui ont eſcript les faictz et geſtes
des francoys) ont commance leurs croni╌
ques / Touteſfoiz ma ſemble bon pꝛemiere╌
ment eſcripꝛe ſa genealogie et extraction/de
laquelle trouuer noz hiſtoꝛiens latins ɇ vul╌
gaires ont eſte trop negligez/dont ſuis eſbay
Et pource faire pourſuyuray les annalles
de Tritemius en les accoꝛdant tant que ie
pourray es croniques anciennes des Rom╌
mains et aultres/Ou verrons quil ya eu
pluſieurs Roys ſur les francoys auant le
roy Pharamond/et que non ſans pꝛopos ont
eſte appellez Tropens/Scithes/Sycam╌
bꝛiens/Germains/ɇ francoys/Et quilz ont
acquis le nom de francoys long temps auāt
lempire de Valentinian le ieune.

¶ De la longue generacion du Roy Pharamond

Pour entendre dont est venu Pha ramond premier Roy de la fran ce Gallicanne / Les Troyens lors appellez Scithes / estans en leur terre de Pannonnie qui est en la region de la basse Scithie / ou ilz auoyet demoure enuiron sept cens vingt z neuf ans et quatre cens quarante ans auant la natiui te nostre seigneur Jhesucrist sur eulx regnoit Anthenor descendu des Troyens / Contre lequel grant nombre de gens cruelz descen duz des isles scanzianes a present dictes Go thicques eurent forte guerre / et apres plu sieurs batailles perdues dune part et daul tre finablemet anthenor fut occis auec grat nombre de Troyens dictz Scithes Lan a uant la natiuite de nostre seigneur Jhesucrist quatre cens quarante / auquel Marcomirus son filz succeda.

Anthenor est occis p les Gotz.

Marcomir⁹ pmier roy des fracois en germa nie.

¶ Marcomirus filz aisne de Anthenor re gna apres son pere vingt z huyt ans / et com menca son regne pres de lan que son pere fut occis / Il estoit homme magnanime / fort / har dy / et belliqueux / et vangea la mort de son pe

re par plusieurs batailles contre les Gotz ses
Boysins/combien quilz fussent en trop plus
grant nombre que les Troyes dictz Scithes
Lan quatriesme de son regne il eut conseil a
uec les plus grãs de son royaulme de destruy
re et adnichiller du tout les Gotz/et si cy ne
le pouoyt faire cõment il pourueoiroit a son
peuple affin quil ne perist

C finablement trouua par le conseil que le
peuple Troyen ne pourroit resister a si grant
nombre de Gotz tant cruelz/et quil seroit bon
changer leur demourance p l'ozacle des dieux
Au moyen dequoy furent appellez les mini
stres de leurs dieux/et requis quilz se enquis
sent auec leurs dieux ou ilz deuoyent tendre.
Et apres leurs cerymonies parfaictes fut
ouye la Boix de leur ydolle/qui dist/Marco
mire Le prince Juppiter temande que tu ne
doubtes les infortunes du long chemin qui
tend Bers souleil couchant apres tes freres
a lentree du fleuue du Rhin/ou Brutus tint
le doz/cest a dire les Bretons a present dictz
Angloys/ Les Troyens tiennent la face/
cest a dire Bne partie de ceulx de Trope/les
quelz quatre ou cinq cens ans au parauant
auoyent laisse Pannonnie et estoyent descen
duz sur le Rhin/ʒ la terre est tenue par lespee
a deux trenchans/cest a dire des Saxons.

Marcomir⁹
se conseille
aux dieux.

Des Roys francoys

Pronosticq̃
des bōnes ⁊
mauluaises
fortunes des
francoys.

¶ La nuyt de ce mesme iour Marcomirus
voulut par diuinacion dune femme quon ex-
timoit grant magicienne scauoir ses futures
fortunes bōnes ⁊ mauluaises/ Et ceste femme luy monstra par fantasme ou aultremēt
vng corps fantastic a troys testes courōnees
La premiere estoit dung Chouan qui va de
nuyt/ La secōde dung Lyon/ Et la tierce dune Aigle/ Laigle estoit on millieu (⁊ par le dessus auec ses helles estēdues/ Le lyon a dex-
tre/ Et le chouan a senestre. Laigle cōmenca
a pler (⁊ dist/ Marcomirus ta lignee submet-
tra a elle mon chief/ conculquera ⁊ surmonte-
ra le lyon (⁊ occira le chouan/ Et le chouan adiouxta a la parolle de laigle/ (⁊ dist/ Si iay laide figure pourtant ne me mesprises Roy tres
beau/ car mon espece et forme sont conuenables es choses futures/ Ta generacion premierement me extaindra de loing/ Apres ces
choses tiēdra le Lyon cōme prisonnier soubz
lespee/ et penses de ouyr le demourant par sa
bouche/ Incontinant apres la teste leonine
dist au roy Marcomirus/ Tresfort Roy tu
seras mon hoste auec ta gent/ et p labeur sub-
iugueras bien tost le Chouan/ et long temps
apres mes droictz donneront lieu es tiens par
batailles et grant astuce/ puis quāt ie auray
este vaincu a ta dextre/ Laigle me courōnera

ayant lye a ta seneſtre par ſemēce leᵭ Houan
Apꝛes ces choſes dictes ces trois teſtes furēt ⟨Auſtre…⟩
ſoudain conuerties en figure dhomme veſtu
comme vng Roy,ayant la couronne dor ſur
la teſte/le ceptre en la main ſeneſtre/ɫ leſpee
en la main dextre/qui diſt a Marcomiruſ que
les choſes quil auoit veues ſigniffiopent que
luy et ſon peuple auropent vng Ropaulme
grant et ample qui varieroit par longueur de
temps et multitude de gens qui regneropent
en ſoꝛte quil ne ſeroit touſiours vng/ne auſſi
diuiſe en pluſieurs parties/mais ſeroit aul‑
cuneſfoiz vng/aulcuneſfoiz deux/,aulcuneſ‑
foiz trops/aulcuneſfoiz quatre ɫ dauantage.
Et quil demourroit diuiſe en deux quāt Lai‑
gle ſeroit conioincte et vnie auec le Lpon/et
auſſi que le Houan en inſidiant a Laigle tiē‑
dꝛoit la ſiniſtre ptie/Toutes leſquelles cho‑
ſes ainſi dictes et pꝛoferees celle viſion ſe
diſparut.

❡ Le rop Marcomiruſ ſenquiſt auec ceſte ꝛDeclaratiō
femme nommee en langue ſciticque Aliru‑ ꝛdes viſiōs
na/ceſt a dire pꝛophetiſſe que ſigniffiopēt les ſuſdictes.
viſions cy deſſus recitees ɫ declairees/Qui
luy diſt que les dieux voulopēt que pluſtoſt
quil pourroit luy et ſes gens ilz ſen allaſſent
es derrieres terres du Lpon vers occident/

et que le Lyon signiffioyt le peuple ancien-
nement descendu des Troyens qui habitoit
des long tēps sur la riue du fleuue du Rhin:
Et que de lautre ptie de ce fleuue habitoyēt
les gens du Chouan en la region de Gaule
terre grande et pleine de fruictz / Et que par
Laigle estoyent signiffiez les Rōmains / qui
par leur orgueil Voulloyent subiuguer tout
le monde. Et par ce Roy tresfort (dist ladicte
femme) allez auec Vostre peuple habiter en
la terre qui est entre les gēs du Lyon / τ ceulx
du Chouan sauoir est entre la mer / τ le Rhin
Vng tēps Viendra que entre Voz gens τ ceulx
du Chouan y aura grans guerres / et seront
plusieurs occis dune part et daultre / Mais
aussi apres plusieurs annees Voz successeurs
qui procederont de Vostre semence prendront
par armes la terre du Chouan / Et apres
que le Chouan aura este occis et mis a mort
la possederont et tiendront par long temps.
Aussi submectront a eulx la terre du Lyon
depuis la mer Occidentalle iusques a Lo-
rientalle. Et finablement ilz possederont le
royaulme de Laigle auec plusieurs natiōs /
et Viendra de ta semence Vng Roy de plusieurs royaulmes iusques a ce que apres la
tierce generacion ce Royaulme sera par diuision confondu.

Pour entēdꝛe les choses susdictes cōuient
preſuppoſer que es Roys de la frāce galica/
ne ya eu troys generaciōs/ La pmiere eſt cel
le de laꝗlle nous parlons a pſent dont eſt ᵗe-
nu le Roy Pharamond qui a dure iuſques au
roy Pepin/ La ſecōde cōmance au roy Pepin
qui a dure iuſques a Hugues capet/dōt ieſpe
re parler en ce petit euure.Et la tierce cōmāce
a Hugues capet/qui dure iuſques a pſent ꝗ
regne francoys pmier de ce nom . Et cōbien
quil y ayt quelque mutation eſd generations
Touteſfoiz toutes ſont deſcēdues ꜥ diriuees
de francus filz de Hectoꝛ p ligne maſculine
ou feminine/comme nous ỿerrons cy apꝛes.
Car il fault pſuppoſer que de francus ỿinſt
Sycamber/de ſycamber Pꝛiam/de pꝛiam he
ctoꝛ/de hectoꝛ Tropus Polydamas ꜥ Bꝛaꝰ
de tropus Trogotꝰ ſoubz leꝗl ꜥ ſoubz Troia/
des ỿne bande de Troyes demourans en Pā
nonie deſcēdirēt ſur le Rhin deux cēs quatre
ỿingts ans ou enuiron aps la deſtruction de
trope/ꜥdiceulx ſont ỿenuz les Tungres cym
bꝛes queldꝛoys ꜥ aultres natiōs de deſſus le
rhin/cōme ieſpere dilater plus au long en la
genealogie de Pepin qui en eſt ỿenu.Et eſt ce
peuple dont pſe la pꝛonoſticque ſuſd/auquel
ſe retirerēt leurs parēs ꜥ alliez ſoubz leur roy
Marcomires/En quoy nous accoꝛdons bien

Troys ge
neraciōs des
roys frācoys.

Cōcoꝛdāce
des croniques.

lhiſtoire de maiſtre jehan le maire a celle de
Tritemius/ Qui ſont deux hiſtoriographes
modernes leſquelz ont eſte plus curieux τ la=
borieux de ſenquerir de lanticque extraction
des frācoys/que tous les aultres de ce pays
de france.

℃ Pour retourner a lhiſtoire et icelle conti=
nuer apres q̃ Marcomirus eut faict quelque
p̃ſent a ceſte diuinereſſe τ icelle priee de tenir
les choſes ſecretes ſe departit dauec elle/ Et
certain iour apres p le conſeil des nobles du
pays fut determine quilz changeropēt leurs
demourances τ iropēt tous demourer en ger=
manie auec les Saxons extraictz ancienne=
ment de ceulx de Troye. Et pour ce faire en=
uoyerent ambaſſade vers les Saxons/leſq̃lz
cōgnoiſſans quilz eſtoiēt p̃cedez de meſme ge
neracion furent prompts a leur promettre
bailler terres conuenables pour habiter en=
tre eulx τ les Gaulois/τ non ſans cauſe/car
ilz en voulopent bien faire vng auantmur
contre ceulx de Gaule qui ſouuent leur fai=
ſopent guerre.

℃ De laduenemēt des Scithes es fins
τ limites de germanie oultre le rhin auec
leur roy Marcomirus/q̃ p̃mier furēt ap=
pellez Troiēs/ſecōdemēt Scithes/tierce

met Dicābziēs/ et finablemēt frācoys/
desqlz est descēdu le Roy Pharamond.

Es Scithes asseurez de la pro
messe des Saxons Lan dauant
lincarnacion nostre seigūr Jhesu
crist quatre cens trente et troys
qui fut lan septiesme du regne de
Marcomirus ou moys dauril/ Le roy marco
mirus et ses freres Sunnon/ Panthenoz/ et
Priam/ se departirent de Scithie/ ꝭ aꝑs quilz
eurent passe la riuiere du Noue/ Bironnerēt
de Acquilon en Theutonie Bers occidēt auec
tout leur peuple femmes enfans ꝭ Stēcilles
qui ne fut sans grāt ꝭ long labeur. Ilz estoiēt
oltre les femmes ꝭ petiz enfans cent soixāte
quinze mil six cens kinquante huyt hommes
prompts ꝭpreſtz a batailler. Et les noms des
princes descenduz de leur sang estans auec
eulx sont/ Le duc Nicanoz oncle du Roy
Marcomirus/ Sunno/ Panthenoz/ ꝭ Priam
ses freres/ Le duc Helenus/ Le duc Anthe
noz/ Le duc Menander/ Le duc Ebrasius/
Le duc Gethenus/ Le duc Priamus/ Le duc
Marenius/ Le duc Ermon/ Le duc Nica
noz/ Le duc de Pyndare/ Le duc Helan/ Le
duc Marcompz/ Le duc Colan/ Le duc Ma
san/ Le duc Anthenoz/ Le duc Ancrasius/

Le duc Beugoth/ Le duc Colomer/ Le duc
Rhodanus/ Le duc Malda/ Le duc Lrylan/
Le duc Solas/ Le duc Colo/ Le duc Brem̄°
Le duc Suno/ Le duc Melanus/ Le duc Ni
camoz/ Le duc Thaphon/ Le duc Salon/ et
le duc Merdarus

℧ Tout le nōbze de ce peuple tant de hōmes
fēmes que enfans de chascun sexe estoit p le
tesmoygnage de ce ancien croniqueur Hinni
baldus (cōe recite Johānes tritemi°) de quatre cens quatre vingts neuf mil troys cēs soi
zante/ sans y cōpzendze les seruiteurs z cham
bzieres. Et qui vouldza scauoir p quelles grā
des difficultez ilz passerēt les longs chemins
cōbien de empeschemēs/ mauluaises rēcon-
tres/ assaulx/ z alarmes ilz eurēt Lise la croni
que de Hinnibaldus/ qui (cōe recite Tritemi°)
au moyē des choses merueilleuses y ē tenues
semble estre plus fabuleuse q̄ veritable

℧ finablemēt apres grans labeurs z innumerables difficultez Marcomirus auec ses
ducz z toūt son peuple vinst en Germanie/ ou
ilz furent amyablemēt receuz cōme freres p
les Saxons/ z leur furēt baillees pour leurs
demourances les terres ou de psent habitent
les frizons occidētaulx/ les Gueldzois z Ho
landois en celle contree ou p troys poztes ou
entrees le fleuue du Rhin tūbe en la mer

❡ L an vingtiefme de fon regne les Gaulois
luy feirent guerre/defquelz fe deffendit vertueufemēt/ꝗ gaigna fur eulx certaines ifles
quil bailla ꝗ dōna a fon frere Sunno. Et lan
xxiiij. fe voyāt molefter ꝑ les Gauloys paffa
le Rhin auec groffe armee des fiens ꝗ des faxons/ꝗ pafferēt iufques a la riuiere de meufe
expofāt tout a feu ꝗ a fang en forte ꝗ fon nom
fut crainct ꝗ doubte des natiōs prochaines ꝗ
fe allierēt auec luy/ꝗ mefmemēt ceulx de lifle
de Bretaigne a pñt nōmez Angloys. Des ce
tēps les francoys lors appellez Scithes eurent plufieurs ꝗ diuerfes guerres iufques a
huyt ou neuf cēs ans aps/tant cōtre les gauloys que contre les Rōmains/cōme on pourra veoꝑz cy apres par layde de dieu.

❡ Apres ces chofes Marcomirus lan vingt
huytiefme de fon regne alla de vie a trefpas/
qui fut quatre cēs douze ans dauāt lincarnacion de noftre feignr Jhefucrift/et lan. xxj. de
lentree des frācoys en Germanie / Il laiffa
troys filz Antenoꝛ/Pꝛiam/ꝗ Nicanoꝛ/ꝗ douze filles. Et iufques a ce tēps Quafthald fcithe ou ficābꝛien a efcript lhiftoire des frācoys
lors appellez Scithes. Et depuis ce tēps Hin
nibaldus a efcript leurs geftes iufques au
trefpas du roy Clouis pꝛemier Roy creftien
des frācoys/cōme recite Johānes tritemius

C

Des Roys francoys

De Anthe/
nor second roy
des frācois
en germanie

¶Anthenor fut le secōd Roy des frācoys en
Germanie/ƶ regna trēte ans aps Marcomi/
rus son pere / Il espousa la fille de Belmus
roy de Bretaigne nōmee Cambre / Ce fut la
plus belle de tout son royaulme/ƶ de si grant
prudēce que p son cōseil le Roy ƶles princes
frācoys moderoyēt ƶ gouuernoyēt leur cho
se publicque/ Elle reforma les rudes meurs
des frācoys encores sentās leur scithie/ fist
bastir ƶ ediffier citez ƶ chasteaulx/ mōstra es
fēmes a filler ƶcharpir laynes ƶ a en faire ve
stemēs/ordōna loix ƶ si estoit grāt nigromā
cienne/Et p loppinion de Johānes tritemius
les Scithes prindrēt delle le nom de Sicam/
briens/Car ilz eurent en si grāde admiracion
la prudēce ƶsciēce de la royne Cambre/ ƶ du
rant son viuāt ƶ aps son trespas quāt ilz con/
gnoissoyent quelqun prudent ou bien plant
disoyēt en leur lāgaige vulgaire ƶl estoit sic
cābre/cest a dire ƶl estoit pareil a Cambre/ ƶ p
langaige corrūpu en faisant de deux dictiōs
vne/furēt deslors en auāt les scithes appellez
sicābries.Maistre Jehā le maire ƶ autres cro
niqueurs ne sont de ceste opiniō/ƶ diēt aulcūs
ƶ les frācoys prindrēt leur nom de leur cite de
sicābre ƶlz feirēt ediffier en Pānonie.Maistre
Jean le maire a escript ƶ ce fut de Sicāber/cōe
il a este dict dessus/ Toutes lesqlles opiniōs

peuẽt eſtre vrayes/Sauoir eſt q̃ les frãcoys
prindzẽt pmieremẽt le nom d̃ ſicambziẽ(qui
peu leur dura)a cauſe de Sicãber/ou de leur
cite de ſicambze/ꝗ lozs q̃ ptie d̃ leur cõpaignee
fut deſcẽdue es baſſes Alemaignes/laiſſerẽt
ce nom ꝗ le baillerẽt a leurs ſucceſſeurs quãt
ilz ſe furẽt renduz a eulx/au moyen de la prudence de la royne Cambze fẽme de Anthenoz
Quoy q̃l en ſoit des ce tẽps furẽt appellez Si
cambziens iuſq̃s lõg temps aps/cõe on verra
cy aps/ꝗ de ces ſicambziẽs les cõmẽtaires de
Jules ceſar fõt grant menciõ/leſq̃lz furẽt au-
cuneſſoiz appellez troyes/ſcithes/armeniẽs/
germains/gaulois/ꝗ maintenant francoys.
Leſq̃lz ſurndõ ilz acꝗrent es diuerſes muta-
cions quilz feirent de leurs demourances.

℟ Lan.xij.du regne de Anthenoz Suno ſon
oncle deceda ꝗ laiſſa ſa duche de holãde a ſõ ſe
cond filz hectoz/pce q̃ marcomir⁹ laiſne en cou
rant ſur le glaz ſe noya en la riuiere du Rhin.
Suno auoit quatre autres enfãs dautres fẽ-
mes q̃ la pmiere ꝗ ne furẽt nõmez ducz p la loy
des ſicãbziẽs/p laq̃lle tãt q̃ viuoiẽt les enfãs loy des ſi-
cãbziens.
du pmier mariage/ceulx du ſecõd neſtoiẽt nõ
mez ducz ne princes.℟ Priam frere du roy Anthenoz q̃ fut duc d̃ grunin enfriſe ſur la riue d̃
la mer/ediffia vne cite q̃l nõma grunin.Et lã
auãt nr̃e ſalut trois cẽs quatre vigts ꝗ deux le

roy Anthenoz apzes plufieurs batailles ⁊ Bi=
ctoires ⁊ quil eut regne trẽte ans deceda/⁊fut
pompeufement enfepulture/ a luy furuiuãt
Pziam fon filz Bnicque

Pziam tiers
roy des ficã
bziens.

℄ Pziam filz Bnicque du roy Anthenoz et de
Lambze/regna fur les Sicãbziens apzes fon
pere Bingt fix ans/durant lequel tẽps les Si
cambziẽs cõmãcerent a laiffer leur lãgage de

Mutatiõ de
lãgage es ſi
cãbziens

fcithie/⁊ a Bfer de la lãgue de faxonie/es fins
et metes duãl pays ilz demouroyẽt/Toutes=
foiz ilz retindzẽt quelque refte de la lãgue grec
que dont ilz auoyẽt aultresfoiz Bfe/ainfi que
pourroyẽt cõgnoiftre ceulx qui entẽdẽt lune
et lautre langue/cõme recite les Tritemius.

℄ Lan fixiefme du regne de Pziam/Marco=
mir filz de Suno duãl a efte parle deffus alla
de Bie a trefpas/⁊ laiffa Bng filz entre autres

Theocal°.

nõme Theocalus/qui fut hõme de grãt efpzit
et fauoit les lãgues grecque fcithicque ⁊ ger=
manique/Et au moyen de fa grãt fciẽce ⁊ ãl
eftoit Baticinateur/les Sicãbziens le feirent
leur grant pontife.Aupauant ilz nauoyẽt eu
temples/⁊ faifoyent leurs facrifices a leurs
faulx dieux foubz arbzes bzãcheuz ⁊ fouilluz
par grãs cerimonies ã leurs pzeftresfaifoyẽt
en langue grecque.

℄ Lan huytiefme dud regne p le confeil de
la royne Lambze/⁊ du grãt pzeftre Theoca=

lus les Sicambriens ediffierēt de nouueau
deux citez entre les deux entrees du Rhin Lu
ne nōmee Neomage/ʒlautre Neopage/esꝗl
les quoiqueſſoit en Neopage la reſidēce des
roys frācois fut p long tēpsʒɫ feirēt a Neo
mage ꝟng tēple a Jupiter/ou Theocalꝰ habi
tāt auec les pſtres enſeignoiēt les enfās des
prīces ʒ nobles en meurs ʒ ſciēce/Le theoca
lus eſtoit nigromācien et grāt ꝟaticinateur/
auſſi fut grāt hiſtorien/ʒ redigea p eſcript en
metres ʒ Ꞔers les faictz ʒ geſtes des Roys et
princes cōme recite Tritemiꝰ/Le roy Priam
feit pluſieurs courſes cōtre les gaulois ʒ eu
rent luy cōtre lautre pluſieurs batailles/esꝗl
les aucūeffoiz les ſicābriēs eſtoiētꟄictorieux
ʒ es autreſfoiz les gaulois/Et aꝑs ꝗ Priam
eut regne.xxꟄi.ans alla deꟄie a treſpas ʒ laiſ
ſa pluſieurs enfans de quatre fēmes Lan a
uant lincarnatiō de Jeſucriſt trois cens.lꟄi.

¶ Helenus filz aiſne du roy Priam ſucceda
a ſō pere/ʒ aꝑs luy regna ſur les ſicābriēs dix
neuf ans/Il fut cruel a ſes ennemis/car quāt
il pouoyt prēdre de leurs enfans les ſacrifioit
a Palas ʒ autres ydoles/Touteſfoiz il eſtoit
begnin ʒ gracieux a ſō peuple/Durāt ſon re
gne les gaulois ſennonoys ꝗ trēte ans pauāt
auoyēt prins rōme daſſault ſoubz la cōduicte
de leur roy Brenus furēt ſurmōtez ʒ Ꞔaincuz

             C iij

par les rommains/cõe recite Eusebe. Le roy Helen⁹ fut fort belliqueux ꝛ lan pmier de son regne fist guerre es gaulois q̃ sont oultre la riuiere de meuse/ꝛ es Tungres que no⁹ appellõs maitenant barbansõs/Desquelz furẽt occis enuirõ seize mille/du nõbre desquelz estoit guedon filz du roy de therouẽne ꝛ le reste mist en fuyte/Au moyen de laq̃lle victoire cõquist grant ptie de terre en ce pays/quil bailla a aucũs de ses ducz po² gouuerner Et apres plusieurs autres batailles q̃l eut auec les gaulois/alla de vie a trespas lan.xix. de son regne/ꝛ lã trois cens trente sept auãt la natiuite de Jesucrist/ꝛ lã du mõde quatre mil huyt cẽs soixãte deux

Diocles. v roy des sicãbriens

Diocles filz aisne de Helen⁹ apres la mort de son pere regna.xxxix.ans/Il estoit grãt de corps/hardy/fort ꝛ belliqueux. Lan.xij.de son regne grãt nõbre de gotz sortirẽt des isles scãzianes a psent appellez gothicques/lesquelz entrerẽt en saxonie exposant tout a feu et sang. Cõtre eulx se assemblerent cinq roys/sauoir est le Roy de saxonie/le roy des theutoniques qui sõt haulx alemãs/le Roy de thuringe/le roy des Rugiens/ꝛ Diocles roy des sicãbriẽs La bataille fut grãde/ꝛ finablemẽt furẽt occis plus de cẽt mille gotz. De la ptie des cinq roys q̃ auoyent deux cẽs soixante mil hõmes furẽt occis vingtcinq mil/ꝛ le roy des thurin

giens nõme herpnia.Et ce pẽdãt les gaulois
de therouenne/de barbãson ⁊ autres estoient
oultre la riuiere ꝺe meuse aduertiz ꝺe lẽpesche
mẽt des sicãbriẽs coururẽt sur ceulx q̃ hele̅ꝰ
auoit laisse3 en ce pays/mais ꝑ la subtilite et
force ꝺes sicãbriens les gaulois furẽt Uaicu3
⁊ ꝺe quatreuingts huipt mil q̃l3 estoiẽt ne3 ꝺe
moura q̃ dix mil q̃ tous ne fussẽt occis Et ꝺs
sicãbriens furẽt occis enuirõ quatre mil auec
troys ducz Marcompr/hele̅ꝰ/⁊ Anthenor. Il
ny eut annee durant le regne ꝺe Diocles quil
neust guerre contre ceulx ꝺe gaule/⁊ souuent
estoit uictorieux ⁊ aulcũes foi3 uaicu.Et aps
q̃l eut regne.xxxix.ans alla ꝺe uie a trespas ⁊
laissa ꝺe la royne sõ espouse quatre fil3/hele̅ꝰ
Priam/nicanor/⁊ Basan/lan auãt la natiuite
Jesucrist ꝺeux cẽs quatre uingts dixhupt/ et
lan du mõde quatre mil neuf cẽs ung an. Du
quel tẽps Simõ le iuste fil3 ꝺe Ouias estoit
grãt pstre ꝺe Jherusale̅. ¶ Hele̅ꝰ fil3 aisne
ꝺe Diocles regna aps sõ pere sur les sicãbriẽs
quatorze ans/Toutesfoi3 lan.xiiij.ꝺe son regne pce q̃l estoit hõme inutil paresseux ⁊ lubri
que/⁊ q̃l gardoit son hostel auec grãt nõbre ꝺe
cõcubines/les princes ꝺe sõ royaume du cõsen-
temẽt ꝺes nobles ⁊ cõmun populaire le ꝺepo-
serẽt ꝺe sõ auctorite royalte ⁊ la baillerẽt a sõ
ieune frere Basanꝰ Lan auãt la natiuite ꝺe

Hele̅ꝰ. Ul.
roy ꝺes sicã
briens.

   C iiij

Basan⁹. Bii.
roy des sicā
briens.

Jhesucrist deux cens quatre vingts z quatre.
C Basanus le plus ieune des quatre filz du
roy Diocles aps que Helen⁹ son frere eut este
depose/regna sur les sicambriens. xxxvi. ans
Il estoit homme hardy/fort/prudent/z belli-
queux/ Les Sicambriens aps la mort de leur
grant pstre theocalus le firent leur pōtiffe/et
pour la grandeur de sa prudence z des choses
magnifiquemt p luy gerees fut appelle Basan le grant/nō seullemt luy exhiber:nt les
royaulx hōneurs/mais aussi les diuins/z ny
auoit hōme de sō royaume q luy cōtredist sur
peine de mort cruelle/En tous les lieux ou il
alloit publiquemt/en signe de iustice faisoit
porter vne corde/z vng glayue tout erige z nu
Il ayma tant iustice ql ne voulut pdōner a sō
ppre filz q auoit delinque. Car cōe recite Tritemius Basan auoit vng filz nōme Sedan q
fut dauant sō pere accuse du crime de adulte-
re/duql cas il entreprinst la cōgnoissance/z a-
pres icelluy prouue cōdamna sō filz a mourir
Les princes du pays voulurent faire mode-
rer ceste sentence/mais il ne fut possible. Et
leur fist respōce le roy basan ql vouloit que la
loy p luy ordōnee fust executee aussi bien sur
luy ou sō filz q sur ses subietz/Puis trēcha la
teste a sō filz en luy disāt/mō filz ce nest moy
q te pugniz/mais la loy du pays Ce fut a lexē

merueilleu
se iustice

ple ƌe Maulius torquat' ſenateur rõmaiƞ qui
fiſt baptre ſõ fiſƷ ƌe Verges ꝛ aꝑs luy couꝑꝑer
la teſte.xxv.ou.xxx.ans au pauant/pce ꝗl aꝛ
uoit cõtre le cõmanƌeſƞt ƌu lieutenant ƌe larꝛ
mee Bataille/Voire vaicu les ennemis ƌe rõme
Hinnibaldus a eſcript tant ƌe merueilleuſes
choſes ƌe ce roy Baſan/quelles ſemblent eſtre
plus fabuleuſes que veritables.Quoy ꝗl eƞ
ſoit il eſtoit ſi tresgrant nigromãcieƞ ꝗ ſes enꝛ
nemys le reƌoubtoiẽt plus poꝛ ſa ſcience que
poꝛ ſa foꝛce. Jl eut pluſieurs batailles contre
les gaulois les tegaranons/ꝛ ceulx ƌes iſles
oꝛchades eſquelles il ƌemoura touſiours viꝛ
ctoꝛieux.Et laƞ.xxxvi.ꝛ dernier ƌe ſoƞ regne
aꝑs ꝗl eut oƞ temple ƌe Jupiter celebꝛe le iour
ƌe ſa natiuite/couronna Clodomires ſon filƷ
roy/puis aꝑs auoir pꝛis cõgie ƌe tous les pꝛƞn
ces entra oƞ temple ꝗl ferma ſur luy ꝛ ƌepuis
ne fut veu Et a ceſte cauſe les ſicãbꝛiens extiꝛ
merent ꝗl euſt eſte pꝛis ꝛ rauy eƞ coꝛps ꝛ ame
auec les ƌieux/Je ne ſcap ꝗ ƌire ƌe telle moꝛt/
foꝛs (cõe a eſcript Tritemi') ꝗl fut pꝛins p ƌol   Amꝛoƌagꝛ
ou art diabolique/Mais quoy ꝗl eƞ ſoit Ameꝛ   Hiſtoꝛicus
roƌagus croniqueur ꝛphiloſophe ƌes Sicam
bꝛiens a eſcript que ce Baſan fut pchaiƞ ƌe la
diuinite/quil reuera iuſtice/ayma ſoƞ peuple
vainquit ſes ennemys/fut begniƞ es bons/ꝛ
rigoꝛeux es iniques ꝛ puers.Et eƞ laƞ.xxxvi.

de son regne p̄ la folle extimaciõ des Sicã=
briens fut repute estre en la compaignee des
dieux ⁊ lappelleret basaugoth/qui fut lan a=
uant la natiuite nostre seigr̄ Jesucrist deux
cens quarante ⁊ huyt/ et lan du mõde quatre
mil neuf cens cinquante ⁊ ŭng

Clodomi=
res. viii roy
desficãbriẽs

℄Clodomires filz aisne de Basan regna sur
les frãcoys lors appellez Sicãbriens apres
son pere dixhuyt ans/Et on p̄mier an de son
regne les gauloys enuoyeret ambassadeurs
vers luy pour recouurer les terres que le roy
Basan auoit sur eulx surprinses entre les ri=
uieres du Rhin ⁊ de meuse ⁊ es enuirons.
Le roy Clodomires receut hõnorablemt̄ les
ambassadeurs des gaulois/les fist bien trai=
cter de vins viãdes ⁊ aultres choses/⁊ les re=

Cautelle cõ
tre ses enne
mis

tinst lõguement p̄ deuers luy.Et ce pedãt en
uoya vers les roys de Thuringe ⁊ Saxonie
pour auoir leur secours/lesq̄lzluy enuoyeret
secretemt̄ cẽt mil cõbatãs.Et les choses a sõ
desir ordõnees dõna cõgie aux ambassadeurs
et leur bailla respõce p̄ escript a leur legacion
telle q̄ sensuyt/cõe recite Tritemi9. Le grant
roy Clodomires rẽd salut es satrappes ⁊ peu
ples des gaules.Nous sõmes emerueillez de
vostre folye q̄ voulez reputer et rauoir de no9
la terre q̄ noz p̄geniteurs ont iadis cõq̄se p̄ iu
ste guerre de vous cõe de leurs voysins iniu=

rieux ⁊ ennemys manifestes/Pẽſez q̃ noſtre
puiſſãce eſt trop pluſgrãde q̃ la Boſtre/⁊ceſſez
de Boſtre folle inique et temere entrepzinſe.
Aiez memoyze des occiſions ⁊ dõmage ables
ptes q̃ par noſtre ſaict pgeniteur a pñt deiſſie
⁊ ſes parẽs auez receues ⁊ ſuppoztees/⁊Bo' re
poſez ⁊ muſſez cde renars en Boz cauernes. Il
nous apptiẽt de dominer ſurBo'/⁊ Bous eſtes
tenuz obeyz a noz cõmãdemẽs/Bousfaiſãt ſa
uoir q̃ ſi Bo' entrepnez ⁊ pſumer Benir contre
nous/auõs delibere aller au dauãt ⁊ deffẽdze
ce q̃ noz parẽs no' ont acqs. ⁋Incõtinãt q̃ les
gaulois eurẽt Beu ⁊ leu ceſte rigozeuſe lettre
furẽt plus eſmeuz q̃ dauãt/et ſe pparerẽt po²
aller aſſaillir les ſicãbziẽs Po² laquelle choſe
aiſemẽt faire dzoiſſerẽt Bng põt igenieux ſur
la riuiere de meuſe/laq̃lle ilz paſſerẽt p ce põt.
Les ſicãbziẽs ſe trouuerẽt au dauãt des gau
lops /et Bng peu pdela la riuiere de meuſe eη
Bng lieu appelle deloη ſe rencõtrerẽt les gau-
lois⁊les ſicãbziẽs/entre leſq̃lz la bataille fut
ſi grãde q̃lle dura iuſq̃s a la nupt/⁊ furẽt pzeſ
que tous les gaulois occis Le roy eut pluſrs
autres Bictoires contre autres ſes Boiſins/et
laη.xBiij.de ſoη regne alla de Bie a treſpas/q̃
fut lan auant la natiuite noſtre ſeigñr Jeſucriſt deux cens trente. Il laiſſa troys filz de ſa
fẽme Ermandzude fille du roy de theutonie

Nicanor. ip
roy des sicã
briens.

savoir est Nicanor/Helianus z He lenus
¶Nicanor filz aisne de clodomires regna sur
les sicãbriens aps son pere.xxxiiij.ans. Il fut
homme seuere/bo es siés/z cruel a ses ennemis
Au moyen dequoy il eut plusrs guerres côtre
les gaulois Et semblablemt côtre les gotz/z
luy z les saxds z theutoniqs lan.xiiij.de sô re
gne furet empirez p les gotz es terres de saxo
nie z des haultes alemaignes/mais icôtinent
aps furêt victorieux des gotz. Lan.xxj.de son
regne il dôna secours p guerre de mer au roy
de lisle de bretaigne a psnt dicte angleterre (la
seur dûql nômee Côstâce il auoit espousee) a
lencôtre du roy des isles orchades/toutesfoiz
le roy Nicanor fut maleureux en celle expedi
cion pce q luy z les sicãbriens nestoypt experi
metez en guerre de mer.Aucûs pourroiêt pen
ser z dire q les histoires ap̃rouuees ne fôt me
cion de toutes ces batailles ne desd sicãbriens

Pourquoy
les ãciènes
histoires ne
fôt plusãple
mêcion des
sicãbriês et
francoys.

fors les cômentaires de Cesar. Pour a ce res
pondre z elucider ce doubte on pourra cognoi
stre tant p ce qui est contenu dauant q par ce q
sera dict apres/q p le tesmoygnage de Hinni
baldus (côe recite Johãnes tritemi⁹)depuis le
temps q les troyens a psnt nômez frãcoys fu
rent descenduz en germanie sur z apres la riuie
re du rhin/iusques au roy Clouis leur pmier
roy crestien y a neuf cens trête ans ou enuirõ

Durant lequel teps changeret plusieursfoiz
de nom/Car au cõmancemet quilz entrerent
en Germanie furet appellez Neomagiés/et
apres quilz euret aprins la lãgue de Germa=
nie (z de Saxonie/furet appellez germains et
saxons/desquelz les histoires rõmaines font
assez ample mẽcion/apres furet appellez sicã=
bziés/et finablemẽt ont prins(z retenu le nom
francoys qui est leur primitif nom/(z sera le
derrier.Et lerreur est venue de ce ĝ les Rom=
mains ont este peu curieux de sauoir leur ozi=
gine (z quilz les ont tousiours reputez dẽ la na
tion ou ilz habitoient.

℄ Le roy Nicßanoz apres quil eut glozieuse
mẽt regne p.xxxiiij.ans/alla de vie a trespas
a luy suruiuãs cinq filz/sauoir est Marcomi=
res qui fut Roy apres luy/Antßenoz qui gou
uerna leurs terres maritimes/Pziam q̃ mou=
rut en Angleterre auec son oncle/Helenus q̃
eut le gouuernemẽt des terres dẽtre saxonie
et le rßin sur les tegarans/et Clodius qui fut
gouuerneur des terres dentre la meuse et le
rßin/Et trespassa le roy Nicanoz lan auant
la natiuite nostre seignr Jhesucrist cẽt quatre
vigts seize/q̃ fut lã du mõde cĩq mil trois ans

℄ Marcomires filz aisne de Nicanoz apres
le deces de son pere regna sur les Sicãbziens
vigthupt ans/Jl fut modeste/clemẽt/piteux

et prudent/Bien instruict en toutes sciences
mondaines/mesmement en astronomie/divina
cio/τ interptatios de songes.Et souuent en lieu
de iouer pour son passetemps faisoit chanter tant
en son palays q̃ es temples les memorables faitz
des anciens pour exciter luy τ les ieunes princes a les ressembler.C'estoit lors vne coustume

louable cou
stume dung
prince

es germains τ sicambriens de faire rememorer p
les p̃stres de leurs temples les gestes des nobles τ les beaulx enseignemens en metres et
vers vulgaires/cõe recite Johannes tritemi?
Hinnibaldus a oultre escript q̃ ce roy Marco
mires eut de grãs guerres tant côtre les gaulois q̃ côtre les rõmains τ q̃l dilata τ augmenta
son royaulme τ seigneurie.Puis alla de vie a
trespas lan.xxviij.de son regne/τ lã dauãt no
stre salut cent soixãte huyt/τ lan du mõde cinq
mil vingt τ vng Envirõ leq̃l temps Hannibal
de cartage vaincu p Scipiõ se retira a prusias
roy de Bythynie pour refuge/τ voyant q̃l le
vouloit remettre entre les mains des rõmais
luy mesme se mist a mort p poyson/cõme a escript Eusebe en son liure des temps.

Clodius.pi
roy des sicã
briens

℃ Clodius ou clouis filz aisne de Marcomires aprés la mort de son pere regna sur les Sicambriens vnze ans/Et lan vnziesme de son re
gne aprés plusieurs batailles q̃l eut contre les
Gaulfoys/en la derriere dicelles pres le cha-

steau de basaubourg fut occis p ses ennemis
Toutessoiz les sicābzies τ saxōs cōpaignōs
eurēt finablemēt la victoire cōtre les gaulois
τ aps en auoir occis grāt quātite se reste tourna en fuyte/ Qui fut en lan dauāt la natiuite
nostre seigñr Ihesucrist cent cinquante sept.

¶ Anthenoz filz aisne de Clodiⁱ aps soñ pere
regna sur les Sicābzies seize ans/τ du cōsentemēt des rōmains fist treues de dix ans auec
les gaulois/ Il auoit trēte six ans lozs qͥl pͥst
la couronne/et fut plus amateur de paix q̄ de
guerre La chose plus digne de memoire qͥl fist
fut q̄ p le cōseil des prestres il oзdōna quon ne
sacrifieroit plus aux dieux les hōmes q̄ estoit
chose abhominable/ Loзdōnāce ne fut du cōmācemēt agreable aux Sicābzies/toutessoiz
elle a tousiouzs depuis este p eulx intuiolable
mēt gardee. Le roy anthenoz aps qͥl eut regne
seize ans en paix alla de vie a trespas lan dauāt l'incarnaciō ntͬe seigñr cēt quarāte τ vng.

¶ Clodomires aps la mozt de anthenoz sō pe
re regna sur les sicābzies vingt ans/τ on pͥmi-
er an de sō regne les rōmains redigerēt soubz
leur puissāce p scipiō les Numātins. Lan.vi.
de sō regne aps les treues finies les gauloys
auec grosse armee passerēt la riuiere de meuse
τ firēt nouuelle guerre aux sicābzies/lesq̄lz se
deffedirēt soubz la gͣduicte de clodomires leur
roy si biē q̄ aps plusͬes occis dune pͭ τ dautre

anthͤnoͬ.vii.
roy des sicā-
bziens.

Clodomires
viii.roy des
sicambriens.

les Gauloys tournerēt enfuytte/Et depuis
ne paſſerēt la meuſe pour aſſaillir les Sicā=
briens durāt le regne de Clodomires/Lequel
deceda lan dauant lincarnation noſtre ſeignr
Jheſucriſt cent.xxj. et lan du monde cinq mil
ſoixāte dixhuyt/Durant ce regne les Rom=
mains eurēt la guerre ſeruile en Secille/Et
Simon grāt preſtre de Judee fut occis/et luy
ſucceda ſon filz Jehan qui fut ſurnōme Hir=
canus/pce quil Vainquit les hircaniens/Et
Vers la fin de ce regne la noble cite Dauuer=
gne fut prīſe auec le roy dicelle nōme Detuit'

Merodacus
quatorzieſ=
me roy des
ſicambriës.

¶ Merodacus filz de Clodomires apres la
mort de ſon pere regna ſur les frācoys.xxViij
ans/et fut hōme magnanime ꞇ hardy dōt les
hiſtoires rōmaines portēt teſmoygnage/car
durāt ſon regne aſſembla auec les Sicābriēs
groſſes cōpaignees dȝ Saxōs/Thuringiēs
et Germains/iuſqȝ au nōbre en tout de deux
cens Vingt mil hōmes quil mena cōtre les rō=
mains iuſques a Rauēne/quil prinſt ꞇ pilla.
Et au retour miſt a feu ꞇ ſang pluſieurs Vil=
les ꞇ fortereſſes de Jtalie/Mais lan.xxVj. de
ſon regne p la cautelle du cōſule Marius qui
praticqua les ſaxōs ꞇ germains/Merodacus
fut deſconfit pdeca la riuiere de meuſe ꞇ plu=
ſieurs de ſes gēs iuſques au nōbre de Vingt
mil ꞇ plus/tāt des Sicābriens q̄ des Dānois

qui leur estoiēt Benu dōnēr secours Dōt peu
de tēps apꝛes se restaura/et apꝛes plusieurs
grās guerres p luy faictes tant es tōmains ꝗ
es gaūloisꝛ ꝗl eut grandemēt augmente son
royaulme ꝗ seigñrie alla de Bie a trespas lan
xxBiii. de son Regne/qui fut selon Tritemiꝰ
quatre Bingtz treze ans auant la natiuite nostre seigneur iesucrist. ¶Cassander filz aisne Cassander
du roy Merodacus succeda a son pere/et re- ꝟB.roy des
gna Bigt ꝗ Bng an durāt lequel tēps les gau- sicambꝛiēs.
tois p laide des Rōmains insulterēt les sicā-
bꝛiēs p plusieursfoiz oultre la riuiere de Meu
se.Esquelz il resista Baillāmēt/aussi durant
son regne les sicambꝛiēs/saxons/ꝗ thuringiens furēt guerroiez p les gotz/ꝗ leur roy Bor
bista/mais peu y proffiterent. Et apꝛes plusieurs Batailles eureusemēt conduictes Cas
sander deceda: plain de grās tresoꝛs soixante
douze ansauāt la natiuite ñre seigñr iesucrist Antharius
¶Antharius regna apꝛes la moꝛt de Cassan ꝟBi.roydes
der son pere sur les sicambꝛiēsEt lay.xii.de sicambꝛiēs.
son regne Julius cesar entra es gaūles ou ilz
feit la guerre par dix ans / cōe il est cōtenu en
ses cōmētaires. Dōt touteffoiz labbē Tritemius ne fait aucune mēcion en ses annalles
mais seullemēt a escript ꝗ Antharius roy des
sicambꝛiēs (cōe tesmoigne humbaldus) mist
a destruction la cite de Mogouce que tenoiēt

D i

lozs les Rōmains / z depuis aeste reediffiee de
ca le Rhin ou elle est depst / z que celle destru
ction fut faicte cinquante et six ans auant la
natiuite nře seigřr Jesucrist q̃ seroit lan qua
triesme de la cōqueste que Juli° cesar feit des
gaules / dont nest faicte aucune mencion par
leß cōmētaires / il a escript dauātaige que ce
roy Antharius p layde des germaiß entra es
gaules ou il feit plusieurs dōmages. Et que
lan. xxx̃. de son regne q̃ fut. xxxviij. ans auāt
la natiuite nře seigřr Jesucrist. Les gaulois
passerent la riuiere de Meuse z coururēt sus
aux sycambziens qui furent deffaiz z leur roy
Antharius occis.

℃ Sōmaire de la cōqueste des gaules
et dangleterre faicte par Jules cesar se
lon ses cōmentaires.

℃ Par le tesmoignage de Eusebe z autres cos
mographes Jules cesar cōmēca la guerre cō
tre les gaules soixante ans auant la natiuite
nostre seigneur iesucrist. En laq̃lle annee les
suysses laisserēt leurs terres z habitatiōs poz
aller cōquerir tout le pays des gaules / z de ce
aduerty Julius cessar alla cōtre eulx en la p
uence / et on pays Dauthun les disconfit / en
sorte que de troys cens soixante huyt mil qui
estoient partiz de leurs pays nen demoura q̃
deux cēs dix mil / lesq̃lz il feit retourner en le

Des sou
psses Dai
cuz p les
romains.

pays pour doubte que les germais leurs pro/
ches voisins de la le Rhin ne le vinssent occu
per/esquelz germains Julius cesar feit guer/
re celle mesme annee / et les vainquit:et leur   Les ger/
roy Drioniscus q̃ tenoit en sa subgection les   mais vai
sequanois qui sõt a p̃nt les Bourgongnons   cuz.
de la franche côte:ɋ faisoit guerre a ceulx d'au
thun/ de laɋl̃e victoire fut cause diuiciacus
Dauthun qui tenoit le party de Juliuscesar
sans lequel Diuiciacus a peine Julius cesar
fust entre es gaules ainsi facillemẽt quil feit
côme tout ce pourrez plus au lõg veoir par le
premier liure des cõmentaires.

℃ La secõde annee ou temps de este ceulx de   Ceulx de
la gaule belgicque se droisserent contre les ro   la Gaule
mains iusques au nombre de deux cens qua/   celtiɋ vai
tre vingtz dixsept mil hõmes tãt de beauuaiz   cuz.
que Darras/Amyens/Theronne/Cleues/
Gueldres/Caulx/Moncassel Vermandois
et Liege.Et furent les gaulois vaincuz par
trois diuerses foiz. La p̃miere fut ioignant la
riuiere Desue pres Rains. La secõde atour/
nay ou furent occis cinquante neuf mil cinq
cẽs hommes de gaule. Et la troisiesme fut a
Boisleduc dont la cite fut mise a feu et sang et   La petite
p̃nse cinquante trois mil prisonniers de bel/   Bretaigne
ges/ Ap̃s lesquellez victoires ceulx de Dan/   se rẽt a iu
nes/ Lantriguer/Cornouaille/auge/ɋ rhedõ   lius cesar
                        D ii

et aultres villes de la gaule armozique q̃ no'
appeldẽ la petite Bretaigne se rendirẽt a Ce
sar. Et semblablemẽt les nations habitãsde
la le Rhin enuoierẽt vers cesar pour auoir sõ
aliance. Et se rẽdirẽt a son obeissance les vil
les de Chartres/ Angiers/ Tours/ Poictiers
xainctonge/ ꝛtout les pays Dacquitanie/ cõ
me il est cõtenu ou tiers liure des cõmãtaires

Poictou an
iou ꝛ acqui
tanie se ren
dẽt a Cesar

℞ Lyuer apres/ Cesar sen alla en esclaudnie
pensant estre paisible possesseur des gaules.
Et ce pẽdant Publius crassus lung des capi
taines rõmains hõme de ieune aaige q̃ auoit
fait son yuer en aniou auec la septiesme legiõ
enuoia ses dizẽniers ꝛ ciquãteniers a Vãnes
Cornouaille/ et aultres lieux estans pres la
mer en lagaule armozique pour auoir des vi
ures/ mais ceulx du pays les rendirẽt prison
niers ꝛ se reuolterẽt cõtre les rõmains par lin
telligence q̃tz auoient a aultres/ Au moien de
quoy au cõmãcemẽt de leste pchain apres en
suyuant. Cesar vinst a grosse nauire quil feit
descendze par la mer de prouẽce en lozec/ ꝛ aus
sy eut les nauires de xainctonge ꝛ poictu. Et
desconfit les rebelles sans vouloir prendze a
mercy ceulx de Vannes/ dõt il feit descapiter
tous les conseillers/ ꝛ vendze apurs deniers
le surplus du populaire. Pendant lesquelles
choses les habitãs duperche/ dauge/ deureux

Ceulx ð la
basse bzetai
gne reuoltz

Les nustri
ens vaĩcuz.

et Liſieux ſe aſſemblerent z aſſaillerent quin
tus tituriuslieutenãt de ceſar/z furent p̃ luy
vaincuz/et preſque tous occis. En ce meſme
temps Publius craſſus q̃ eſtoit auſſi lũg des
lieuxtenans de Ceſar en acquitaine vanquit
ceulx de Tholoze z des enuirons qui ſont es
mõtaignes dentre aulx et foez/zceulx de Roſ
ſillon/Caſtillon/Terbe/Bigorre/et aultres
nations de Gaſcongne. Côme il eſt contenu
au tiers liure deſdictz cômentaires.

℧ Lan quatrieſme de la guerre gallicque Ce
ſar vainquit de rechief les Germains pres la
riuiere de Meuze pdeca le Rhin leſquelz auoi
ent laiſſe leur pays pour venir habiter es gau
les. Et vient ceſte riuiere de Meuze de la mõ
taigne de boſege q̃ eſt ou pays de langres. Et
quãt elle entre dedãs vne p̃tie du Rhin ſepa̅
re le pays de champaigne/z bourgongne quõ
dit bachalus entre gueldzes z la cite du Tret
Elle fait dũg couſte liſle de hollande z court
en la grant mer. Auſſi entre dedans le Rhin
loing de la grant mer enuiron. xl. lieues. Le
rhin ſourt dedans les mõtaignes de ſauoye/
et court lõg pays z moult legieremẽt par les
terres des ſuyſſes z côſtance la comte de bour
gongne/metz/aſtrabourg/z treues Et quant
il approche de la grãt mer ſe dept en pluſieurs
canalles: z fait pluſieurs iſles ou habitẽt plu

Deſcrip-
tion de la
riuiere de
meuze

Deſcrip-
tion de la
riuiere de
Rhin.

D iij

sieurs nations de gens

CDr incontinant aps la victoire obtenue cō
tre les germains Cesar feit faire a grant dili=
gence en dix iours ꝗ par grant engin feit droi=
ser Ung pōth sur la riuiere du Rhin cōbien ꝗl
le soit large/creuse/ꝗ roide. Par dessus lequel
pōth feit passer son armee pour aller cōtre les
sicābries auec lesꝗlz le reste des germains se
stoient assemblez es lieux ou depresent sōt les
villes de Manso ꝗ hessem/mais les sicābries
de ce aduertiz laisserēt leurs demourāces em=
porterēt ce quilz peurent de leurs biens ꝗ se re
tirēt en lieux desers ꝗ solitaires ꝗ par les fou=
restz. Au moien dequoy Cesar ne leur peut au
tre chose faire fort brusler leurs edifices/ꝗ de=
struire leurs labourages/puis se retira en la
duche de mōs/cōe il est cōtenu ou quart liure
des cōmētaires/qui ne se accorde aulcunemt
a ce quen a escript Tritemius/cōme il est cy
dessuscōtenu en larticle ꝗ parle du roy Antha
rius/fors quon pourroit coniecturer ꝗ Cesar
fut esmeu aller cōtre les sicābriens au moien
de ce quilz auoient ladicte annee pille lad cite
de Magonce qui estoit aux Rōmains.

CA la fin de leste deladicte.iiii.ānee Cesar se
transporta en lisle de Bretaigne ꝗ depsent ap
pellons angleterre auec huit cens.iiiixx.nefz
et p deux grosses batailles fit Angleterre tri

(marginalia left): Les sicam
bries vai
cuz

(marginalia left): Jules ce=
sar cōꝗste
āgletcrre.

butaire aux Rõmains. Et au retour de ceste
cõqueste ceulx de Therouenne se reuolterẽt
et coururẽt sur les gens de Cesar cuidãs les
suprendre/mais ilz furent par eulx desconfiz
cõme il est contenu a lafin du quart liure des
dictz commentaires.

¶Au cõmancemẽt de leste de la.S. annee aps
que Cesar eut soubmis a luy la grant cite de
Treues/ꝗ ꝗ donnoxix Dauthun par sa rebel
lion eut este occis/par ce que ceulx de lisle de
Bretaigne qui sont les Anglois sestoient re-
uoltez Cesar/et les rõmains y retournerent
auec huyt cens nauires: laꝗlte de rechief mi
rent soubz lobeissance de Rõme. Et Vers la
fin du moys de Septẽbre dudict an Cesar re
tourna es gaules ꝗ tinst ses estatz a Amyens
pour dõner ordre a son armee. Laꝗlle il partit
p legiõs quil assigna pour Viure en plusieurs
bonnes Villes/sauoir est Vne a therouẽne/de
laquelle Gayus fabius fut lieutenant/Vne
autre a Tournay soubz Quintus cicero. La
tierce pdela tournay tirãt en Reteloys soubz
Lucius roscius. La quarte a Treues soubz
Titus labienus. Et trois en la terre de Ba-
uays qui est en Hayneau/desquelles estoiẽt
capitaines Marcus crassus/Quitus lucius
Municius plautus/ꝗGayus trebonius lieu
tenant de Cesar.

                    D iiij

CJl enuoya vne autre legion sauoir est celle
quil auoit puis peu de tẽps assemblee en lom
bardie/ꝛ cinq aultres cõpaignees au pays du
liege. La plus part duꝗl paysꝗ est entre les ri
uieres de Meuse ꝛ le Rhin estoit soubz la sei
gueurie de Ambiorix ꝛ catulotus. Et de tous

Les gar-
sons des
rõmains
occises.

ces gẽsdarmes il ordõna capitaines Quitus
titurius Sabin⁹/lucius/ꝛ armiculeius cocta
Tãtost apꝛes p la grant infidelite de ambio
rix lesd cõpaignees estãs oud pays du Liege
furent deffaictes/ꝛ les capitaines occis p les
gẽs du pays ꝛ leurs voisins/aumoiẽ de quoy
ceulx de tournay se esmeurent cõtre leur legi
on. Mais quintus cicero qui estoit homme de
grãt pꝛudẽce trouua moiẽ den aduertir de bõ
ne heure Cesar. Lequel y vinst a diligence et
trouua ꝗ toutes les citez des gaules sestoient
contre luy reuoltees fors Reims et Authun.

Cõqueste
de Jules
cesar.

Touteffoiz cõduit si tresbien son affaire que p
les gloꝛieuses victoires ꝗlz eut en bꝛief tẽps
de ceulx du liege de tournay et autres il tinst
les gaules en plus grant paix ꝛ seurete ꝗl na
uoit fait au parauant. Cõme il est au long cõ
tenu par le.V.liure desdictz cõmentaires.

Cõseil te
nu a pa-
ris p Ju-
les cesar.

CLa sixiesme annee de lad conqueste et au
cõmancemẽt de leste dicelle par ce que la plus
part des gaules se rebelleret. Cesar tinst conseil a Paris/et incontinant apꝛes feit guerre

a ceulr de Treues (i de Gueldres ou il eut Bi
ctoire/et se ppara daller contre les germains.
Lesquelz auec les sicambriens Bindret auda
uant/ passerent le Rhin/(i coururet p le pays
du liege pour nuyre aux romains. Esquelz il
doneret quelques assaulr/mais cognoissant
leur force et bone conduicte sen retournerent
en leurs pays auec ce quilz auoient pille sur
les liegeois.et quat cesar eut mis en son obeis
sance tout le pays du liege (i fait prouision de
blez pour son armee et ordonne ses garnisons
sen alla en italie/come il est mieulr declaire p
le sixiesme liure desdictz comentaires.

¶ Ondit temps aduinst grant sedition a Ro
me aumoien de ce que le consulle Clodius fut
occis par lung des seruiteurs de Milo/en sor
te q toute la ieunesse ditalie se esmeut a grant
sedition (i rebellion contre les romains Et de
ce aduertiz les gaulois se reuolteret cotre Ce
sar/de laquelle comocion ceulr de Chartres
furent premiers aucteurs qui se allierent de
ceulr Dauuergne/Sens/Paris/Poictou/
Lahors/Lymoges/Tours/(i Angiers/dont
Dercingentorir prince de Cleremot fut chief
et capitaine/(i auoit soubz luy Lucteri° de ca
hors tresuaillant capitaine q praticqua ceulr
de Bzes/Loseue/Larcassonne/Armignac/(i
Nerbonne.Et de ce aduerty Julius cesar(as

Jules ce/
sar en ita
lie.

Sedicion
a romme:

Reuolte/
ment es
gaules.

Depinge
torir prin
ce de clet/
mont.

seure q̃ par la prudēce depompee les affaires
de Rōme auoient este reduictz en bon estat)re
tourna es gaules auec grosse armeeEt apres
quil eut reduit a luy Bourbonnoys / Berry /

Dierron
destruit. Orleans /⁊ Neuers. Bailla lassault a Dierron q̃ lors estoitvne des plusbellesBilles des
gaules.Et aps̃ q̃ ceulx du dedās eurēt lōgue
ment resiste fut la Bille habandōnee ⁊ mise a
feu et sang par les rōmains / cōme il est conte
nu a lafin dud.Bi. liure desdictz cōmentaires
de Cesar.

¶Au cōmancemēt de la.Bij. annee Cesar pa
ciffia vne grosse guerre ciuille qui estot entre
deux nobles bourgeois Dauthun / et diuisa
son armee en deux. Dōt il enuoia ptie a sens
et Paris /lautre en vne cite Dauuergne assi-
se sus la riuiere de Clauer que nousappellōs
a present lalier /ou Bercingenthorix feit guerre aux rōmains lesq̃lz y estoient. Et ce pēdāt
ceulx Dauthun feirent aussy vne rebeltiō se
crete /⁊ enuoierēt secours a ceulx dauuergne /
mais incōtinant aps̃ Cesar les remist en son
obeissance /⁊ poursuyuit larmee des rebelles
iusq̃s en la Bille de Neuers ou ilz se retirerēt.

Les gau-
lois Bain
cuz Et affin q̃ les rōmains ny trouuassent proye
la pillerēt /⁊ puis sen allerent auec lesautres
gaulois. Desquelz de toutes les parties des
gaules Dercingētorix assembla huyt mil hō-

mes darmes(z deux cens quarāte mil gensde
pie en laussoys en bourgongne/ou ilz furent
tous descōfiz et Vercingētorix mis entre les
mains de Cesar de son consentement. Com=
me il est contenu p le septiesme liure desdictz
cōmentaires.

¶ Au moien de ceste grosse victoireCesar fut
paisible possesseur des Gaules qui peu dura.
Car biē tost apres ceulx de Chartres se reuol
terent contre luy/ et vindrent en Berry cōtre
les Rommains qui les en chasserent virille=
ment/ouquel temps Orleans estoit de la sei
gneurie de Chartres. Incontināt apres ceulx
de Beauuaiz en beauuoisin se reuolterēt sem
blablement/et droisserent vne grosse armee
qui fut soudain desconfite/(z se rendirēt ceulx
de beauuoisin a la mercy des Rommains/et
tout le surplus des Gaules sās aucun bruyt
de rebellion.Mais bien tost apres Dimacus
feit vne grosse armee de Gaulois en Poictou
Dont partie de Poictiers sestoit ralliee/(z sen
allerent a Lymoges/dont fut chasse Dima=
cus p les rōmains (z poursuyuy luy(z ses gēs
iusqs a la riuiere de Loyre quil passa non sās
pte/car on occist ēuiron.xii.mil gaulois de son
armee. Qui fut occasion pour laqlle ceulx de
chartres se rēdirēt de rechief alobeissance des
rōmains(z aussi ceulx de la gaule armorique

Vercingē
torip pris

Les gau=
les paisi=
bles.

Chartres
reuoltee

Dimacus
auec les
poicteuis
disconfit.

qui seftoient semblablement reuoltez/ʒ fina﹒
blement le pays de quercy ʒ tout la reste des
gaules / dont Jules cesar fut paisible posses﹒
seur. Et a la fin desd derrieres victoires quil
feit en trois ans alla en la gaule dacquitaine
ou iamaisnauoit entre/maislauoit cõquise p
la prudẽce et cõduicte dun romain nõme Pu﹒
blius crassus son lieutenant oud pays. Lan
xxij.du regne de Antharius duquel a este des﹒
sus escript prinst fin la guerre que Cesar feit
es gaules en la maniere q̃ vo⁹ auez peu veoir
qui fut cinquante ans auant la natiuire no﹒
stre seigneur Jesucrist. Et treze ans aps An﹒
tharius fust occis cõme iay dit. Auquel fran﹒
cus son filz aisne succeda/ʒ fut courõne Lan
xxxvij.auãt la natiuite nostre seigneur Jesu﹒
crist. Ce fut vng prĩce vertueux/hardy/belic﹒
queux/ʒ cruel a ses ennemys/amyable ʒ gra﹒
cieux a ses subgectz. Lan pmier de son regne
il feit vne perpetuelle aliance auec les Ger﹒
mains/saxons/et thuringiens du cõsentemt
de tous les ducz de sicambre qui fut escripte ʒ
insculpee en tables dargẽt en ensuyuãt leur
coustume anciẽne/p laq̃lle ilz se accorderẽt q̃
desloꝛs en auant ꝑpetuellemt ne seroiẽt cen﹒
sez ʒ repulez q̃ vng peuple soubz diuers prĩ﹒
ces ʒ q̃ si vng estoit insulte seroit defẽdu p les
autres p armes cõioinctes ʒa depẽs cõmuns

Par q̃ ac﹒
quitanie
fut cõqse.

Francus
pⁱⁱ⁰. roy
des sicam
bꝛes.

Qui dōna vne merueilleuse crainte es Rom
mains/lesquelz sefforcerēt p̃ plusieurs moies
rōpre celle alliance q̃lz ne peurēt/cappelloiēt
les princes de ces quatre natiōs:les Roys de
Germanie/parce q̃lz estoient pches voisins/
qui est la cause pour laq̃lle les histoires Romains font peu de mencion des sicambriens/
francoys/Thuringiens/ꝛ saxons/car ceulx
qui les ont escriptes les ont tousiours nōmez
germais. No⁹ auōs veu cy dessus pourquoy
ont este nōmez sicābries. Et plusgrāt tesmoi
gnage lisez listoire que sainct Gregoire arceuesque de Tours a escript des francoys duq̃l
ientēds me aider es armailes de eroys desq̃lz
il a escript/Et vous verrez quil recite q̃ lors q̃
sainct Remy arceuesque de Reins baptisa clouis premier roy ꝛ bien des frācoys le nōma sy
cambrian En disant telz motz.Mitte depone
colla sicamber:adora quod incendisti/Incen-
de qd̄ adorasti. Cest adire baisse la teste doulx
sicambrian ꝛ adore ce q̃ tu as bresse ꝛ brusle ce
que tu as adore/cōme sil vouloit dire il fault
que tu adores dieu tout puissant duquel tu as
este p̃secuteur en bruslant ses eglises/ꝛ fault
que tu brusles et reiectes les idolles que long
tēps tu as adores. ⸿ Lan troisesme du regne
de francus les Rōmains q̃ tousiours ont fait
leurs conquestes plus par secrete pratiques q̃

a force darmes praticq̃rent les gotz des isles
scanziannes en sorte q̃ a grant multitude pres
que innumerable les gotz laisserẽt leur pays
et sen allerent es limites de saxonnie/ou par
dix ans ilz feirent toustours quelque guerre
Et a la par fin les saxõs germains thuringiens et sicambriens en ensupuãt leur alliance se assemblerẽt ꝗ firẽt ỹne armee de deux
cens trente mil hommes. La iournee fut assi-
gnee es gotz au lieu de Colinase ꝗ se baptirẽt
trescruellemẽt depuis le matin iusq̃s au soir
a la grãt perte de toutes les pties. Et le lande
main les natiõs de saxõnie/germanie/thurin-
ge/ꝗ sicãbrie se diuiserẽt soubz leurs prices en
quatre bãdes ou le roy frãcus auec ses sicam
briẽs se porta si tresuaillemẽt q̃ les gotz furẽt
descõfitz ꝗ expellez de saxõnie. Et dit tritem'
q̃ les sicãbriẽs auoiẽt ce cry hic frãc/hic franc.

Les sicam-
briẽs õt vi-
ctoire cõtre
les gotz.

⊂ De ce temps les sicambriẽs laisserẽt leur
nom ancien/ꝗ pour la grãt amour q̃lz eurent
a leur roy francus se nõmerẽt frãcois. Et cõ
me tesmoigne Humbal ancien historiographe
nõ seullemẽt les ducz/ꝗ princes de sicambre/
mais aussy toute la noblesse ꝗ le cõmun popu
laire se delecterẽt tãt en ce nõ frãcois q̃lz prie-
rẽt leur roy francus q̃ par edict public fust ordõne q̃lz ne seroiẽt pl' appellez sicãbriẽs mais
frãcois/ce q̃ frãc' volut liberallemẽt tãt pour

pourquoy
les sicãbri-
ens sont ap
pellez fran-
cois.

cõplaire a ſeſubiectz q̃ pour ſõ nom ꝓpetuer
Et deſloꝛs ſe nõmerēt frãcois/touteffoiʒ leſ
Rõmaineſ ꝛ autreſ extrangierſ ne ſe acouſtu
merēt a leſ appeller ainſy/maiſ aucuneffoiʒ
ſicãbꝛieſ et ꝓ autreffoiʒ germainſ/ꝛ pluſont
eſte appelleʒ germainſ q̃ autre nom aumoien
de la grãt aliãce q̃lʒ auoiēt auec leſgermainſ
ainſi q̃ a treſbiē eſcript Tritemi’en ſes annal
leſ quãt il ꝑle dud frãcus/il ya autreſ raiſõs
miſes en auãt ꝑ autres hiſtoꝛiēs:dont il a eſte
parle cy deſſus.C Durãt le tēps q̃ les ſicam
bꝛieſ maintenãt appelleʒ francois faſoiēt la
guerre esgotz en ſaxonie les gauloisentrerēt
a grãt puiſſance es terres des ſicãbꝛieſ q̃lʒ pil
lerēt ꝛ gaſterēt Et au retour de la guerre des
gotʒ le roy frãcus aſſēbla troiscēsmil hõmes
tãt des ſaxõs/germaiſ/thuꝛigiēs/ꝗ ſicãbꝛiēs
Et auec ceſte groſſe armee entra es gaules ꝑ
ſur ᛫ ng põtʒ q̃l feit faire ſur la riuiere du rhin
ꝛ feit tãt de dõmaiges esgaules ꝗ les rõmaiſ
de ce aduertiʒ ēuoierēt groſſe armee en germa
nie cõtre les ſaxõs de laq̃lle marc’loli’eſtoit
chief ꝛ cõducteur ꝗ eut ᛫ victoire ꝛ furent occis
x᛫ viii.mil des germainſ ꝑ la ſurpꝛinſe des rõ᛫
mainſ/quoy ſachant le roy francus enuoya
au ſecours des germaiſ ſõ filʒ Clogio auec
groſſe armee de francois qui dõnerent la fuy᛫
te aux Rõmainſ ꝛ ſen retournerēt les frãcois
victoꝛieux en ᛫ lan.xxiiij.du regne de francus

Quatre ans aps le roy francoys qui estoit ia
vieil et ancien alla de vie a tres pas neuf ans
auant la natiuite de nostre seignr Jesuchrist.
Les faictz et gestes duquel Clodomirus lors
grant pontisse des francoys escriuit en vers
vulgaires de leur langaige/ et humbaldus en
prose latine cóe recite Tritemius.

clogioys vin roy desfran cois.

¶ Clogio filz aisne de francus fut roy des
francoys aps son pere et regna trente ans Lan
.x. de son regne nre seignr Jesucrist saulueur
de tout le móde nasquit en bethlee de iudee.

La natiuite nre seignr Jesucrist.

Lan du móde cinq mil deux cens Lan xlii. de
lempire de octauianus auguste second empe
reur de Róme/ et lan sept cens cinquáte deux
de la fundation de Róme. Duquel temps y
auoit paix vniuerselle/ car Octauian aps ql
eut surmonte la pluspart de ses entenmys pa
cissia les autres/ et mesmemét les frácois ger
mains/ saxós/ et thuringiés soubz le seul nom
des germains. ¶ Ondit an le roy Clogio par
le conseil de lothilde sa mere qui estoit grát di

Le cómáce ment du re gne d phrise

uineresse et encháteresse enuoya son filz Phri
sus qui estoit le secód de ses enfans en vne re
gion adiacéte a la mer germanique vers aqui
lon qui de present est appellee Phrise/ et prinst
ce nom deslozs de Phrisus/ lequel dix ans aps
du consentement des prices francois fut cou
ronne roy de Phrise/ o ce que luy et ses succes

seurs paieroient pour tribut p̃ chascun an es
francois deux cens soixante beufz/ apres tou
tes ces choses faictes ⁊ logio qui estoit grant
astrologue ⁊ baticinateur alla de vie a trespas
lan de n̄re salut vingt/ dont hubaldus escript
au long les meurs vaticinatiõs oracles guer
res ⁊ autres faictz ⁊ gestes cõe recite tritemi⁹.

¶ Herymer⁹ le.xix. roy des frãcois filz aisne Herymeꝰ
de Clogio regna apres son pere douze ans Et rus. xix.
lan troisiesme de son regne les gaulois pille Roy des
rent les terres des francois deca la riuiere de francois
meuze p̃ la negligẽce des princes qui y estoiẽt
dont ilz furent appellez a iustice p̃ deuant leur
roy herymerus. Par ce que p̃ leur loy ceulx q̃ Loy des
auoiẽt duchez/ et seignuries soubz la puissance francois.
du roy/ si p̃ leur negligẽce les enemys entroi
ent en leurs terres ⁊ seigneuries ⁊ fasoient dõ
mage es subgectz/ le roy confisquoit la moitie
de leurs biẽs/ ⁊ estoiẽt a iamais priuez de tou
te seignurie ⁊ hõneur. Et si par malice leur dõ
noient entree deuoient estre enterrez toꝰ vifz/
ou decapitez/ ⁊ tous leurs biens cõfisquees/ et
leurs femes/ ⁊ enfans mis en la seruitute du
roy. Le roy Herymerus se volut vanger des
francois ⁊ leur feit p̃ deux fois grosse guerre.
A la derniere q̃ fut lan. xii. de son regne il fust
occis en bataille p̃ les gaulois par sa folle har
diesse. Lan de nostre salut trente deux.

¶Par ce que herymerus neut aucūs enfans procreez de sa cher son frere Marcomirus luy succeda a la couronne/z fut vingtiesme Roy des frācois lan de nře salut xxxij. Lan apres noftre seigūr Jesucrist fut p lenuie des Juifz mis a mort/et cruciffie en Jherusalem/et au tiers iour apres resuscita. Lan dixiesme du regne de Marcomirus Claudius fut empereur de Rōme/et droissa vne grosse armee pour aller en angleterre/et le quatriesme an apres selon Eusebe conquist les isles Orchades/z remist les anglois soubz la seigneurie de rōme. Et a son retour feit guerre aux frācois qui fasoient leurs demourāces entre les riuieres de Meuse/z le Rhin/z leur feit de tresgrāsdōmages non sans perte de plusieurs des rōmains. Et deux ans apres Marcomirus alla de vie a trespas q fut lan dixhuytiesme de son regne et de noftre seigneur lan cinquante.

¶Clodomer fut le xxj. Roy des frācois aps Marcomirus son pere et regna douze ans. Il fut hōme belliqueux/z infestāt es rōmains et gaulois/z ne passa vne annee sans faire guerre a lūg ou a laultre. Il retira des gauloisce qlz auoiēt cōquis sur les francois deca la riuiere de meuse:z se mist en son effort q les rōmains ne restauraffent leur cite de Magonce/mais il ne peut. Lan sixiesme de son regne Meron

Marginal notes:
Marcomir' pp roy des Frācops

clodomer ppi. Roy des Francoys

Neronem pereur de Romme.

fut empereur de Rôme. Et Clodomer deceda
fix ans apres lan de noftre falut foixâte deux.
¶Apres la mort du roy clodomer Antþenoz
fon filz eut la couronne/et regna fur les francois fix ans feullement. Et lan dernier de fon
regna dzoiffa groffe armee poz aller faire guer
re es gaulois et Rômains/et pafferent luy et
fes gens la riuiere de Meufe fur vng pôth de
Boys fait foudayn auec cozdes ꝗ nauires. Et
comme ilz fen vouliffent retourner auec grof
fe victoire quilz auoiêt obtenue:ainfy que les
premiers paffoient fur ledict ponth. Les Ba-
fteaulx qui fentretenoient de cozdes deflierêt
aumoien de la groffe charge des gens qui mar
choient deffus le ponth qui fuft par ce moien
rompu/ꝗles gens noiez Quoy voyans le roy
Antþenoz/et les Ducz qui eftoient auec luy
tindzêt confeil pour reffaire vng autre ponth.
Et ce pendât les Gaulois de ce aduertiz leur
vindzêt courir fus par derriere/ꝗ côgnoiffans
quilz ne pourroient leur refifter chefcun pen-
fa de fe fauluer: et paffer ladicte riuiere a nou
ou le roy Clodomer: et autres grans princes
francois fe auanturerent/mais la plus part
deulx furent noiez mefment le Roy/le Duc
priamus/le Duc Clodius/le Duc Richi-
mer/et le duc Rutunicus/auec foixante trois

E ij

groz seigneurs des francois. Et ainsi fina le
regne de Anthenoz lan de nře salut. lxViij.

℄ Lzatherius ou ratherius apzes la mozt de
Anthenoz son pere fut le. xxiij. Roy des fran‑
cois (z regna Vingt (z Vng an / durãt leql tēps
pour Vēger la mozt de son pere feit plusieurs
grãs guerres aux gaulois / z eut plusieurs Vi‑
ctoires. Il restaura son regne de plusieurs cõ‑
questes (z grans ediffices / z renouuella lalia‑
ce que le Roy francois son pzedecesseur auoit
fait plus de cent ans auparauant auec les sa‑
xons / germains / z thuringiens. Lan. ij. de son
regne lempereur Neron cõmēca la pzemiere
persecution cõtre les crestiens. Et lan. xxj. de
son regne alla de Vie a trespas: et fut inhume
en la cite de Ratherdama quil auoit ediffiee /
(z cõstruicte de nouueau en la memoire de luy
et de son nom. Leql trespas fut lan de nře sa‑
lut quatre Vingtz neuf. Arebaldus pontiffe
des francois escripuit ses faictz / et gestes en
Vers et metres a lamode ancienne / et depuys
Humbaldus les a traduitz en pzose latine.

℄ Richpmerus filz du roy Ratherius succe‑
da a son pere et fut le. xxiiij. Roy des frãcois

Prince magnificque / hardy z belliqueux. Et
pour les grans cultures (z supsticions. qlz fai‑
soit a ses dieux apzs la mozt de Arebaldus fut
fait par les francois grant pzestre (z pontiffe ã

Souleftiersil accepta Lan douziefme de fon re
gne luy Buindel:uit roy de Saxonie/hermeu
frunt roy de thuringe/ɋ les germains/ɋ theu
toniques chaſſerent de rechief les gotz ɋ eſtoi
ent en faxonie/ɋ en tuerent plus de Bingt mil
Et affin de leur interdire en laduenir lentree
es pays de faxonie et germanie du cõfenteſit
de tous les roys deſſus nõmez/ɋ de leurs fuß
gectz. Le roy Richymerus ẽuoia de fes pays
es lymites dentre les goths et faxonnie. xbiij
niil hõme auec leurs femes et enfans / ɋ leur
bailla pour chief et prince fõ fecond filz nom
me Sunnon qui eſtabliſt fon fiege esextremi
tez de faxonnie ou il auoit les Sarmates de:
uers orient/les fclauons de Boeme deuers fe
midy / faxonie ɋ les haultes Alemaignes de:
uers occcidẽt/ɋ les frifons oftrelins et daciés
anciẽnemẽt nõmez cymbres deuers aquilõ.
Pluſieurs des germains/faxons/ɋthuringi:
ens y allerẽt femblablement demourer auec
leurs femmesɋ enfans/ɋfeirent tous enfem
ble Bng peuple / et nouuelle natiõ. Apres le
trefpas de Sunnõ/Clodomer fon filz fut lez
8uc. Et lan de noftre falut cent quarante fix
en mẽoire de fa gent et de fon pays ediffia fur
la riue du fleuue de Oôereßne cite quil nõma
franclzeufurt. Et certain peu de temps par
aßeŋ ediffiaßne aulte quil nõma Sunde ou

E iij

selon le tesmoignage de Hubaldus Sunno-
nie. Le nom des francoys demoura par long
temps en ce pays et iusques que p̃ la multipli
cation des Ducz ilz se diuiseret en plusieurs
parties lesquelz prindrent nom de leurs ducz
sauoir est de Marcomerus les Marcomeres
de Brandon ceulx de brandeburg.

Domicia
empereur

¶ Lan cinquiesme du regne de Rychimerus
lempereur Domician eut triuphe des sarma
tes et daciens qui demeuroient es extremitez
et fins de germanie Bers oriẽt / trois ans aps
cõmanca la seconde psecution contre les crestiens. Et deux ans apes fut miserablement
occis en son palais lors q̃l auoit trẽte six ans /

Nerua
empereur

et ses ymages et enseignes conculquez Villai
nement en terre / q̃ degectez par les Rõmains
en signe de ignominie q̃ iniure Aps luy Nerua fut empeur q̃ regna Ung an quatre moys /
et durant son empire qui fut lan Unziesme du
regne de Richymerus pres la cite de Basan
les francois eurent guerre contre les gaulois
et Rõmains ou les francois furent secouruz
par les germains / et dune part q̃ dautre y eut
grant nõbre de gens occis / puis sen retournerent les rõmains a la coulongne agripine ou
ilz eurent nouuelles que lempereur Nerua
estoit decede. Ou lieu duquel ilz feirent empe
reur Traianus qui estoit hespaigneul / leq̃l

fut en lempire dixneuf ans sept moys selon
Eusebe. Lan cent treze de nostre salut Ri=
chimerus apres quil eut eureusement regne
sur les francois par Vingt quatre ans alla de
Vie a trespas. Les faictz et gestes duquel fu=
rent escriptz en Vers et mettres Vulgaires par
Vng Vaticinateur nomme Ruthuingus com
me recite Tritemius.

C Odemarus filz aisne de Richimer fut xxV
Roy des frãcois apres le trespas de son pere.
Il fut prince amyable et paisible/et feit paix
auec les gaulois et rõmains quil obserua du=
rant sa Vie. Au moien de laq̃lle paix se applicq̃
adroisser le bien public / et adecorer les tẽples
faire sumptueux ediffices/et citez/et entre au=
tres citez en feit ediffier Vne q̃l nõma du nem
dun grãt philosophe et prestre de leur loy nõ=
me Dechtanus qui estoit hõme extraict de roy
alle lignee facond et expert en langue grecque
et latine grãt astronomien et medecin. Et fut
appelle ceste cite Odemars heim/qui encores
est es limites du diocese du Tret cõme recite
Tritemius/ou le roy Odemarus fut enseue
ly et inhume apres sa mort/et quil eut regne
quatorze ans / qui fust en lan de nostre salut.
Cent Vingt et sept ouquel temps estoit empe
reur des Rõmains Hadrianus.

C Marcomerus fut xxVi.Roy des francois

                   E iiii

apres le trespas de Odemarus son pere:/tres
gna vingt et vng an en paix/car il côtinua lac
cord que son pere auoit fait auec les gauloistz
rômains aumoiê dequoy les frâcois se multi
plierêt et enrichirêt/tz dit Doracus en ses an/
nalîes côme recite Tritemius apres Hûbal
dus que les Rômains auoient toufiours en
grant suspection les frâcoiz quelque paix qlz
euffent auec eulx/tz les euffent bien voulu de
faire. Parce quilz auoiêt autres foiz eu respô
se de leurs dieux quilz deuoient subuertir lem
pire Romain.

marcomi
rus eut
sept êfãs

℃ Marcomirus eut sept enfans mafles / fa/
uoir eft Clodomer qui fuft roy aps luy/Mar
comer/Clogio/francus/Werobacus/Nica/
nor/et Odemarus qui fuft grant preftre et pô
tiffe de leur loy.

℃ Lan trefiefme du regne de Marcomirus
lempereur Hadrian deceda/et furent empe/
reurs Titus antonius/tzpuis auec se enfãs
Aurelius tz Lucius. Lan de noftre falut cent
quarante huyt le roy Marchomirus deceda.

℃ Clodomerus filz aifne de marcomer° fuft
xxviij.Roy des francois apres son pere ĝ fuft
prince prudêt/modefte/tz humain/et eut de fa
femme Hafilde trois filz/laifne defquelz fut
roy aps luy. le fecôd fut roy de frife/tz le tiers
nôme Rozicus se noya en vne riuiere ĝ depuis

Clodome
ruspp vij)
Roy des
frãcois.

a cause de ce a touſiourseſte appellee Roza.

℃ Ledit Clodomerus deceda lan dixſepties
me de ſon regne qui fut lan de noſtre ſalut cēt
ſoixante cinq deux ans au parauant furent
empereurs de rōme Marcus antonius/ꝗ Lu
cius aurelius comodus.

℃ Farabertus filz aiſne de Clodomerus fut
xx8iij. Roy des frācois apꝛes ſon pere. Au cō
mancement de ſon regne confirma lancienne
aliance des ſaxons/germains/ꝗ thuringiens
qui pmeut les rōmais a leur faire guerre Car
le 8i an de ſon regne durāt lempire de Lucius
aurelius paſſerent par ſarmatie/ꝗ 8indꝛēt en
germanie et ſaxōnie/mais ilz en furēt chaſeꝫ
a triūphantes armees p les germains/ſaxons
et francois. Cinq ans apꝛes les Rōmains de
rechief retournerent p ſarmatie en germanie
ſoubꝫ lempire de Marcus Anthonius ou ilp
eut miracle euident contre les Germains/ et
frācois/ car cōe les deux armees fuſſent lune
pꝛes de lautre on temps des grās chaleurs la
fouldꝛeꝗ greſle tumba ſur les germainsꝗ frā
cois/ et la menue pluye ſur les Rōmains par
miracle. Ledict Ferabertus alla de 8ie a ttes
pas lan 8ingtieſme de ſon regne/ et lan de no
ſtre ſalut Cent quatre8ingtz et cinq.

℃ Sunno ſon filz aiſne fut xxix. Roy des frā
cois lan iij. de lēpire de Comodus/ et eut guer

Empe
reurs Ro
mains.

Faraber
tus 8iij.
Roy des
frācois.

Sunno
xxix. roy
des fran
cois.

re auec les rōmais ⁊ gaulois pres le chasteau
Delon/dõt il fut Victozieux/durãt son regne
y eut a Rōme deux autres ēpereurs. Sauoir
est Helius ptinax ⁊ Seuer⁹. Il deceda aps q̃l
eut regne xxViij. anslan de nr̃e salut deux cēs
xiij. Les faictz⁊gestes duq̃l hildegast philoso
phe frãcois mist p escript en Bers Bulgaires q̃
Hūbaldus a depuis traduitz en prose latine.

⸿Hildericus filz aisne de Sunnon fut xxx.
Roy des francois apzes son pere. Duq̃l Hil
degast philosophe francois Baticina ⁊ pzedist
a sa natiuite q̃ sa posterite subiugueroit ⁊ sub
uertiroit lempire Romain. Et cōme a escript
Hūbaldus les rōmainsauoyent ouy tant de
Baticinations des sicābziens depñt appellez
francois que cōgnoissans leur hardiesse ⁊ foz
ce en auoiēt Bne merueilleuse crainte. Et leur
estoit leur nom si tresodieux quilz ne les Bou
loiēt appeller frãcois ne sicābzients/mais ger
mains. ⸿Ozesperoient les francois q̃ telles
Baticinatiõs seroiēt q̃lque iour acōplies. Et
a ceste cause lēurs Roys laisserēt leur pmiere
armoirie q̃lz auoiēt appoztee de Sithie q̃ estoit
dun escu dargent a trois Raynes de leur cou
leur:aucũs diēt q̃ cestoiēt crapaulx / et aps ilz
pñdrēt Bng escu doz a Bng lyon rãpant dazur
agueule ouuerte ⁊ le queuhe renuersee en foz
me dune queuhe de serpent a lextremite de la

Hilderi ﹀
cus ppp .
Roy des
Frãcois.

Les pze﹀
miers/se﹀
cōzatiers
armesdes
Frãcois.

quelle estoit adiouxte le coul dune aigle auec
les aelles estendues/Boulans mostrer par si
gne que laigle seroit surmontee p le lyon et le
serpet. Par laigle entedoiet la puissance arro
gāte des rōmains q portoiet laigle. Par le ly
on entendoiet force / ꝛ par le seꝛpent pꝛudece.
Et userēt de ceste armoirie iusques au teps q
Clouis pmier roy crestien des frācoisfut bap
tise ou il eut diuinement Lescu dazur a trois
fleurs deliz doꝛ. ¶ Durāt le regne de Hilde
ricus les frācois p le conseil du philosophe Hil
degast laisserēt leur rude mode de viureꝛ pꝛin
dꝛēt nouuelles meurs apꝛochās de celles des
grecz/ꝛ rōmais. Aussi cōmācerēt a ediffier pl'
suptueusemēt q aupauāt. Le roy hildericus
mourut lan xl. de son regne q fut lan de nꝛe sa
lut deux cēs liij. Pendāt leql teps y eut a Rō
me huyt empeurs lun aps lautre. Sauoir est
Anthoni'caracalas/macrin'/marc'aurelius
Anthoni'alexāder q fut occis a magōce/Ma
ximin'/goꝛdian'/philip' et deci'. ¶ Le pmier
an de lēpire de deci' Barther' filz de Hilderic
fut le xxxi. roy des frācois/ꝛ regna. xuiij.ans.
Au cōmācemt de son regne les gothz passerēt
la riuiere de Istre ꝛ surpꝛidꝛēt sur les citez ꝛ pꝛ
uices des rōmais q les rēcōtrerēt /ꝛ en occirēt
enuirō trēte mille/ ou furēt occis plusieꝛs no
bles rōmais ꝛentre autres le filz de lēpeur De

Empe
reurs Rō
mains.

barther'
xxxi. roy
des fran
cois.

Des Roys francoys
cius. Le decius fut persecuteur trescruel des
crestiẽs(ꞇ soubz luy sainct laurent receut mar
tire. Par quoy fina meschantemẽt/car en fuy
ant dune bataille tumba en leaue/ et iamais
ne peut estre trouue le quinziesme mops de sõ
empire. Lan dixiesme du regne du roy Bar/
therus les frãcois acõpaignez des germains
Saxons/thuringiens: et de ceulx deBauieres
passerent italie iusques a Rauenne: et apres
quilz eurẽt pille plusieurs citez et bourgades
sen retournerẽt. Et lannee apres les Alains
entrerent es Gaules/ou ilz feirent plusieurs
dommages es Rõmains/ et semblablement
en Italie ou ilz se transporterẽt ladicte annee
Deux ans apres qui fut lan deux cens soixã/
te six de nře salut/ Antharius filz du roy Bar
therus/ et Luther filz de Marbod roy de saxo
nie auec grosse armee de francois/ Saxons/
et Germaius passerent les rluiere du Rhin ꞇ
de Meuse enttẽrent es Gaules ou ilz feirent
plusieurs groz dõmaiges/ et dilec allerent en
espaigne ou ilz destruirẽt la cite de tarrascon/
cõme a escript Tritemius. Et cinq ans apres
le roy Bartherus alla deBie a trespas qui fut
en lan de noftre salut deux cẽs soixãte ꞇ Bnze
Duquel Humbaldus a escript les faictz et
gestes/ durant son regne furent empereurs de
Romme: Gallus/ et Vollusianus son filz

Empe/
reurs Rõ
mains.

Dalserianus z Gallienus/lequel gallienus
fut occis a Milan lan que deceda le roy Bar,
therus.

℃ Clodius filz aisne de Bartherus fut.xxxij.
Roy des francois et regna.xxViij.ans/ouquel
an Aurelianus fut empereur de rôme / durât
le regne de Clodius les frâcois soubz aucuns
ducs entererent es gaules: z par force y habite
rent sept ans / mais ilz en furêt chassez p lêpe
reur Aurelian /côme a escript flauius Bopi,
scus historien de grât rendômee. Qui dit q lem
pereur Aurelian eut triûphe a Rôme de trois
cens prisonniers frâcois Qui est pour respô,
dre a ceulx qui ont escript q les francois prin,
drent leur nom soubz lempereur Dalêtinian
le ieune/qui regna cêt cinq ans aps Aurelian
durant le regne de Clodius qui deceda lan de
nostre salut deux cens.iiijxx.xViij. aps Aure,
lian furêt empeus. Tacit° q regna six moys.
florianus qui regna.xViij.iours. Probus qui
regna six ans quatre moys. Carus auec ses
enfâs Carinus z Numerian° /z Diocletian

℃ Balther filz de Clodius fut le.xxxiij.roy
des francois aps son pere. Et regna.Viij.ans
durant lequel temps Diocletiâ empereur
des rômains psecuta les crestiens. Et lan.ij.
sudict Balther les rômains occirent. lx. mil
alemans pres langres. Et lan de nostre salut

Clodius
pppij.roy
des franç
cois

Contre
ceulx q di
ent q les
francois
ont prins
ce nom du
têps d Va
lentiniay

empeurs
rômains.

Balther
pppiij roi
des fran,
cois

troiscens six le roy Walther qui estoit prince
magnanime/fort/et belliqueux alla de vie a
trespas lan.viii. de son regne. Duql an y eut
grat tremblement de terre.

⸿ Dagobertus ꝑmier de ce nom filz aisne de
Walther fut xxxiiii. roy des francoisaꝑs son
pere. Il fut humain/gratieux/ꝑ piteux/ꝑ equi
tablement administra iustice a ses subgectz.
Et mourut lan. xi. de son regne qui fut lan de
nostre salut trois cens dixsept.

⸿ Clogio filz de Dagort fut. xxxv. Roy des
francois aꝑs son pere. Lan. ii. de son regne les
rōmais ꝑ gaulois insulterent les francois en
leurs terres deca la riuiere/ꝑ cōmancerēt me
tre tout a feu ꝑ a sang. Audauant desquelz se
trouua le roy Clogio auec grant cōpaignie de
francois ꝑ de germains. Et apres quilz se fu
rent longuemēt baptuz le roy Clogio fust oc
cis. Et incōtināt son frere Clodomirus auāt
quon eust sceu la mort de Clogio se vestit de
ses armes: et se mist en lapresse faignāt estre
Clogio: et dōna tel courage a ses gens qui ne
le congneurent lors/quilz eurent victoire con
tre les rōmains ꝑ gaulois lesquelz tournerēt
en fuyte/ꝑgaigna la iournee. Or mourut dōc
le roy Clogio lan. ii. de son regne qui fut en lā
de nostre salut trois cens. xix. et laissa deux en
fans/laisne desquelz auoit nom Helenus/et

le ptiifne dixhuyt ans quon appelloit Richi
mer.Et par ce que pſa loy des francois eſtoit
proħiße de faire aucun Roy qui neuſt ṽingt
quatre ans/aucun deſdictz enfãs neut la cou
ronne/mais fut eleu en Roy par les francois
leur oncle Clodomirus.

℧ Or fut donc Clodomirus roy trentefixieſ
me des francois par cõmune election.Et fut
homme pꝛudẽt et magnanime qui garda ſon
royaulme en paix ⁊ grandemẽt le diſata.Du
quel temps Conſtantin le grant eſtoit empe
reur de Rõme/et auparauãt luy/apꝛes Dios
cletian galerius auoit tenu ſeul lempire par
deux ans/.Soubz lequel Conſtantin les rõ
mains entrerẽt a grãt puiſſance es terres des
ſouaues Leſquelz appellerent a leur ſecours
les frãcois/germains/et thuringiens. Le roy
Clodomirus leur bailla quatre ṽigtz mil hõ
me:⁊ ſon frere Genebauld duc de larmee/les
germains⁊ thuringiẽs en baillerẽt auſſi grãt
nõbre. Et ꝑ eulx furẽt les rõmains mis hoꝛs
des terres des ſouaues/mais en diuiſant les
deſpouilles y eut ṽng grãt diſcoꝛd entre deux
cheualiers lun de thurige nõme gunther/ lau
tre de ſouaue nomme Adelbertus qui ſe diffie
rent pour quelque cas de laſchete/dont ilz ſac
cuſoiẽt lung lautre. Et de ce ſoꝛtit groſſe diui
ſion entre les Thuringiens/et Souaues/

Clodomi
p̃ xxxvj.
Roy.des
francops.

Empereuꝛ
Rõmains

iusques a se guerroier par inimitance mortelle. Et fut mediateur pour les apoincter le roy Clodomirus / lequel y mist grant peine tant pour lamour quil auoit es deux nations que pour la crainte ql auoit que les Rõmains les Vinssent guerroier durãt ce discord / et trouua moien que les souaues dõnerent treuues aux Thuringiens iusques a troys ans pour ce pẽdant eulx accorder. Et pour de ce recõpẽser les francois / les thuringiens leur donnerent Vne partie de leurs terres Vers le midy fecundes ꝗ fertiles. Lesquelles terres fasoiẽt la separation des thuringiens et souaues Ce que les francois accepterẽt. Et lan. Vij. du regne de Clodomirus ꝗ fut lan de nostre salut trois cens Vingt et six ou moys Dauril sortirent trente mil hõmes armez des francois et deux mil six cens quatre Vingtz six hõmes tant laboureurs ꝗ marchãs / et gens de mestier auec leurs femmes ꝗ enfãs de leurs premieres de mourãces ꝗ estoient a lentree de la riuiere du Rhin en germanie. Ilz sortirent donc de leurs habitations non tous ensemble / mais p tourbes successiuemẽt: ꝗ cõmãcerent les pmieres tourbes a partir oud moys. Dauril ꝗ les derrieres y arriuerent ou moys de Septẽbre prochain ẽsuyuãt. Ainsy ꝗ tesmoigne Hubaldus.

Or de ceste nouuelle habitatiõ les frãcois

feirent vne duche qͥlz appelleret france orien
talle delaqͤlle Genebauld fut pͥmier duc/o ce
quelle seroit ppetuellemēt tenue a soy ꞇ hom
mage des Roys francois/ꞇ q̃ ceulx de ladicte
duche seroiēt tenuz obeir aux frācois a toꝰ mā
demēs côtre toutes pͤsͣ ͦnes Tritemiꝰ nôme le
lieu de ladicte nouuelle habitation meingan
qui aͧers orient les Boemes/ꝟers le midy les
souaues/ꝟers occidēt les habitās sur le thin/
et magôce/ꝟers aquilon les thuringiēs/ ou
les francois feirent depuis plusieurs citez/et
Belles demourances: ꞇ augmenterent grāde-
ment ladicte france oziētalle tant sur les thu
ringiens que souaues.

　　　¶ Genealogie des Ducz de la
　　　france ozientalle.

¶ Ledict Genebault pͥmier duc de la france
ozientalle y domina enuiron trēte ans/ et eut
deux enfās Marcomire/ ꞇ Dagobert. Ledit
dagobert fut duc xxi.an. Et engēdza clodius
qui fut duc six ans/Coldius engēdraMarco
mire qui fut duc seize ans.Marcomire engendza Faramōd/ꞇ marcomire. Faramōd fut duc
tāt auec son pere q̃ apzes luy xͧ.ans. Et aͦs
eleu Roy des frācois côe nous ꝟerrôs cy aͦs
Aumoien dequoy son frereMarcomire eut la
dicte Duche/ꞇ latinst xͧiii.ans/et engendza
Priam qui fut duc douze ans Priam engēdza

　　　　　　　　　　f i

Genebauld le secōd qui fut duc xx. ans. Gene
bauld engēdra Sunnon q̃ fut duc xxiij. ans. Et
apꝛs luy Clodius frere de Clouis Roy de frā
ce tinst la duche seize ans ⁊ en chassant fut oc
cis dun sangler. Et par ce q̃l nauoit aucūs en
fans Clodomer filz dudit duc Sunnon eust
lad duche: ⁊ fut duc xxj. an. Clodomer engen
dra Hugbauld q̃ fut duc xxvj. ans. Hugbauld
engendra Helenus qui fut duc trēte ans / He
lenus engēdra Geoffry qui fut duc xxiiij. ans
Geoffroy engendra Genebauld le tiers q̃ fut
duc xx. ans. Genebauld engendra Clodomi
re qui fut duc xxiij. ans. Apꝛes lequel Heribert
son nepueu fut duc trente ans / ⁊ luy succeda
Clouis son nepueu q̃ fut duc douze ans. Clo
uis engendra Gosbuert qui fut duc xxvj. ans
Et lan vj. de sa seigneurie vng Pape enuoia
sainct Lyprian religieux natif descosse q̃l feit
euesque en la frāce oriētalle pour reduire les
gens du pays a la foy catholicque. Gosbuert
engendra gosbert q̃ fut duc xiiij. ans. Gosbert
engēdra Hetan qui fut duc xx. ans / ⁊ mourut
sās hoirs de sa chair Aumoien dequoy lad du
che fut baillee a Pepin loꝛs maistre du palais
de frāce q̃ depuis fut roy des frācois occiden
taulx q̃ fut en lā de nr̄e salut sept cēs xl. et xij.
ans apꝛs led Pepin loꝛs estant Roy dōna lad
duche a sainct Burghard pmier euesque de le

glife de Wurciburg cite ducalle dud pays/ꝟ a
fes fucceffeurs en plaine pꝓꝛiete.Et de puys
les euefꞇs de lad eglife ſont touſiours tenue
iuſques a ꝑſent foꝛs ꝑ aucun teꝑs ꝗ leꝑereur
Couradd du pays de ſouaue ſen empara/ꝟ de
puis en feit reſtitution.Cõme le tout deſdicte
choſes eſt dedduit eſditz annalles de Tritem^9
℧ Oꝛretourndde au regne de Clodomir^9 ꝗ re̗
gna xꝟiij ans/puisil deceddá en lá de nꝛe ſalut
iij.cꝰs xxxꝟij.ouꝗl teꝑs cõſtãtin le grãt eſtoit
empeur ꝗ dõna leꝑire de rõe au pape ſilueſtre
℧ Richimerus filz aiſne de Clodomirus fut
Richimes
r^9 ꝓꝓ ꝟij
Roy des
Frãcois.
xxxꝟij.Roy des frãcois aꝑs ſon pere durãt le
ꝑire de Cõſtantin Cõſtans/ꝟ cõſtãce enfans
de conſtãtin le grãt. Lan iiij.de ſon regne acõ̗
paignie des frãcois germains/ſaxons/et au̗
tres de ſon alliance entra es gaules / et feit la
guerre a Tiberian lieutenant des Rõmains
eſditz pays/ou il eutꝟictoire.Lan ꝟj.de ſon re
gne les rõmains leur allerent faire guerre eꝞ
leurs pays ꝟ au cõmancemẽt eurent ꝟictoire
les rõmains/mais a lafin furẽt mis eꝞ fupte
Lan derrier de ſoꝞ regne les Rõmains de re̗
chief feirẽt guerre aux frãcois ou leur roy Ri
chymerus fut occis apꝛes quil eut regne treze
ans qui fut lan de nꝛe ſalut trois cꝰs cinquãte
Theod̗
mirus
ꝓꝓꝟiij.
Roy des
Frãcois.
Theodomir^9 filz de richimer fut le xxxꝟiij roy
des frãcoꝑs aꝑs ſõ pere ꝟ eſtoit ſa mere nõmee

Haftilde fille du Roy de saxdnie Duɋl tēps
les Roys frācois faiſoiēt leur pᵗincipalle de
mourance es limites des tongres ɋ nous ap
pellōs á preſent Brebācons deca la riuiere de
la meuſe en ung chaſteau quon appelloit an
ciēnemēt Diſpart. Et entre ledict chaſteau/
et la riuiere de Loyᵗe aucūs gaulois faſoient
leur demourance/et pdeca la riuiere de Loyᵗe
aucūs gotz demouroient auec aultres natiōs
extranges meſlees auec les gaulois. Et con
uient entrēdᵗe ɋ les frācois auoiēt ia ſurpᵗis
ſur les rōmains pluſieurs pays des gaulois
Led Theodomirus durāt ſon regne qui fuſt
de dix annees fut touſioᵗs en guerre auec les
Rōmains Et la derriere deſditz annees ɋ fut
lan de noſtre ſalut trois cens ſoixāte fut pᵗis
en ung cōflict: et ſa mere Haftilde p les Ro
mains qui luy feirent coupper la teſte.

Clogio
pppip.
Roy des
francois.

℣ Clogio filz de Theodomirus fut le xxxix.
Roy des francois apᵗes ſon pere/ɀ regna xɞiij.
ans Le quatrieſme an de ſon regne julian la
poſtat fut empeur/ɀ eut ɞictoire des alemās
pᵗes le rhin/puis mourut en ɞne bataille/a la
fin de lan cinquieſme Jouinian fut empereur
apᵗes luy huyt moys. Et apᵗes Jouinian furent
empereurs Daletinian ɀ Balens. Ledit Clo
gio ɞoulant ɞenger la mort de ſon pere/et de
ſon ayeule aſſembla groſſe armee des frācois.

et entra bien auât es gaules prinst Cambray
et conquist tout le pais iusques a la riuiere de
Saulne a la grât perte des Rômains qui ny
peurent resister. Lan treziesme de son regne q̃
fut lan de nostre salut trois cês soixanie treze
Hartanaricus roy des gotz persecuta les cre
stiês ⁊ les chassa iusques a Rôme. Lan xbii.
les rômains entreret par sarmatie en germanie / et eurent bictoire des Saxons es terres
des francois / côme recite sainct Iherosme en
côtinuât les annalles de Eusebe. Lan xbiii.
Et dernier de son regne Clogio alla de bie a
trespas qui fut lan de nostre salut trois cens
soixante dixhuyt a luy sur biuans trois filz /
Marcomirus qui fut Roy apres luy / Dago
bert qui tinst le regne apres son frere eñ tiltre
non de Roy / mais de Duc et gouuerneur ⁊ le
tiers eut nom Hector surnôme degenbart / du
quel le roy pepiñ ⁊ son filz Charlemaigne px
drêt leur origine et naissance côme tesmoigne
Tritemiue.

⁋ Marcomirus filz aisne de clogio fut le quâ
rantiesme roy des francois apres son pere / et
regna quinze ans. Duquel an lempeur Male
tinian deceda / ⁊ apres sa mort balent q̃ auoit
este fait empereur auec luy huyt ou neuf ans
parauât associa a lempire balêtinian le ieune
auec luy et balens.

Lorigne
du roy pe-
piñ ⁊ sô
filz char-
lamaigne

Marcomi
rus pl. roy
des fran
cois

f iij

Des Roys francoys.

COn dit an q̃ fut le p̃mier du regne de marco
mirus les rõmains luy feirent guerre qui du
ra quatre ans pres coulongne sur le Rhin et p
layde des saxõs et germains chasserent les rõ
mains et cõquirẽt plusieurs terres des gaules

CLan ix. du regne de Marcomirus q̃ fut lan
de nostre salut trois cens quatre vingtz et sept

Maxim⁹ qui estoit roy Dãgleterre / et yssu de
empereurs usurpa le nom de lẽpire p aucuns
rõmains qui le couronnerẽt en angleterre cõ
tre lempereur Gracian qui auoit este couróne
a rõme. Et aprẽs quil eut laisse lieutenãt gene
ral ou gouuerneur en Angleterre se prepara a
grosse armee passer les gaules / et aller a rõme

se faire courõter Et p̃mierement descendit p
mer en la gaule armoricque de p̃sent appellee
bretaigne ou grant quãtite de frãcois demou
roient soubz vng duc nõme Jubalch que les
roys frãcoys y auoyẽt cõmis et ordõne / qui se
voulut defendre / mais luy et xv. mille frãcois
furẽt occis. Et cõbien q̃ maxim⁹ fut crestien et
ses gẽs aussi / toutesfoiz ilz faisoiẽt plusieurs
grãs cruelitez / car ilz ne pardõnoient a fẽme
enfans ne vieilles personnes / or estoiẽt enco
res les francois ydolatres.

CLes gaules effraiees de telle cruaulte dõne
rẽt passage a lempeur Maximus et passa tout
mectãt a lespee iusq̃s a Paris ou lẽpereur gra

tian se trouua auec grosse armee pour lempes
cher de passer/mais gratian fut vaincu(z prīst
fuyte iusques a Lyon ou il fut prins et mis a
mort Dz auoit maximus dōne le royaume de
Bretaigne a Conanus son parēt leql il auoit
amene dāgleterre auec plusieurs cheualiers/
et aultres gēs sauoir est trēte mil cōbatans/(z
mil aultres tāt laboureurs q gēs de tous me‐
stiers(z sciences. La plus part desqlz nauoient
encozes este mariez/(zles aultres auoiēt laisse
leurs fēmes/(z enfans en angleterre . Et p ce
qlz ne se pouoiēt passer de fēmes/(z aumoien
de ce qlz estoiēt crestiens ne vouloient prēdze
des femmes et filles des francois qui estoiēt
encozes paiens /(z aussi quilz auoient si grant
hayne es gaulois quilz ne se vouloient allier
auec eulx māderēt a vng prince Dangleter‐
re nomme Dionotus que lempereur Maxi‐
mus auoit ilec laisse pour le gouuernemēt du
Royaulme qui leur enuoiast sa fille Dzsule
pour le Roy Conanus auec les femmes/ en‐
fans/(z biens de ceulx qui estoiēt mariez/(zoul
tre certain grant nombze de pucelles pour les
cheualiers(znobles non mariez. Aquoy diono
tus obeit / et assembla vnze mille vierges ex‐
traictes de noblesse/(z soixāte mil aultres non
nobles(zmariees.lesqllesil mist sur la mer en
plusieurs nauires auec sa fille Dzsule/mais p

merueileuse ⁊ horrible tēpste la plufpart des
nauires perirent/⁊ de fēmes/filles/⁊ enfans
qui eftoiēt dedās les furplus fut porte p̃ la ri,
gueur des Bens es riues de la mer ou eftoient
Belga roy des pictons/ et Guanius roy des
hunts aduerfaires de lempeur Maximus lef
quelz ⁊ leurs princes ducz/cheualiers/et gens
darmes q̃ feftoiēt ilec affemblez a la requefte
de lempeur Gracian/prindrent Orfulle et fa,
cōpaignee des Bierges iufques au nōmbre de
Bnze mil/les Boulurēt cōgnoiftre charnelle,
mēt/⁊ p̃ ce quelles ne Boulurent fe y accorder
et auffi quilz eftoient ennemys de lempereur
les feirent mourir.

C Le roy Marcomir Boyant fi grās guerres
⁊ la fortune de maxim᷉ fi trefbōne ne dift mot
actendāt que Maximus ⁊ Gracian fe cōfum
maffent. Quāt maximus eut occis Gratian
et foubmis a luy toutes les Gaules il feit et
eftablit fon fiege a Treues/ou il feit Bng con
fille deuefques auquel fe trouuerent cōme re
cite Tritemius. Saict martin arceuefque de
tours/Saict ambrois euefque de Milan/Au
fonius arceuefque deBourdeaulx q̃ fut grant
orateur. Auquel lieu de Treues faict Jherof,
me lors eftant en Bethleem enuoia Bng liure
des concilles que fainct Hilaire auoit de nou
ueau compofe.

¶ Lempereur maxim⁹ se prepara pour aller
en Italie a fit Roy des gaules vng ieune filz
quil auoit nōme Dictoz auql il bailla poz gou
uerneurs Quintinus/a Nannenus. Et lan
xi. du regne de Marcomirus/lepereur Maximus fut occis p les empeurs Theodofie a Ba
lentinian lequel Theodofie auoit efte misou
lieu de gracian a incōtināt aps le filz de Maxi
mus quil auoit laiffe Roy des gaules fuft oc
cis p Argobaftes. Aps le trefpas de lepereur
Maximus a de fon filz/Marcomirus voiant
et cōfiderant la declination de lepire Romain
pour les grans difcozs qui eftoient entre plufieurs princes Romains ambicieux de lepire
deliBera recouurer fes terres q maxim⁹ auoit
furprinfes a oultre cōqrir les gaules/a foubz
quatre Ducz a capitaines fauoir eft Sunon
Genebauld/Priam/a Anthenoz feit a droiffa
groffe armee/a feirent plufieurs grās cōque-
ftes/mais ne peurent recouurer la Gaule ar-
mozicque dict a prefent Bzetaigne. Ce pēdāt
lempereur Valentinian le ieune qui cōme dit
eft tenoit lempire auec Theodofie auec grant Marcomi
multitude de Rōmains alla affaillir le Roy rus occis
Marcomirus en fon royaulme/lequel fe vou
lut defendze/mais il fut occislan quinziefme
de fon regne qui fut Lan de noftre falut trois
cens quatre vingtz et treze.

Lempereur Valentinian auoit delibere de conquerir tout le pays des francois / mais il sceut que les Lombars faisoient de grans courses en Italie. Parquoy sans declairer ne faire semblāt quil Soulust y aller. Induisist les francois a faire tribut a l'empire Romain sans lauctorite de leurs princes Sunnon / genebauld / Priam / τ Anthenor qui estoient absens / ce quilz ne pouoient faire / τ ny dōna aucun cōsentemēt Dagobert frere de marcomirus. Et ce fait lempereur Valētinian sen alla incōtinant apres et par lastuce τ malice de Argobastes fut estrangle en son lict a Vienne en lan de nře salut trois cēs quatre Vingtz xV.

Lempeur Valenti‑ nian fait les fran coistribu taires.

Et de ce aduertiz dagobert / Sunnon / Pri‑ am / Anthenor / et autres princes francois fu‑ rent fort dolens τ courroussez / et apres auoir tenu cōseil aduiserent quil leur estoit plus p̃‑ fitable de garder leur ancienne liberte / et ne paier aucun tribut q̃ conquerir nouuelles ter res actēdu quilz ne leurs pdecesseurs nauoiēt iamais este tributaires Et a ceste cause laisse rēt es lymites des gaules deca le Rhin certai ne quātite de frācois soubz Priam / τ le surpl' des ducz τ princes se retirēt en la frāce germa nicque de la le Rhin. Et fut le Royaume des frācois sans roy par Vingt et six ans ou enui‑ ron soubz deux ducz Dagobert τ genebauld.

Les fran cois furēt sans Roy par ppVi ans

¶ Ceulx qui furent ducz des francois
durāt le temps de xxvi.ans qlz demou=
rerent sans Roy

¶ Dagobert frere dudit Marcomitus/q̃ fut
occis cōme dit est par lempereur Valentinian/
ꝗ filz du roy Clogio. Apres la mort de Marco
mitus p election vnanime fut duc/ꝗ gouuer=
neur des francois en actendant quilz feissent
vng roy lan de nostre salut trois cens quatre
vintgs et treze par cinq ans ou enuiron ainſi
que teſmoigne Tritemius apres Huſbaldus
Au cōmācemēt de la secōde annee lempereur
Valentinian enuoia ambaſſade vers les fran
cois pour receuoir le tribut qlz luy auoiēt ſur
eulx cōſtitue leſqlz feirēt telle reſpōſe La ppe
tuelle liberte des frācois a acouſtume ipoſer
tribut es aultres natiōs ꝗ non le paier. Et toy
empeur qui p ſurprinſe en labſence de la prīci=
palle force desfrancois as ſiure bataille a pe=
tit nombre de noz freres ꝗ iceulx vaincuz. Si
tu pēſes auoir droit de exiger tribut des fran=
cois Vien quāt tu vouldras et nous te mōſtre
rons que nous auons touſiours eſte/et ſerōs
francs et liberes et que tu es ſerf. Et ces cho=
ſes te faiſons ſauoir a ce ꝗ tu ne enuoies plus
vers nous aucūs meſſagiers ſansarmes/car
nous aymōs mieulx perdre noz viez ꝗ noſtre
liberte. Lempereur Valentinian fut eſbay de

Dagobert
duc ꝗ gou
uerneur
des fran=
cois en ſe
eu du roy
pſi.

La reſpōſe
ꝗ feirēt les
frācois
aux rom=
mains ꝗ
demādoiſ
ent le tri=
but

. telle response ꝗ de laconstance et grant coura
ge des francois. Parquoy dist aux assistans
franc/frãc tu es ꝟng dur populaire quon doit
mieulx nommer franc par ta ferocite que par
ta liberte. Certain temps apres Ѵ. alentinian
enuoia ꝟers les francois pour mesme cause
Sisinius conte du palais comme ambassade
auec grant nombre de gens/mais les francois mistrent tout a mort. Et auec grosse armee soubz la conduicte de Sunnon/et Genebauld aultrement appelle Goudebauld paſ-
serent le Rhin mectans tout a feu et sang / et
pretendans conquerir tout ce qui est entre les
riuieres de Meuse et le Rhin. Dont ceulx de
la coulongne eurẽt grosse crainte. Et de ce ad
uertiz ceulx de Treues qui tenoient le party
des Rommains auec ceulx de la Coulongne
droisserent ꝟne armee soubz les deux princes
Quintinus/et Nannenus: dont nous auõs
parle cy dessus. Et ce pẽdant les francois se
despartirẽt en deux bãdes. Lune desãlle ben-
uoierẽt de la le rhin pour garder ce quilz auoient gaigne sur les Rommains / et Gaulois/
dont se repentirent. Car Nannenus ꝗ Quin
tinus suyuirent la bende qui estoit demouree
deca le Rhin leur dõnãt fuyte iusꝗs a la fourest charbonniere ou furẽt occis plusieurs frã
cois Quintin⁹ fut doppiniõ quon suyuist les

fraͤcois de la ſe Rhin pour les deffaire entiere   Les gau-
ment/mais Manuerius ne fut de ce Bouloir.   ſois deſcõ-
Parquoy Quintin⁹ y alla auec groſſe cõpai-   fiz.
gnee qui fut preſque deſcõfite fors certain petit nõbre qui aumoiꝰ de la nuyt ſe ſaulua par
les foureſtz/Ꝫentre autres y fut occis Hera-
cleus tribun dune legion Romanie. A la fin
dudict an fut occis Dalentinian cõme il eſt dit
deſſus. Et de ce aduertiz les fraͤcois delibere-   Les fran
rẽt paſſer le rhin Ꝫentrer es gaules. Audauaͤt   cois endõ
deſꝗlz alla a groſſe armee Argobaſtes qui te-   magez
noit le pty de Eugenius ſoy diſant Roy des
gaules/Ꝫpaſſa le Rhin ſur la glace:car la Riuiere eſtoit toute gellee Ꝫprinſe. Et au dela le
Rhin rencõtra les francois ou y eut groſſe ba
pterie qui fut a grant pte des fraͤcois leſꝗlz ſe
retirerẽt. Et bien toſt aps pſenterẽt la bataille auxGauloiꝪa Argobaſtesleur capitaine
Et y eut telle bapterie a lauantage des francois ꝗ douze mil des gaulois furẽt occis/et le
reſte tourna en fupte auec argobaſtes leur ca
pitaine.

℧ Lan de nͤe ſalut trois cens quatre Bingts   Eugeni⁹
dixſept lẽpereur Theodoſius Biſt a groſſe ar-   ſoy diſant
mee es gaules cõtre Eugenius qui demanda   Roy des
ſecours aux fraͤcois leſꝗlz nyBoulurẽt enten   gaulois
dre. Parquoy fut contrainct ſe defendre p les   occis.
gauloisſeullemẽt. Deſꝗlzlempeurtheodo-

Argobast
se mect a
mozt.

sius eut victoire et fut Eugenius occis/dont
Argobastes fut si tresdolēt que p desespoir se
mist a mozt de sa ppze espee. Puis Theodosi'
en sen retournāt mourut a Milan/a luy succe
dans Arcadius z honozi'. Arcadius fut empe
reur en ozient/z Honozi' a Rôme. Et lan aps
qui fut trois cens quatre vintz dixhuyt. Da
gobert duc des francois alla de vie a trespas
apzes quil eut eu le gouuernemēt de ceste na
tion cinq ans/cóme recite Tritemius.

La mozt
de lempe
reur theo
dose

La mozt
de Dago
bert

℃ Genebauld filz de dagobert eut le gouuer
nemēt des frācois apzes son pere sans pzēdze
tiltre de Roy/il auoit deux freres Sunnon/z
Marcomire lesquelz auec les aultres ducz ai
doiēt a reger la chose public: et a soustenir les
faictz des guerres p bon accozd z sans aucune
ambicion.

genebauld
secōd duc
et gouuer
neur des
frācois
tāt qlz fu
rent sans
Roy

℃ Lan de nře salut quatre cens quatre Mar
comirus duc de la frāce oziētalle alla de vie a
trespas z fut inhume p grāt supstition en vne
mōtaigne appellee frāckzeuberg. Et luy suc
ceda Pharamōd son filz aisne prince pzudēt/
hardy/fozt et belliquex. Et tinst la duche par
xv. ans z iusqza ce ql fut esleu roy desfrācois
cōe verrōs cy aps. Six ans aps q fut lan qua
tre cēs dix Cōe les frācois dissimullassent de
faire guerre aux rōmains. Carocus roy des
Euuandelz soztit des isles scazianes aultre

Phara
mond duc
de france
ozientalle

mēt dictes gothicꝗs auec innumerable mul̄
titude de peuple.Passerēt p̃ germanie z les ex
tremitez de saxonie. Et aꝑs ꝗ du cōsentemēt
des frācois ilz eurēt passe le Rhin entrerēt es
gaules/z lenuironnerēt en mectāt tout a feu
et sang p le cōseil de la mere de Carocus Qui
luy auoit dit que sil ꝟouloit auoir renom̃ eter
nel̄ mist par terre tous les ediffices de ses en̄
nemys/z occist tous ceulx quilz amoiēt sans
auoir pitie modestie ne clemēce. Et entre aul
tres chose mist p̃mieremēt a feu z sang la Bel̄
le cite de Magonce apres Durrmacie/ Spire
Treues/z metz. Et aduinst que en ꟲoulant
bailler lassault a la cite de Metz auant ꝗ bail̄
ler aulcun coup les murs tumberent diuinē
mēt p terre.Et tous les hōmes/z fēmes quil
trouua es dictz cites z autres feit mettre a mort
sans misericorde. finablemēt apres auoit dē
struit presque toutes les gaules assaillit la ci
te Darle ou il fust prins p̃ ꟲng cheualier nō
me Marius qui le lia estroictemēt/z le mēna
en mocquerie par toutes les cites quil auoir de
structes puis le feit miserablemēt mourir. et
aꝑs sa mort les Duandelz qui estoiēt demoū
rez es gaules auec les alains esleurent z p̃in̄
drent ꟲng roy nōme Godgisith autremēt gō
dogisil hōme rēply de crimes z vices publiꝗs
❡Alathric roy des Visgotz estāt en italie ou

Cruaul̄
te de caro
cus roy des
Duandelz

Mort de
Carocus

il faisoit plusieurs dõmages aux Rõmains
mãda a lẽpereur Honozius q̃l luy baillast
et a ses gẽs terre poʒ habiter ꝛ establir demou
rance/ou luy assignast iournee pour batailler
Lẽpereur honozius presse des insultz de tant
de natiõs q̃ molestoient lempire Romain/con
siderãt que les gaulois estoiẽt agitees ꝛ mole
stees de tant gẽs les dõna aux goths pour ha
biter.Et cõme ilz y ꝟouloient aller en sortant
de Italie de laquelle Stilcon hõme abicieux
estoit gouuerneur soubz lẽpereur Honozius
taschaut iouer faulx tour a lempeur/ꝛ apẽs sa
mozt auoir lempire. Le iour de la feste de pas
que courut sus auec son armee au roy Athla
ric ꝛ aux ꝟisgotz qui ny pensoiẽt. Au pzemier
assault les ꝟisgotz tournerent en perte/mais
au secõd Stilcon et les rõmains pzindzent

Destru
ctiõde la
cite de Rõ
me p̃ les
gotz

fuyte.Et croyãt le roy Athlaric que ce fust p̃
le cõmandemẽt de lempeur Honozius q̃ rien
nen sauoit sen alla a Rõme laquelle il assiega
et pzinst/plusieurs beaulx ediffices furẽt aba
tuz ꝛ mis p̃ terre/ꝛ plusieurs hõmes destruitz
A ceulx q̃ sestoient retirez es eglisesne feit fai
re oultrage poʒ la reuerẽce de nr̃e seignr ꝛ des
apoustres sainct Pierre ꝛ saint Pol/ꝛ le tiers
iour sen alla hozs de Rõme.Tantost apẽs ain
si q̃l alloit p̃ mer en sicille alla de ꟾie a trespas
C Cõme toutes ces choses se faisoiẽt/Boyãs

les frācois quilz auoient temps propice pour
cōquerir les gaules a leur defir dreiʃʃerēt vne
groʃʃe armee ⁊ ʃoubz les ducz faramōd/ mar-
comirus/ Sunnon/ Priam/⁊ Anthenoꝛ entre
rent es gaules/⁊ en premier lieu preʃenterent
la bataille es Buādelz/et leur roy Godogeʃil.
dont ilz occirēt enuiron vingtmil hōmes. Et
neuʃt eʃte Reʃpendial roy desallains qui les
vinʃt ʃecourir deʃpaigne les Buadelz euʃʃent
eʃte toꝰ occis/mais le reʃte q̄ demoura ʃe retira
auec les alains es ꝑties deʃpaigne ou ilz ʃe tin
dꝛent enuiron trente ans / ⁊ dilec ʃen allerent
en affricque. Lēpereur honoꝛius aduerty du
faulx ⁊ deʃloyal tour de ʃon lieutenāt Stilcō
le feit prendꝛe auec ʃon filz Eucharius/⁊leur
feit coupper les teʃtes.   Lan de noʃtre ʃalut
quatre cēs dixneuf Genebauld gouuerneur
des francois alla de vie a treʃpas Lan xxj.de
ʃon gouuernement.

   ¶ De Pharamōd ꝓmier Roy des francois en la frāce gallicane ʃelon ⁊ en enʃuy-
uant les hiʃtoires gallicques ⁊ romanies.

Prees le treʃpas de genebauld gou
uerneur des francois les Ducz⁊
principaulx du pays ʃe aʃʃemble-
rent⁊ tindꝛent conʃeil en la cite de
Durciburg pour eʃlire vng Roy
ʃ vreulx cōme auoiēt fait leurs pꝛedeceʃʃeurs
                           G i

Les frans
cois chaʃ
ʃent les
Duādelz
des Gau
les.

Des Roys francoys.

Alaquelle assemblee se trouuerēt Pharamōd duc de frāce oriētalle/Marcomir duc/ꞇ Sunnon duc/frere dudit Pharamōd. Clodius duc filz de pharamōd/dagobert duc filz de marcomire/ Nycanor duc/ Pharabert duc/ Richymer Duc/ Anthenor duc des menipolitains/ Priam son frere duc/berther duc de gaule/hebert duc insulam/ Suno duc/ꞇ Richer duc'en fās dudit genebauld derrier gouuerneur des frācois. Diocles duc/ꞇ Merouee duc. Aussi y estoiēt des prestresꞇphilosophes frācois. Sa legast grāt pōtiffe de Jupiter.Gasthald/Herhald maistre epistolaire Suisogasthald/pstre de dianne/Rutunicus/Adelhridus/Richerꞇ autres plusieurs tant nobles q̄ du cōmun populaire. Tous les filz dun vouloirꞇconsentemēt esleurēt roy des frācois ledit Pharamōd duc de la frāce oriētalle q̄ fut filz de Marcomire:leql marcomire fut filz de clodi⁹ / Clodius filz de dagobert/ Dagobert filz de genebauld pmier duc de la frāce oriētalleꞇfrere de Marcomire roy des frācois enfans de clogio aussi roy des frācois. Leql deceda cōe dit est lan de nr̄e salut iii.cēs lxxviii. Et fut faicte lad election cōme recite Tritemi⁹ le xxiiii.iour dauril lan de nr̄e salut iiii.cēs xix.en la secōde idictiō des Rōmains. Lan.l. de laage dudit Pharamōd qui regna selon les annalles dudit Tri-

Election du Roy Pharamond en Roy des francois.

Genealogiede pharamond.

temtius sept ans (r selon les histoires gallices
Onze ans aucunsdiceulx dient neuf les autres
buyt/et de ma part ie me arreste a Tritemius
car a mon iugemēt jest miulx enquis de lave=
rite que les aultres toinct quil se accorde auec
les aultres histoziēs au tiers Roy nōmeWes
rouee quantes dates. Ledit Pharamond laif
sa la duche ozientalle a son frere marcomire q̄
la tinst dixhuit ans (r aps luy ses successeurs
iusques au Roy pepin ainsi quil a este dit(r de
claire cy dessus

℟ Lan troiesiesme du roy Pharamond affin
que ses subiectz lesquelz estoiēt encozerudes
en murs / et en courages / cruelz et plains de 　　La loy sa
leur vouloir fussent mitiguez et reduitz a hon　licque.
neste fozme de viure assembla les princes de
son Royaume poz faire nouuelles loix/quoy
quessoit mectre par escript/et arrester les pze=
mieres et cozriger ce qui ne seroit raisonnable
Aquoy chescun se accozda / et que quatre des
plus sages/pzudens/experts seroient ozdon=
nez pour ce faireEt defaict eleurēt Salagast
Duelogast/Duindegast/(r Basogast. Le pze
mier desquelz ediffia vne ville nōmee Sala=
gast/et Duyndegast ediffia en la france ozie=
talle/vne aultre ville nōmee Duyndessheim
Esquelz quatre eleuz fut donnee plaine puis=
sance de faire loix par lesquelles les francois

seroiēt desloꝛs en auāt gouuernez ⁊ ꝑ ce feirēt
ꝟng ꝟolume de loix: ⁊ cōstitutiōs nouuelles
q̄lz nōmerēt la loy salicq̄ ou salige selō Trite
miꝰ pnāt son nom de salagast principal aucteᵘ
dicelle. A laq̄lle ꝑ apꝭ le Roy clouis adiouxta
les tiltres ⁊chapitres pour intelligēce dicelle.

℣ Ondit aꝓ les ꝟuādelz alains ⁊ suedes ꝟsur
 perēt les hespaignes ⁊les diuiserēt en trois ꝑ
ties ⁊trois royaulmes ⁊ꝑ apꝭ les ꝓdirēt ꝑ guer
res itestines q̄ furēt entre eulx. Les ditz ꝟuan
delz/ alains/ sueces ou suedes/ gotz/ lombars/
et normās sont de mesme oꝛigine quāt au pꝛi
mitif pays de leur naissance. Qui est es extre
mitez de germanie des isles scanzianes ou scā
dianes leq̄l pays est a pꝛsent appelle gothie/ et
au cōmācemēt de leur trāsmigration soꝛtirēt
dudit paysen quatre ou cinq ꝟādes/cōme reſ
fere Tritemiꝰ. Ondit aꝓ q̄ fut faicte la loy sa
licque mōsieur sainct Iherosme alla de ꝟie a
trespas en ꝟethleem. Et lan ꝟij.du regne de
ꝓharamōd il alla deꝟie a trespas q̄ fut en lan
de nr̄e salut quatre cens xxꝟ.cōme tesmoigne
Tritemiꝰ/ Sigibert a escript en ses annalles
q̄ ce fut lan quatre cēs trente/mais tout se ac
coꝛdera oꝓ regne de merouee le tiers apꝭ pha
ramōd/ie nay trouue aucūs autres gestesdu
dit pharamōd ne ou fut son coꝛpsinhume.Et
cōmāceray a luy les Epitaphes de tous les

Loꝛigne
des ꝟuan
delz a: ais
sueces ou
sueces/
gothz/ lō
bars et
noꝛmans

roye aps auoir escript le sõmaire de lez s faitz
et gestes.par ce ȝ les histoires galicques ꞇ ro
maines ont cõmãce le regne des frãcoisaudit
Pharamõd. Et aussi ȝ ientẽds seulemẽt fai╕
re les epitaphes des roy de frãce galicane qui
prinst origine a Clodius ou Clodio filz dudit
Pharamond.

℟ Epitaphe de Pharamond premier Roy
des francois selon les histoires galicques
et le xlj.selon les Germains.

Giij

Des Roys francoys

¶ Lors que les grecz eurent surmonte troie
Le residu de la troienne proie
Qui fut Enee et le sainct Anthenor
francus aussi le second filz de Hector
Prindrent chemin en regions diuerses.
¶ francus apres longues ⁊ grans trauerses
Auec troiens sa demourance prinst
En pannonie ou longuement se tinst
Qui est es lieux de la basse scithie
faisans de Europe vne assez grant partie
¶ Ilz furent la sept cens vingt neuf ans
Puis desirans trouuer lieux plus plaisans
Les fors troiens (que lors on nõmoit scithes)
Prindrent les champs / et par moiens licites
Vindrent descendre es fins de saxonnie
Cest assauoir dedans la germanie
Pres et ioygnant la riuiere du Rhin
Ou les germains dun vouloir tresbegnin
Les ont receuz pour faire demourance
Et ont fait la / par proesse et vaillance
Plusieurs ennuytz es gaulois et rõmains
En conquerant sur eulx a toutesmains
Dessoubz leurs roys / dont ilz ont eu quarẽte
Deux ducs apres en proesse apparente.
¶ Et eulx lesquelz sont yssus des troiens
furent nõmez germains / sicambriens
Et puis francois / qui est nom dexcellence
Signifiant que par leur precellence

A tribut faire on ne les a soubmis
Combien que aucũs diceulx leussent promis
Et lequel nom francois de francus prindzent
Pour sa proesse/ĩ tousiours le maintindzent.
℟Roy deulx yssu fuz leur Roy tout de neuf
Lan de Jhesus quatre cens dixneuf
Sept ans regnay sans auoir guerre ĩ picque
Durans lesquetz ie fiz la loy salicque
Pour les francois a bonnes meurs dzoisser,
Et leurs facons feroces radzoisser
Dela le Rhin me tins pour les tempestes
Des Buandelz faisans lozs grans cõquestes
Et trepassay mon regne estant racis
Lan de Jhesus quatre cens Bingt et six

℟ De Clodio le cheuelu second Roy des
francoys selon la cõputation gallicque.

Annee ĩ trespassa Pharamond son filz
clodio fut courõne roy des frãcois. Et
au cõmãcemẽt de son regne cõmanda a
tous les frãcois ĩlz portassent cõe luy longue
barbe ĩ longs cheueulx a ce ĩlz fussẽt cõgneuz
dẽtre les gaulois lesĩlz il espoit guerroier/au
moien dequoy fut appelle clodio le cheuelu. ĩ
cõe recite tritemiꝰ les clodio faisoit tõdze tous
les gauloies desĩlz auoit Bictoire en signe de
fuitute/il est notoire cõe tesmoigne Bubaldꝰ ĩ
les frãcois tãt ĩlz furẽt en germanie ne furẽt
enfuitute ne tributaires des romais ne autres

Et depuis qͥlz eurẽt cõquis les gaules ceulx
qui ont veu ꝯ leu les hiſtoires ſcauẽt aſſez qͥlz
ſont touſiours demourez francs ꝯ liberes ſãs
recongnoiſtre aulcun ſur eulx en tempozalite
Et cõme recite Bernard⁹ guidonis en ſon hiſ
ſtoire des francois/les francois pozterẽt touſ
iours longues barbes iuſques au temps de
maiſtre pierre lombard qui feit les ſentences.
Lequel feit remectre les cheueulx/ꝯ barbes a
la raiſon ꝯ honneſtete:telle q̃ les francois ont
touſiours depuis tenue durãt le regne de Lo
ys le ieune.

Les fran
cois renſ
dent les
thuringiͤ
ens aeulx
tributaiſ
res.

¶ Nous auons veu cy deſſus quil y eut alliͤ
ance entre les frãcois/thuringiͤs/ſaxõs ꝯ ger
mains qui dura enuiron quatre cẽs trẽte ans
mais lan de nr̃e ſalut trois cens quatre vitgs
treze lozs que le roy Marcomire fut occis par
ſempeur Valẽtinian leſdit3 thuringiens/ ſaͤ
xons/ꝯ Germains rõpirent ladicte alliance ꝯ
ne voulurẽt dõner ſecours aux francois . Oz
de ce eſtant indigne ꝯ courrouſſe le Roy Clo
dio lan viij. de ſon regne auec groſſe armee enͤ
tra en Thuringe ꝯ feit le pais a luy tributaiͤ
re/autant en aduinſt depuis es Saxõs ꝯ ger
mains en ſorte q̃ eulx qui eſtoiẽt compaignõs
des francois furent contraincts les appeller
Roys et ſeigneurs.

¶ De thuringe clodio mẽna ſon armee de lla

les riuieres du Rhin ʒ de Meuſe ʒ conquiſt la
region des togres que nous appellons apzeſent
Bzebant/ou il demoura quelque temps.

℃ Lan xi de ſon regne conſiderat la puiſſance
des romaiseſtre affoiblie ʒ debilitee p les gotz
Suaddelz ʒ autres nations barbares enuoia ex=
plozateurs on ſurplus des gaules poᶻ ſauoir
laiforce des gens les gardes ʒ municions des
Billes ʒ citez/Duquel teps les bourgognonſ
habitoiet a lyon/ʒ les Biſigotz en acquitaine.

Le roy clo
dio enuoit
explora=
teurs par
les gaul
les

℃ Quat les explozateurs ɋ noᵘ appellons Bul
gairemet eſpies furet retournez de leur comiſ
ſion/ʒ euret certiffie au roy Clodio les regions
eſtre bones ʒ fructiferes ʒ le pays doulx et a=
miable/les ges no armez ʒ plais de crainte/ʒ
que les romais auoiet portes et gardes p les
citez le Roy Clodio ɋ auoit Bng grat deſir de
augmeter lhoneur nom ʒ gloire des fracoys
et dilater ſon royaume/dzoiſſa Bne groſſe ar=
mee ʒ alla aſſieger la cite de Cabzay la ɋlle il
pzinſt ʒ conquiſt/ʒ feit mectre a mozt tous les
Romains eſtans en icelle.

Les fran
cois con
querent
Cabzay.

℃ Apzes ceſte Bictoire ſuyuat ſa bonne fortu
ne paſſa la foureſt charboniere pour aller aſſi
eger la cite de Tournay ɋ les romais tenoiet
Leſɋlz de ce aduertiz/anticiperet les fracoys
ʒ en groſſe aſſemblee alleret audauat hozs la
cite/dot mal ſe trouueret Car ilz furet receuz

H i

par les francois en telle ferocite et cruaulte
quilz furent tous mis a mort sans que aucun
demourast po᷒ en porter les nouuelles a ceux
qui estoient demourez en la cite. Lesquelz a ce
ste cause porterent les clefz au Roy Clodio q̄
en fut paisible possesseur et des pays circū̄oi
sins.Et mesmement de Therouēne ꝗ de tou
tes les terres qui sont entre Cambray/ꝗCou
longne sur la mer. Dont ilz chasserent les rō
mains qui de puis ne les ont recouuertes qui
fut le cō̄mancement de la monarchie des Ro
maines.

Lā du tre
pasde clo
dio ꝗ com
bien il re/
gna

¶ Apres ce que le Roy Clodio eut ainsi di᷒
late son Royaume sauoir est de puis le Rhin
iusques a la mer moriēne qui est a Coulōgne
sur la mer/et conquis les pays de tournoisis/
Cambresis/Brebant/Arras/ et Beauuoisin
Il alla de Bie a trespas lan Bingtiesme de son
regne qui fut en lan de nostre salut quatre cēs
quarante six/et de lempire de Theodose Lan
Bingtiesme.Duquel Clodio sensuyt lepitas
phe.

¶ Epitaphe du Roy
Clodio paien.

ROY 2

CApres le Sceptre/et couronne ropalle
De pharamond par coustume ropalle
Les bons francois non Boulans transporter
Leur regne ailleurs mesindrent apporter
Celle couronne / τ leur Roy me ordonnerent
Moire leurs biens / et corps habandonnerent
Cõme Sraiz france/Et puis p leur secours
Conquis Churinge et la passay mes iours
Iusques a tant que du Romain empire
Dultre le Rhin surprins (dont il fut pire)
Cest assauoir la Uille de Cournay:
Aussi Cambray/des ce temps ie tournay
Et transportay deca le Rhin le regne

Les Epitaphes

Des fors francois/lequel par bonne resne
Vingt ans ie tins soubz ma royalle main
Oultre le gre de lempire romain/
Et si portay (voire par bonne guise)
Les longs cheueir en signe de franchise/
Ce que romains auoient aux gaulx tollu/
Dont suis nomme Clodie cheuelu/
Puis ie paiay le tribut a nature
Parquoy fuz mis en ceste sepulture
Lan quatre cens auec quarante ī six
Du me voiez enuers et non assis.

¶ De Merouee tiers Roy des frācois
selon lordze galicanne.

¶ Merouee succeda a Clodio ī fut couronne
Roy des frācois lan de nře salut quatre cens
quarāte ī six ī regna xij ans/ Tritemius a e
script ql estoit filz aisne de Clodio/les aultres
cronicqueurs ont dit q Clodio nauoit aucūs
enfans ī q merouee estoit son pl° pche parēt
en ligne collateralle/il alla devie a trespas lā
xij de son regne q fut lan de nře salut quatre
cēs cinqte huit/ Jauois pmis voire fait plus
de la moictie des annalles de frāce/p lesqlles
iespois escripre le sōmaire des faictz ī gestes
des roys de france et les cōcozdances des cro-
niques/ ꝗt aux generalogies dates ī aultres
discrepances Mais cōsiderant que la cronicq
de maistre Robert Gagin histoziographe de

grant renõmee eſt aſſez ample / et que pour le
peuple Bulgaire elle a eſte traduicte τ miſe en
langue francoiſe / et que par ce ſeroit Dne reði-
cte a moy ie me ſuis deporte de eſcrite en ce petit euure deſdits faictz et geſtes. E eſquelz et
de ladicte cõcordãce iay ſõmairent ple en mes
annalles de guienne / ou iay cõpzis en bzief le
total des Croniques de france τ la cõcordãce
ðicelles. Et preſentemẽt eſcriray ſeulement
les genealogies / τ epitaßes des Roys.

    CEpitaßße dudit Roy Merouee.

ROY   3

Les Epitaphes

Les frãcz frãcois gardãs leur roy salicque
Lors que a tropos de sa mortelle picque
Eut Clodio sur la terre estendu
Ilz me ont sur eulx paisible Roy rendu
Qui suis nomme le hardy merouee
Duquel la force ont tresbien approuuee
Les cruelz hunts et attilla leur Roy
Et aultres gens lesquelz en grant derroy
Et quantite de bien cinq cens mil hommes
Feirent porter aux gauloys griefue sommes
Car ce voiant me alliay des Rõmains
Et aultres gens/puis a force de mains
Attilla fut aussi ses gens iniques.
Par nous deffaiz es champscathalaniques
Et son conflict furent des hommes occis
Bien neuf vintgs mil a coups forez macis
Puis retiray de mes terres partie
Le fait ie feiz du monde departie
Quãt ie eu regne douze ans en tresbon bruyt
Lan quatre cens auec cinquãte z huyt.

De Childeric quart Roy des frãcois
selon lordre galicanne

Apres q̃ merouee eut regne xii ans/son filz
Childeric fut courõne roy des frãcois lan de
nre salut quatre cẽs lViii. Lan xxVi.de son regne alla de vie a trespas Et laissa Clouis son
filz en laage de xV ans q̃ fut roy aps luy/aussi
laissa deux filles Alboflede z autielde. Aucũs

ont eſcript q̃l regna ſeulemẽt xxiij ans / mais
il neſt a croire. Par ce q̃l fut courõne en lan iiij
cens lฝiij exille deux ansapres/appelle aude
dãs de lan ฝiij. de ſon exil. Et laiſſa ledit Clo,
uis ſonfilz en laage de xฝ. ansq̃ ſont xxฝj .acõ
prẽdze et calculer lan de la natiuite dudit clo,
uis qui naſquit aps ſon exil/et lan de ſon treſ,
pas.   ſenſuyt ſon Epitaphe

¶ ſi par beaulte plus riche que neſt oz
Dn ne mouroit/plus ฝeſcu que Neſtoz
Je Chïlderic euſſe/ſans prendze gloire
Carie fuz beau plus quon ne ſauroit croire

Les Epitaphes

Mais fiere mort par sa grant cruaulte
A de son dart efface ma beaulte/
Dont autreffoiz ie abusay par follie
Le deuxiesme an/que sans merencolie
Sur les francois ie regnois/car a lors
En abusant de mes plaisirs tresZors
Ie me efforcois femmes prostituer
Fille aussi/par occire/et tuer.

¶ Et ce Boiants les francois courageux
Et que ie estois en ce Bice oultrageux
De ma couronne et ceptre despouillerent
Et a gilon le Romain les baillerent
Qui en iouyt par huyt ans et non plus
Lesquelz finiz fut de ce regne exclus
Et moy remis pour sa grant auarice
Qui de tous maulx est la mere et nourrice.

¶ Or ce pendant en thuringe me tins
Auec le Roy byssyn/ou me entretins
Honnestement comme Bng pouure expelle
De son pays/et quant fuz rapelle/
Pers moy sen Binst bazine la tresbelle
Femme abissin qui me amoit damour telle
Que fuz contrainct lespouser/non obstant
Que son mary bissin nen fust contant/
Mais il lauoit de luy reppudiee/
Parquoy sestoit toute a moy dediee.

¶ Apres ces cas/ plusieurs grans armes fiz
Car les Romains/et gaules desconfiz

Et prins sur eulx la grippine coulongne
Trenes aussis / puis dilec ie me esloigne
En Italie / ou alemans combas
Que ie subiugue / et apres gransdebas
Sur les saxons ie conqueste Orleans
Angiers apres / et quant vingt et six ans
Sur les francois ie eu regne tout compris
Hideuse mort (laquelle ma surpris)
Me colloqua soubz ceste sepulture
Ou mon corps gist en ville pourriture.

℃ De Clouis premier de ce nom cinquiesme Roy des fräcois: ⁊ le premier
crestien / monarque des gaules

℃ Clouis premier de son nom succeda Achil-
deric son pere: et fut couronne Roy des francois en lan de nostre salut quatre cens quatre
vingts et quatre. Lan quiziesme de son regne
il fut baptise / quinze ans apres qui fut lan de
nre salut cinq cens quatorze alla de vie a trespas / et laissa sa Befue Clotilde fille de la maison de Bourgongne / et de leur mariage quatre filz: Theodoric / Childebert / Clotaire / ⁊
Clodomires / et vne fille nöme Clotilde qui
de puis fut mariee auec almaricß filz de Ala-
ricß Roy de gotß.

℃ Sensuyt son Epitaphe contenant
ses faiz et gestes

Cõme ung potier fait dune mesme terre
Potz beaux et laiz ainsi fait dieu (qui nerre)
De tous humains / ou il ne fault toucher
Par ce que cest ung ouurage tout cher
Et touteffoiz ie dy sur ce propos
Que ie Clouis descendu de suppos
Tous adorans idolles infidelles /
Dieu ma contrainct dire a iamais fy delles.
Durans quinze ans q̃ ie regnay sans foy
Sur les francoys viuant selon leur loy
Conquis soissons / et mys en mes lyens
Le roy bissin et les thuringiens

Qui me tenoiēt ꝟindicatiue trougne
❡Puis espousay Clotilde de Bourgongne
Qui me pria laisser en premier lieu
Ma loy dānee/et croire en ꝟng seul dieu
Ou ne ꝟoulu de prime face entendꝛe
❡Mais le hault dieu que ne pouois cōpꝛēdꝛe
ꝟoulant de moy qui suis ꝟille faicture
faire ꝟng beau pot oultre et dessus nature
En ꝟne guerre ou me ꝟoioys ꝟaincu
Me feit penser comme iauois ꝟescu
Et lappelle seur lheure a mon secours
❡Loꝛstout soudain en grande foy ie cours
Sur alemans mes moꝛtelz ennemys
Dont ie eu ꝟictoire et a moy les soubmis
Parquoy cessay de plus paganiser
Et tost apꝛes ie me fiz baptiser
Par sainct remy dun miraculeux cresme
Lan de mon regne enuiron le quinziesme/
Et me donna le hault dieu sans merite
De tous escutz le seul choix et leslite
Ce sont trois liz de pur oꝛ sur azur
❡Et pour paiens guerroier plus assur
Et des francois faire son auant garde
Contre hereticz/me bailla pour la garde
ꝟng estandart Lauriflame appelle
Dont iay depuis arriens expelle
Cest assauoir bourgongnons/et leur roy
Dit gondebault/que ie mis en derroy
Et les ꝟisgotz/car pour chose certaine

Conquis sur eulx la terre Dacqitanie
Et les chassay de leur ancien nyc
Apres auoir mis a mozt Alarich
℀ De ce aduerty Anastase empereur
Me consera pour croistre mon bon eur
Le nom de auguste/et limperial tiltre/
Puis atropos vinst empescher le tixtre
De lachesis/et ses filletz rompit/
Tant quen la fleur de mes ans me acropit
Et puis auoir regne par des ans trente
Me feit paier de nature la rente
Et lan cinq cens quatorze/et soubz la pierre
En mon moustier de sainct paul τ sait pierre
Jay este mys/vous qui voiez le lieu
Je vous supply que priez pour moy dieu.

℀ De Childebert. Bj. Roy desfrancois
selon lozdze galicanne.

℀ Combien que Theodozic fust filz aisne du
Roy Clouis/ toutes foiz il ne fut nõme Roy
des francois par ce quil nestoit venu de loyal
mariage/comme a escript Annonius mona-
chus on sixiesme chapitre du secõd liure de sa
cronicque. Et le fut Childebert lan de nostre
salut cinq cens quatorze. Lequel eut pour son
partage Paris eurepoys/τ toute neustrie que
a pzesent nous appellons Normandie/et a la
rayson de ce q̃ le frãcois auoiẽt estably le pzin
cipal siege de leur royaume a Paris fut ledit

Childebert intitulle roy des francoys / Clo=
domires eut Orleans (τ acquitaine / Clotaire
soissons et picardie / τ ledit Theodoric eut au=
strie / Loraine / brebant / τ germanie / qui estoit
lors le plus gros τ meilleur partage / Tous
les ð quatre freres feirẽt plusieurs grãs faiz
darmes / Ledit clodimires fut occis sept ans
apres la mort de son pere en la guerre de bour
gongne / τ laissa trois filz / dõt Clotaire τ chil=
deßert en feirẽt mourir deux Thibault τ gon
tier / le tiers nõme Clodoal fut religieux / τ ves
quit sainctemẽt / no⁹ lappellõs en frãce sainct
clou / τ en aequitaine sainct Clouaud / Ledict
theodoric regna en ses pays xxiii ans / τ laissa
ßng filz nõme Theodobert / leql durãt son re
gne q̃ fut de xiii ans cõquist les italles / τ lais=
sa ßng seul filz q̃ regna apres luy ßii ans seu
lemẽt / puis mourut sans hoirs procreez de sa
chair / τ deux ans apres ledit Childebert roy
des frãcoys mourut aussi sans enfans / Par=
quoy les Clotaire qui to⁹ les survesquit fut
roy des frãcois τ monarques des gaules / Le
trespas dudit Childebert fut en lan de nostre
salut cinq cens cinquãte τ neuf / son corps re=
pouse en leglise sainct Germain des prez lez
Paris fondee de sainct Vincent.

Sensuit son epitaphe.

¶ Apres la mort du roy clouis mon pere
Lequel conquist par fortune prospere
En peu de temps la gaule acquitanicque/
Semblablement la celticque/et belgicque
feismes partage en paix sans mallefoy
De tout ce bien mes trois freres et moy.
¶ Theodoric eut Metz et austrasie/
Clotaire Sens/ Soissons/et Picardie
Clodomires pour portion certaine
Tinst Orleans/aussi toute acquitaine
Et moy Paris eurepoys et neustrie
Que ie garday par soigneuse industrie/

℧Roy des francois ie fuz par apennage
Par ce que ie eu paris pour mon partage
Qui des francois fut si tresennobly
Que des ce temps y auoient estably
Leur royal siege et habitation
℧Mais peu apres ardente ambition
Qui les vouloirs tormente des haulx princes
Brusle citez/et destruict les prouinces
Mist entre nous diuision ciuille
Voire si grant quon nen vit de si ville
℧A la parfin par deuotes prieres
Dieu mist la paix entre nepueuz et freres
Et par accord bourgongne retirasmes
Aussi thuringe/et dilec nous tirasmes
Droit en espaigne ou conquismes tollete
Contre Almarich de larrienne secte/
℧Et au retour pour dieu remercier
Joignant Paris ie feiz ediffier
Vng monastere on nom de sainct Vincent
Ou mon corps fut par mystere decent
Apres ma mort en sepulture mis
Quant ie eu vaincu mes mortelz ennemys.
℧Mon regne fut de quarante et cinq ans
Et trespassay ne ayant masles enfans
Lan du salut cinq cens cinquante et neuf
Quant vous verrez ce sepulchre tout neuf
Priez a dieu que a Childebert pardonne
Tous ses meffaiz/et paradis luy donne.

Les Epitaphes.

C De Clotaire pmier de ce nom septief=
me roy des frãcois/ɾmonarɋ des gaules

C Clotaire premier de ce nom fut le Vij Roy
des francois ɾmonarɋ des gaules lan de nɾe
falut cinq cens cinɋte ɾneuf. apres foɳ frere
Childebert et eɳ cefte auctozite monarchalle
Vefquit cinq ans ou enuiron/Aupauãt auoit
regne eɳ fes pays de Sens/Soiffõs ɾautref
terres de picardie par quarãte cinq ans / il eut
fix femmes quil tinft cõme efpoufes/de la p̃=
miere nõmee Jugõde il eut cinq filz/gonthier
Childerit/Gontraɳ/ Stgibert ɾHaribert/ɾ
Vne fille nõmee Clotofinde ɋ fut marie auec
Alboni⁹ dixiefme roy des lombars. De fa fe=
conde fẽme nõmee Arregonde feur de ladicte
Jugonde quil entretinft par aucuɳ tẽpsil eut
Vng filz nõme Chilperic. De la tierce nõmee
Chinifeua il eutVng aultre filz nõme Craɳ⁹
quil feit Brufler De la quarte nommee Cou=
fonne il eutVne fillenomme Blitilde/qui fut
mariee auec Anfelbert fenateur de Rõme def
quelz par longue generacion Vinft le Roy pe=
pin/cõme nous Verrõs cy apres. Sa cinquief=
me femme fut faincte Radegũde fille du roy
de thuringe / laɋlle il repudia quatre ou cinq
ans apres leurs nopces/et a cefte caufe du cõ=
fentement du Roy fe rendit religieufe/et feit
faire a Poictiers ou elle deceda le monaftere

saincte Croix/il neuſt delle aucuns enfans/
tay redige leur hiſtoire en vng liure a part.Sa
ſixieſme fẽme fut Vvultrodade quil repudia
incontinant par le conſeil de legliſe/par ce ql
le auoit eſte mariee auec theodoal ſonnepueu
Ledit Clotaire apres auoir regne cinquante
ans alla de vie a trespas en la ville de Com=
peigne.Et laiſſa quatre filz viuds/ Haribert
Chilperic/Gontran/et Sigibert Lesquelz di
uiſerent les gaules en quatre parties . Paris
demoura audit Haribert auec toute neuſtrie:
Orleãs et toute acquitaine a Gontran. Soiſ
ſonset tout le pays de picardie a chilperic.Et
metz auec auſtraſie/et Bourgongne a Sigi=
bert. Son corps fut inhume en leglise ſainct
Medart de ſoiſſons. De laquelle il auoit cõ=
mance lediffice.
    ¶Senſuyt ſon Epitaphe.

¶Epitaphe.

J j

CUng fut parfaict en ce monde et non plus
Cest Jesucrist/Et touchant le surplus
Il nen fut onc/et nest qui ne Varie
Fors la tressaincte et sacree marie/
  A ce propos ie Clotaire me tien
Des imparfaictz en faict/dict et maintien/
  Car cruel fuz plus que dire ne Veulx
Je mis a mort mes deux petiz nepueux
Pour seul regner/sans auoir aultre marque
Et des gaulois estre prince et monarque/
Comme ie fuz apres mainte misere

Par le trespas de Childebert mon frere/
℃Mon plaisir fut pl' quen boire ⁊ mãger
De pouoir fẽme a mon vouloir ranger
Vñe ien eu nommee Radegonde
Qui fut si chaste ⁊ si trespure et munde
Quelle laissa voire de mon bon gre
Son mariage/et le royal degre
Pour estre pauure/et a dieu seul seruir
Tendant sa grace et amour deseruir/
Vng monastere a Poictiers luy fiz faire/
Que ie dotay/desirant satiffaire
A dieu puissant que iay tant offense
En ce que iay trop au monde pense/
Car tout mon cueur/et mon entention
fut par long temps en grosse ambicion
En guerroiant freres/nepueuz/cousins/
Les extrangiers/et mes proches voisins
℃Hardy ie fuz/puissant/fier/et a dextre
Et ne voulu iamais des derriers estre
Quant on venoit a despartir les coups
Onques aussi ne doubtay fraiz ne coustz
Car mieulx voulu pour acquerir honneur
Despendre tout que viure en deshonneur
℃Je obtins victoire es pays Dalemaigne
En la bourgõgne/en Thuringe/en espaigne
Mais a la fin mon filz me guerroia/
Ce fut Cranus/qui trop se derropa/
Car pour monstrer exemple a tout vray pere.

Les Epitaphes.

Le feiz brusler a honte et vitupere
Aussi sa femme/ et ses petiz enfans
¶ Et puis auoir regne par cinquante ans
L'an du salut cinq cens soixante et quatre
Côme venois de la chasse me esbatre
Je fuz soudain d'une fieure surpris/
Et puis auoir mis en dieu mes esprits
La fiere mort me bailla de son dart/
Mon corps fut mis on môstier sainct medart
Dont a Soissons comancay lediffice
Affin quil feist de tout mon malefice
Ma paix a dieu/Priez quil soit ainsi/
Et quil luy plaise auoir de moy mercy.

¶ De Aribert aultrement dict Chere-
bert huytiesme Roy de france.

¶ Apres le trespas dudit roy Clotaire sesditz
quatre enfans eurent quelque guerre/ et question aumoien de ce que Chilperic sestoit em-
pare de la ville de Paris/ z des tresors de leur
pere /mais ung ou deux ans apres se accorde-
rent z partirent les gaules entre eulx comme
il a este dit cy dessus/Paris demoura aud Ari
bert que aucuns nomment Cherebert/et aussi toute neustrie / et par ce fut Roy des francois. Touteffoiz Gagnyn ne le mect au nom
bre desditz roys/ie croy que cest parce que son

regne fut assez obscur z mal extime/et ql neut
aucuns enfans/mais il me semble quil luy
fait tozt et que en ce il discozde aux anciennes
cronicques. En ensuyuant lesquelles ie luy
ay bien voulu garder son ozdze. Il repudia son
espouse Nigobergne poz la folle amour quil
auoit a deux de ses Damoiselles quil entretinst long temps soubz le manteau de mariage. Et pour ce peche saint Germain lozs euesque de Paris voiant son obstination le declai
ra excommunie/et lesditz deux damoiselles
lune nommee Marconefe/et lautre Merofide. Lesquelles bien tost apres moururent de
mozt soudaine/quoy voyant le Roy Aribert
se feit absouldze. Et lan neufuiesme de son re
gne alla de vie a trespas sans hoirs procreez
de sa chair en la ville de Blayes pres Bourdeaux/Lan cinq cens soixante et treze. Son
cozps fut enterre en leglise sainct Rômain de
ladicte ville de Blayes/comme tesmoigne
Annonius en sa cotticque.
        ¶ Sensuyt son Epitaphe.

        ¶ Epitaphe.

                        J iij

¶ Aribert suis filz aisne de Clotaire/
Les faictz duquel on a bien voulu taire
Par ce que rien ne fiz quon doit loūber/
Mais ie me suis tout induit a iouer
Et a suyuir de Cupido les armes
Plus q̄ de mars/me esloignāt desgē̄sdarmes
Et me approchant des gens lasciuieux/
¶ Et touteffoiz maulgre les enuieux
Jay ce hault tiltre et nom dauoir regne
Sur les francois/carie fuz de Roy ne/
Neuf ans regnay/puis sās hoir de mō corps

Je deceday/que dieu misericors
Soit a mon ame/et quelle puisse estre aise
Ce fut en lan cinq cens soixante et saize.

¶ De Chilperic premier de ce
nom neufuiesme Roy de frāce.

¶ Le premier regne de Chilperic et son siege
royal fut a Soissōs durāt le regne dudit Ari‑
bert son frere aisne. Apres le trespas duquel le
dit Chilperic fut Roy des francois Et regna
en tout vingt τ trois ans/sauoir est neuf ans
a Soissons durant le regne dudit Aribert/et
quatorze ans a Paris/il eut trois femes. La
premiere fut Andouere/de laqlle il eust trois
filz/Theodobert/Merouee/et Clodouee/et
par la cautelle de fredegonde qui estoit sa ser
uante τ concubine il la reppudia et cōtraignit
entrer en religion. La secōde fut Galsonte fil
le de Athanagilde Roy despaigne ou des Visi
gotz/laqlle a la reqste τ persuasion de ladicte
fredegōde il feit estrāgler de nuyt en son lict.
Puis il espousa ladicte fredegōde q estoit na‑
tifue du village de hauaucourt en picardie de
hūbles parēs touteffoiz nobles/τ si estoit fort
belle ingenieuse τ bien parlāt/il eut delle plu‑
sieurs enfans qui tous moururent fors le der
nier nōme Clotaire/qui nasquit lan que ledit
Chilperic mourut/q fut de nostre salut cinq
cēs quatre vingts τ sept. Ledit Chilperit fut

J iiij

occis en trahison assez tard cóme il retournoit
de la chasse par le cómandemét secret de ladi=
cte fredegonde et de Landzic son adultere qui
estoit maistre du palais / son corps fut mis en
leglise sainct Germain des prez lez Paris qui
est fondee de sainct Vincent.

℞ Sensuyt son Epitaphe.

℞ Si pour auoir langue latine ou greecque/
Si pour sauoir autant que feit seneque
Sans faire bien/on meritoit louange/
faire on pourroit deuenir vng loup ange/

Je Chilperic ne le dy sans raison
Car non obstant que la noble maison
Le sceptre aussi ie aye tenu de france
Apres mon frere Aribert par souffrance/
Voire entendu grec/et latin langage
Et touteffoiz mis mon honneur en gage
Pour trop complaire a mes foulz appetiz
¶ Amour nay eu sur grans ne sur petiz
Aussi ne fuz iamais daucun ame
Mais seulement par crainte reclame/
Il ma despleu faire bien aux eglises
Curez/prelatz/et personnes exquises
Jay trop hay/fors ung/cest sainct Germain/
Auquel ie fuz gracieux et humain/
Et composay son epitaphe en metre
Dessus son corps q̃ a saint Vincẽt fiz mectre
Et au surplus onc ne procuray bien/
Jeusse voulu que tout eust este mien.
¶ Jay fait mourir mon espouse seconde
Au seul pourchaz de celle fredegonde
Que ie espousay de puis dont mal mest pris/
Car a la fin par merueilleux despris
Me feit occire en venant de la chasse/
Hoy la command mon peche me pourchasse/
Ce fut enlan cinq cens quatre vingt sept/
Dont fut chante de ioye maint verset.
¶ Je eu le cueur grant/et force audacieuse
A moy nuysible/aux miens pernicieuse/

Car guerre neu fors contre mes parens/
Lesquelz voians mes vices apparens
Pour aux francois liberte pourchasser
De mes pays me voulurent chasser/
Mais ie regnay des ans bien vingt et trois/
Ie fis mourir en trescruelz destroiz
Deux de mes filz par fureur voluntaire/
Ung ien laissay nomme second Clotaire/
Et si nestoit que bien ie suis recors
De la bonte de dieu misericors
Ne vous prierois prier dieu pour mon ame/
Mais ie scay bien que sa facture il ame/
Et quil est prest par amour et pardon
Aux penitens faire grace et pardon/
Par quoy vo⁹ pry quant verrez mon cercueuil
A sainct Vincent lez Paris/ que voftre oeuil
Le cueur pourchasse a dire a tout par soy
Dieu veuille auoir lame de cestuy Roy.

C De Clotaire second de ce nom
dixiesme Roy de france a monar
que des Gaules.

C On dit an cinq cens quatre vingts et sept
que fut occis ledit roy Chilperic Clotaire son
filz vnique qui nauoit que quatre moys fust
le dixiesme Roy de france/ et le second de ce
nom soubz la tutelle de sa mere la royne fre⌐

degonde/ꝗ de Gontran son oncle/il regna qua=
rante et quatre ans/ꝗ durans les douze dertie
res annees fut monarque de toutes les Gau=
les apres le trespas dudit Gontran son oncle
qui neut aucuns enfans / et aussi apres le de=
ces de Childebert filz de Sigibert son aultre
oncle/et de Brunechilde sa femme / et des en=
fans dudit Childebert qui furet presque tous
occis tant par le comandement dudit Clotai=
re que de ladicte Brunechilde leur ayeule la=
quelle il feit mourir et escarteller a quatre che
uaux. Ledit Clotaire eut deux femmes/de la
premiere nommee Bertrude il eust Vng filz
nomme Dagobert qui fut Roy apres luy.
De la seconde nommee Sichilde il eust Vng
aultre filz nomme Aribert qui fut Roy de Ac
quitaine ainsi que iay amplement escript par
les annalles Dacquitaine. Et alla de Vie a
trespas iceluy Clotaire Lan de nostre salut
six cens trente et Vng. Et fut enterre en leglis
se sainct Germain des prez lez Paris fondee
de sainct Vincent. Sensuyt son Epitaphe.

℟ Epitaphe dudit Clotaire
second de ce nom.

IO ROY

Considerant que ceulx honneur acquerēt
Terres/pays/et prouinces conquerent
Qui ont vertuz et detestent peche/
Jay prins labeur (sans y estre empesche)
Dauoir vertuz/dont ie ne me doy taire/
Car ie qui suis nomme second Clotaire
De Chilperic/et fredegonde filz
Onc a personne aucun tort ie ne fiz.
Dedans mon bers le Ceptre on me bailla
Sur les francois/Aquoy bien trauailla
Gontran mon oncle astut et diligent

Qui fut le mien tuteur/aussi Regent
De toute france/Et quāt tout mon lignage
Eut prins sa fin en mon florissant aage/
Lors que iauois desans bien trente et deux
Je fuz monarque et Roy sur tous eureux
De toute gaule/ou douze ans seul regnay
Et si tresbien mon peuple gouuernay
Quil receut paix/et louable concorde
Apres auoir par long temps eu discorde
℆ Je feiz mourir la Royne Brunechilde
Laquelle auoit comme faulce homicide
fait mectre a mort par vouloir desloyal
Dix des enfans du noble sang royal.
℆ Tantost apres par mes pugnicques faictz
Les fors saxons furent par moy deffaiz/
A tous les filz plus grans que mon espee
De ceste gent fust la teste couppee
Pour leur monstrer/et estre lenseigneur
Que lon ne doit offenser son seigneur
Executant par iustice impitie
Mais aux lombars ie monstray ma pitie/
Car ong tribut(lequel auoient promis
Tousiours paier)par amour leur remis.
℆ Je fuz dote de moienne science
fort gracieux/et de grant pascience/
Je eu craincte a dieu/reuerant son eglise/
Ses seruiteurs tractay par bonne guise/
Je amay la chasse en y passant le temps

Les Epitaphes

Je fuz hardy/fort/et fier sans contemps/
En tout regnay des ans quarante et quatre
Et lan six cens trente et vng sans combatre/
Je trespassay/dont maints furent marriz/
A sainct Vincent ie fuz mis lez Paris/
Priez a dieu que pardon il me face/
Et que mes maulx et pechez il efface.

℃ De Dagobert premier de ce nom xj.
roy des fraçois et monarque des gaules

℃ Dagobert filz aisne de Clotaire comença
regner apres la mort de son pere oudit an mil
six cès trente et vng/ et bailla a son frere puisne Arisbert le royaulme Dacquitaine lequel
il tinst iusquesa son trespas qui fut neuf ans
apres et ala raison de ce que Childeric son filz
vnic mourut incontinant apres/ ledit Dago
bert fut monarque des gaules. Lequel auoit
espouse en premieres nopces et durât le viuant
du roy Clotaire son pere vne ieune dame nõmee Gomatrude/quil repudia p ce quelle fut
trouuee idisposee poz auoir lignee/ Et en son
lieu prinst a fême madame Nantilde durant
lequel secõd mariage il se abbusa dune ieune
damoiselle nõmee Raguetrunde. Ee laquel
le il eut vng filz q̃ tinst sur les fons ledit Aris
bert roy Dacquitaine et le nomma Sigibert/
et cõme leuesque sainct Amand le baptisoit a
Orleans/et hõme des assistens ne respondoit

a ſes oꝛaiſons baptiſmalles/ledit enfant qui
nauoit que quaráte iours reſpõdit tout hault.
Amen. Dont on fut foꝛt eſbay/de puis ledit
roy dagobert laiſſa ceſte cõcubine/ɀ retourna
a ſon eſpouſe Nantilde de laquelle il eut ꞟng
filʒ nõme Clouis. Ledit Dagobert feit edif=
fier et dota labbaye ſainct Denis pꝛes Paris
ou il fut enterre lan mil ſix cẽs quaráte ɀ cinq
apꝛes quil eut regne quatoꝛʒe ans. Senſuyt
ſon epitaphe.

 ℂ Epitaphe dudit Dagobert.

Les Epitaphes

℃Je Dagobert soubz ce sepulchre abscond
Enfant aisne de Clotaire second
Tant sainct Denis et ses consors prisay
Quen paradis auec eulx part pris ay/
Pres de Paris leur feiz faire vng monstier
Et le dotay/qui me feit bien mestier
Car sans cela tresmal alloit mon cas
Mais enuers dieu furent mes aduocas.
℃Je fuz begnin lan premier de mon regne
Et mes subgectz traictay soubz doulce resne
Ne les pillant ne faisant aulcun grief
Ce qui leur fut a mon regret trop brief/
Car au rapport dun grant tas de flateurs
De mensongiers/larrons/et exacteurs
Oultre le gre Darnulphe/et de Pepin
Mes conseillers plus droiz que nest vng pin
Je comancay gens de bien exiller
Charger mon peuple/et eglises piller
De leurs tresors/et tressainctes relicques
Pour enrichir les manoirs magnificques
Dudit monstier sainct Denis par sus tous.
℃Cruel ie fuz quant deuois estre doulx/
Et entretins concubines diuerses/
Par qui ie feiz plusieurs choses paruerses/
Mais dieu mercy long temps dauat ma mort
De tous ces maulx synderese me mort
Tant et si fort/que mes faultes congneuz/
Et lors tractay mes prochains et congneuz/

Et tout mon peuple en si tresbonne sorte
Que par raison fault que louange en sorte.
℘ Je me vengeay du Roy desclauonnie
Puis subiugay gascons qui fellonnie/
Auoient commis contre ma maieste/
Et des bretons qui mauoient moleste
Judicail qui fut leur Duc tressage
De sa duche me vinst faire lhommage
Pour la tenir luy ses freres et seurs
Non de moy seul/mais de mes successeurs/
Et en feiz lors dont checun se remembre
De ma couronne a tout iamais vng membre
℘ Aux espaignolz diz/ie ne cours a ieulx
Et rabaissay leur vouloire courageux
Tant que les grans de leur pays et terre
A sainct Denis vindrent la paix requerre/
℘ Et quant me vy delaisse par ieunesse
En moy pensay que du monde ieu nesse/
Parquoy ie fiz mon derrier testament
Ou ie ordonnay de mes biens sagement/
Por mectre en paix mo peuple τ mesdeux filz
Car a checun le partage ie fiz/
℘ Grans oraisons et messes ordonnay
Et aux monstiers plusieurs legatz donnay/
Mon regne fut de quatorze ans sans plus
Puis fut mon corps a sainct Denis reclus
Lame volla de singuliere grace
Lassus au ciel par dangereuse trace

℘ij

Les Epitaphes

En lan six cens quarante cinq/ ou fuz
Vng peu de temps dauant dieu tout confuz.

℃ De Clouis second de ce nom
douziesme Roy de france/ et mo=
narque des Gaules.

℃ Clouis filz legitime dudit Dagobert fust
couronne Roy de france apres la mort de son
pere ondit an Six cens quarâte cinq/ et regna
dixsept ans. Sigibert son frere bastard tenoit
le Royaulme de Austrasie que son pere Da=
gobert luy auoit donne des son viuant/ et lan
six cens cinquante et six alla de vie a trespas/
et laissa vng filz heritier vnicque en la tutelle
de Grimoald maistre de son palais Lequel le
dit Grimoald feit tondre et enuoia en vng mo=
nastere Descosse/ et en son lieu feit Roy Hil=
debert son filz par la mennee de Didon eues=
que de Poictiers. Et deux ans apres ledit roy
Clouis chassa dudit Royaulme de Austrasie
ledit Hildebert ⁊ feit mourir ledit Grimoald
son pere/ ⁊ par ce fut monarq des Gaules. Le
dit Clouis eut trois filz de madame Batilde
so espouse/ sauoir est Clotaire tiers de ce nom
Theodoric/ ⁊ Childeric. Et donna luy viuât
ledit royaulme Daustrasie audit Childeric.
Et apres quil eut regne sur les francois dix=
sept ans alla de vie a trespas lan six cês soixâ

rante deux / et fuſt ſon corps mis en labbaye
ſainct Denis en france. Deux ans auant ſa
mort il perdit le ſens aucuns ont eſcript que
ce fut par ce que irreuerentement il auoit tou
che le corps de ſainct Denis. Senſuyt ſon
epitaphe.

C Epitaphe dudit Clouis deuzieſme.

C Ie ſuis Clouis le ſecond de ce nom
Qui non obſtant que dun roy de renom
Leſt Dagobert ie fuſſe le vray filz
Et des francois fuſſe apres Roy prefix

L2 ij

Pourtant nay fait chose tant memorable
Dont a bon droit ie doyue estre louable/
Fors que garday tout mon pays de gaule
Dont fus monarque auec le fer ou gaule
Sans quon me uinst par rigueur assaillir
℧ Mais aultrement iay voulu trop faillir
Car iay tasche tousiours viure en delices
Mieulx que suyuir iouxtes tournois et lices/
Parquoy venus me uinst trop de legier
A Cupido corps/et biens obliger/
Et si touchay par grant irreuerence
A sainct Denis/dont ie fuz en demence
Deux ans et plus/puis comme checun scet
Quant ie eu regne des ans bien dixsept/
Mon corps fut mis apres vie improspere
A sainct Denis tout ioignant de mon pere
En lan six cens auec soixante et deux/
Quant vous verrez noz sepulchres vmbreux
Priez a dieu sans intermission
Que de noz maulx ayons remission/

℧ De Clotaire tiers de ce nom treziesme Roy de france.

℧ Apres le trespas dudit roy Clouis deuxies
me de ce nom q laissa trois enfans Clotaire/
Theodoric/z Childeric/du cōsentement des
princes ledit Clotaire q estoit laisne fust courōne Roy des frācois lan de nře salut six cens
soixante z trois/z regna quatre ans seulemēt

8es le cômâceſnt de ſon regne iuſⱥ au regne
de pepin ⱥ fut roy lan ſept cens cinquâte/ledit
Clotaire⸱⟨les autres roys ⱥ furȇt aps luy du
rȃt led tȇps/⟨ auſſi le royaume de frãce furȇt
totallemȇt gouuernez p le maiſtre du palais
ſans ce que les roys euſſent aucune auctozite
mais Bituoiȇt en puſillanimite⟨ɾauoiȇt le nom
ſeulemȇt et non ladminiſtration. Ledit Clotaire alla de Bie a treſpas Lan ſix cens lxBij.
ſans enfans. Senſuyt ſon Epitaphe.
⟨ Epitaphe dudit Clotaire.

Les Epitaphes

Clotaire suis qui Roy trop ieune fuz
Tiers de ce nom/car ie mouruz confuz/
Uuyde dhonneur pour ma grande paresse
Et pour complaire aux Vouloirs de ieunesse/
Quatre ans regnay sans aucus nobles faiz/
Puis atropos me mist soubz ce dur faix
En lan six cents auec soixante et sept
A sainct Denis/ce que checun ne scet/
C Depuis le tĕps et regne de mon pere
Clouis second ne fut france prospere
Ne par bons Roys regie et gouuernee/
Mais p maieurs de noz palais mennee
Iusques a tant que Pepin fut fait Roy/
C Nous estions en Vng pōpeux charroy
Le premier iour du moys de may si gent/
Monstrez aux yeulx de toute nostre gent
Et le surplus des septmaines et iours
En noz palais et tresplaisans seiours
Consumions en mondaine plaisance
Sans pourchasser de noz subiectz laisāce
A ceste cause a la fin les maieurs
De noz palais/furĕt si grans seigneurs
Quilz ont gaigne les courōnes ꝛ ceptres
Non de nous seulz/mais de to' noz ancestres
Priez a dieu que mes faultes cōmises
Par sa bonte me soient toutes remises.

　　C De Childeric second de ce nom
　　quatorziesme Roy de france.

℣ Par ce que Clotaire deceda sans enfãs son
second frere nomme Theodoric fut couronne
Roy de france on dit an six cens soixãte et sept
Et au dedans de lan de son regne fut priue de
la couronne/et du royaulme par ce que luy et
Ebroyn maistre du palays estoient insolens
et de maulraiz gouuernemẽt Et furent tous
deux faiz moynes et enuoiez en deux Abbayes
sauoir est ledit Theodoric en labbaye sainct
Denys/et ledit Ebroyn Alizieux/ puis fust
la couronne baillee au tiers frere nõme Childeric second de ce nom lan six cẽs soixãte huit
qui regna douze ans par la cõduicte Duolfra
dus maistre du palais. Oultre le Douloir duquel il feit plusieurs grans cruaultez aux barons et seigneurs de son royaulme/et entre autres feit baptre et fustiguer a ung pillier ung
gentil homme nomme Bodilo . Lequel certain iour apres ainsi que Childeric/ et Blitilde son espouse Denoient de la chasse les occist
Iacoit ce q̃ ladicte Blitilde fust enceincte lan
six cens soixante et dixneuf et lan douziesme
de son regne/ et furẽt enterrez luy et sa femme
en leglise sainct Germain des prez lez Paris.
Sensuyt son Epitaphe.

℣ Epitaphe dudit Childeric deuziesme.

Lz iiij

¶Apres la mort du troisiesme Clotaire
Theodoric mon frere trop hault saire
fut esteu Roy puis soudain desspouse
Et Closterier moyne en vng conuent pouse/
Parquoy fuz miz dedans son Royal nyc
Qui suis nomme le second Childeric
frere germain des deux Roys dessusdictz/
Ou iay regne douze ans sans contredictz/
Durans lesquelz ie conquis tant de enuie
Que les frãcois ennuyez de ma vie
fiere et cruelle/en allant a la chasse/

Ma femme et moy/nous donnerent la chasse
Et non obstant quelle fust lors enceincte
Elle son fruict(et moy/dont ne fut plaincte
Mirent a mort en lan mil et six cens
Septante et neuf/comme gens hors du sens
A sainct Germain pres Paris par pitie
On mist nous corps/dieu ayt de nous pitie.

¶De Theodoric premier de ce nom quinsiesme Roy de france.

¶Incontinant apres le trespas dudit Childeric le second/par ce quil mourut sans enfans
les princes de frace tirerent hors du monastere sainct Denis son frere Theodoric/q auoit
tenu le royaulme auant luy par vng an. Et
en lan six cens quatrevingts ledit Theodoric
fust fait le quinsiesme Roy de france. Et incontinant apres Ebroin q estoit Alizieux trouua moien de sortir du monastere/et dp laisser
le froc. Puis auec grant compaignee de gens
banniz brigans/et aultres mauluaiz garsons
feit la guerre a Theodoric/et finablemet aps
auoir fait martiriser sainct Legier euesq Dau
thun/et plusieurs autres gras cruaultez trou
ua moien de recouurer loffice de maistre du pa
lais/et de gouuerner ledit Theodoric/soubz
lauctorite duql il feit plusieurs grans maulx
et abuz et iusques a ce que vng gentil home no
me Hermenfroy le mist a mort/puis se retira

Les Epitaphes

a Pepin heristel/lequel fut maistre du palais
Et aps q̃ ledit Theodoric eut regne quatorze
ans alla de vie a trespas Lan six cens quatre
vingtzquatorze Et de Clodoil de son espouse
laissa deux enfans Clouis/ꝫ hildebert/ꝫ fust
enterre en leglise sainct Vast Darras.

℃ Sésuyt epitaphe dudit Theodoric.

℃ Si a chescun fortune estoit pareille
Elle qui fait qui taille et appareille
Du bien a lun et a lautre du mal/
Ne meust du hault fait succumber on val

Comme elle feit en tresgrant vitupere
Apres la mort de Clotaire mon pere/
Car pres dung an des francoys Roy ie fuz
Puis exille/comme plain de reffuz
Et Ebroyn lors maistre du palais
Pour noz forfaiz folles meurs et cas laiz/
Et renfermez fusmes douze ans entiers
Moynes tonduz en deux divers monstiers/
Lesquelz finiz/et apres le deces
De Childeric occis pour ses exces
fuz rappelle de ma tresgrant souffrance
Et de rechief couronne Roy de france
Lors Ebroyn fier/cruel/ et austere
Qui laissa froc/psaultier/et monastere
A compaigne de grant nombre de gens/
Brigans/larrons/souffreteux/indigens
Me vinst liurer forte et cruelle guerre
Pour son office encores reonquerre/
Lequel il eut/et huit ans lexercea
Pendans lesquelz tant de gens offensa
Et feit mourir soubz mon auctorite
Que france en fut en grant calamite/
Mais a la fin il fut sans grant effroy
A mort liure soudain par Hermenfroy/
Puis Ung Pepin que Heristel on surnomme
Homme puissant que tresbien on renomme/
Ledit estat de maistre retira
Dont mon pays nullement sempira/

Les Epitaphes

Car sagement par prudence et bon ordre
Je aboliz tout labuz et desordre/
Apres fuz mis en terre dont ie hins
Lan de Jhesus six cens et quatre vingts
Quatorze au bot/en la tresnoble eglise
Sainct vast Darras/ou il fault que ie gise
Si ie nay fait ce quil fault que vng Roy face
Priez a dieu que mes faultes efface.

¶ De Clouis tiers de ce nom
seiziesme Roy de france.

¶ Entre Clouis et Hildebert freres/enfans
dudit Theodoric fut faict partage Par lequel
le Royaulme de france demoura audit Clo-
uis/et fut couronne lan six cẽs quatre vingts
quatorze Il regna iusques en lan six cens qua
tre vingts dixhuit qui sont quatre ans seule-
mẽt/et mourut en aage puerille sans iamais
auoir eu cognoissance de fẽme/durãt son regne Pepin Heristel qui estoit maistre du palais de france tenoit tout le pays Dausstra-
sie/et auoit son espouse Plectrude deux filz/
Druon qui fust duc de Champaigne/et Gry-
moal/aussi il eust vng aultre filz dune Concubine nõmee Alpayde qui fut appelle Char
les tutides/cest adire Martel/et fust pere de
Pepin le Brief : ouquel cõmenca la seconde
generation des roys de france : comme nous

verrons ci apres Je nay peu trouuer par escript
ne scauoir ou fut enterre ledit Roy Clouis.
Sensuyt son Epitaphe.

℧ Epitaphe dudit Clouis le tiers.

℧ Si moy regnant ne filz euure virille
Digne dhonneur mon aage puerille
Men empescha/ mais soubz mon nom Royal
Pepin le gros qui fut prince loyal
Plain de vertuz et de puissance exquise
Vanquit Rasbot duc et prince de frize/

Et feit frizons de leur loy diuertir/
Et a la foy de Jhesus conuertir/
Puis ie Clouis qui fuz de ce nom tiers
Quāt ie eu regne par quatre ans tous entiers
En lan six cens quatre vingts dixhuit
La fiere mort qui toutes gens destruit/
Me rua ius par sort seditieux/
Priez a dieu quil me soit gratieux.

℃ De Hildebert dixseptiesme
Roy de France.

℃ Par ce que ledit Clouis deceda sans enfās
son frere Hildebert fut couronne Roy de frā
ce lan six cens quatrevingts dixhuit/et regna
dixhuit ans/z iusques en lan sept censquinze
quil deceda a luy sur viuans Dagobert dit
Clouis et Lotaire ses enfans/durant son re
gne et vers la fin diceluy Pepin heristel mai
stre du palais/et duc Daustrasie alla de vie
a trespas z feit son heretier on royaume Dau
strasie Son filz bastard Charles tutides cest
a dire martel p ce quil se cōgnoissoit trop plus
vertueux que celuy qui par la loy luy deuoit
succeder. Sensuit lepitaphe dudit Hildebert

℃ Epitaphe dudit Hildebert.

C Louange nest seulement en Victoires
Ne/es honneurs du monde transitoires/
Car plusieurs sont es armes Vertueux
Lesquelz sont trop Vers dieu deffectueux/
Si ie le dy/mon dire ne me nuyt/
Car ie qui ay des ans bien dixhuyt
Regne sur france en puissance non fiere
Apres Clouis tiers de ce nom mon frere
Humble ie fuz/aymable et courtoys
fort craignant dieu/bien observant ses loix
Mais onc ne fuz en guerre ne bataille/

Onc ne baillay/ne frappay coup/ne taille
Le manyment de la chose publicque
Et bien cõmun/aussi de la punicque
Eurent soubz moy les maistres du palais
Onc ne meffis a clercs/prebstres/ne laiz/
Si de moy donc Hildebert on raisonne
Dictes ce fut vne simple personne
Qui bien ne mal ne feit durant son temps
En vous priant touteffoiz sans contemps
Que priez dieu pour la mienne pauure ame
Dont le corps gist a Lancy soubz la lame
Qui la fut mis par mes propres enfans
Lan sept cens quinze en honneurs triũphãs.

℃De Dagobert second de ce nom aultre
ment dit Clouis xViij. Roy de france.

℃Apres le trespas du roy Hildebert son filz
aisne nõme Dagobert selon la plus cõmúne
oppiniõ(autres lappellẽt Clouis)fut le xViij.
Roy de frãce /ɔ gouuerne par Plectruɗe Vef=
ue de Pepin Heristel/ɔ Theodoal filz de son
filz qui lors estoit maistre du palais de france
Touteffoiz par ce que Theodoal fut tirãt eɔ
cruel les princes de france le chasserent/ɔ mi=
rent en son lieu Renfroy q̃ auoit occis le cruel
Ebroyn.Pẽdant leq̃l temps ladicte Plectru=
ɗe tenoit prisonnier a Coulõgne sur le Rhin
Charles martel/q̃ y fut iusq̃s Vng peu dauãt
le decesdudit Dagobert. Lequel alla deVie a

trespas apres quil eut regne quatre ans lan de
noſtre ſalut Sept cens dixneuf/ɛ fut enterre
pres de ſon pere en labbaye de Lãcy a luy ſur
uiuans deux enfans/Theodoric/ɛ Chitderic
Leſquelz par ce quil eſtoiĕt fort ieunes furĕt
mis en ỹng monaſtere de Mounains poᷓ eſtre
inſtruictz. Senſuyt ſon Epitaphe.
℩Epitaphe dudit Dagobert.

℩Apres la mort de mon pere Hildebert
Je que lon nomme en commun Dagobert
Eu des francois la couronne treſdigne/

L

Où ne monstray par faict/ par dict/ne signe
Quon deust de moy dire chose louable/
Deux maistres ie eu par fortune muable
Theodoal/et apres luy Renfroy
Dont il aduinst en france grant effroy/
Et guerre grant entre ses deux maieurs/
Mais a la fin par les superieurs
Theodoal filz du filz de Pepin
fut exille/Puis ie Vins a ma fin
Et dure mort me Vinst par terre abatre/
Quant ie eu regne des ans enuiron quatre
Lan que sept cens dixneuf on comptoit
Au lieu fuz mis/ou mon feu pere estoit.

¶ De Clotaire quatriesme de ce nom
dixneufuiesme Roy de France.

¶ Combien q̃ ledit Dagobert secõd de ce nom
eust (cõe dict est) deux filz/touteffoiz au moien
de leur trop grãt ieunesse/ou põ² aultre cause
q̃ ie nay peu trouuer p escript. Les barõs ⁊ sei
gneurs de Normãdie p la cõduicte de Rẽfroy
maistre du palais feirẽt Roy Bng nõme Da
niel quõ disoit estre prebstre/duql̃ nay peu sca
uoir la generacion/⁊ le nõmerẽt Hilperic. Et
Boyãt Charles martel q̃ lors cõmãcoit a triũ
pher en Victoires et estoit soustenu de tout le
pays de Austrasie q̃ le Royaume de frãce nap
partenoit audit Daniel ou Hilperic/len chas
sa⁊ mist hors nõ obstãt la puissance de Eudo

duc Dacquitaine/dudl ledit Daniel estoit
alye et se retira a luy.Et en son lieu Charles
martel feit regner Clotaire le quatriesme de
ce nom frere dudit Dagobert le second qui re
gna deux ans/et fut le dixneufuiesme Roy de
france/il alla de vie a trespas Lan sept cens
vingt et deux sans hoirs procreez de sa chair/et
fut mis a Lancy pres de son pere et son frere.
Sensuyt son Epitaphe.

⁋ Epitaphe dudit Clotaire
quatriesme de ce nom.

Les Epitaphes.

Clotaire suis de ce beau nom le quart
Qui lors quon mist Hilperic,a lesquart
Charles martel de france me feit Roy
Ou ie regnay deux ans soubz son arroy
Non que de moy ieusse aucune puissance
Mais de ce nom iauois la ioissance
De par luy seul/Et quant fuz decede
Lest Hilperic remist on lieu cedde/
Je ny feiz rien/seulement seruois de Umbre/
Priez a dieu que de eternel encombre
Deuille garder ma pauure ame immortelle/
Quãt a mon corps/lors quil eut la mort telle
Que Uous aurez/on le mist a Lancy
En lan sept cens Uingt et deux tout transy.

¶ De Hilperic q̃ auparauãt estoit nõme
Daniel Uingtiesme Roy de france.

¶ Apres q̃ Clotaire le quart fut decede Char
les martel enuoia querir en Gascongne Hil,
peric aultremẽt nõme Daniel/ɫ en oubliant
les enfans de Dagobert(ausquelz le royaul,
me de frãce appartenoit)feit bailler la couron
ne audit Hilperic ou Daniel/q̃ regna soubz
lauctorite dudit Charles martel deux ans ou
enuiron/ɫ iusq̃s en lan sept cens Uingt et six/
quil alla de Uie a trespas sans enfans/et fust
son corps enterre en la maistresse eglise de la
Uille de Noyon.

Sensuyt son Epitaphe.

¶ De moy seft bien ioue dame fortune
Qui est tousiours au feuble et au fort Vne
Car de moy prebsstre elle feit Vng hault Roy/
Puis Vng captif par merueilleusderroy.
¶ Apres la mort de Dagobert second
On me feit Roy par Vng conseil fecond
Sur les francois/qui est peuple sans fiel/
Mon nom estoit en ce temps Daniel
Mais par eulx fuz Hilperic appelle.
¶ Deux ans apres fuz du regne expelle
Par Vng fort duc nome Charles martel

L iii

Le Epitaphes

Prince de france (onc nen fut soubz mars tel)
Qui surrogea Clotaire en mon degre
Ou par deux ans il fut oultre mon gre/
¶ Apres sa mort vers ce duc me humilie
Et tellement en sa grace me lye
Quil me remist en mon siege royal/
Ou par deux ans regnay comme loyal
Sans faire rien qui ne me fust precis/
Puis trespassay lan sept cens vingt et six
Et a Noyon mon noble corps on porte
Priez a dieu que lame es cieulx transporte.

¶ De Theodoric deuxiesme de ce nom
xxi. Roy de france.

¶ Lan de nře salut sept cēs vingt et six selon
la cronique de Sigibert (ꝗ a mon iugemēt est
la plus veritable quāt au calcul (ꝛ cōputation
des tēps) Aps le trespas de Hilperic dit Daniel Charles martel (soubz la puissance ꝛ auctorite duquel le royaulme de frāce estoit gou
uerne (ꝛ cōduit) feit courōner Roy Theodoric
filz aisne du roy Dagobert derrier de ce nom
auquel appartenoit le Royaume. Et regna
quinze ans et iusquesen lan sept cens quaran
te et vng quil alla de vie a trespas et fut enter
re a sainct Denis. Pendāt lequel regne ledit
Charles Martel feit plusieurs beaux faictz
Darmes.   Sensuyt lepitaphe dudit
Theodoric deuxiesme de ce nom.

Theodoric suis de Dagobert filz
Second du nom/qui en rien ne meffiz/
Et toutesffoiz par vng grant vitupere
Apres la mort de Dagobert mon pere
Par les francois ie fuz desherite
De sa royalle et noble auctorite/
Et en mon lieu Daniel ordonnerent
Qui estoit prebstre / Hilperic le nommerent/
Mais peu de temps en ce Regne regna/
Charles martel bien tost len esloigna/
Et en son lieu mist mon oncle Clotaire

R. iiii

Les Epitaphes.

Qui peu dura/car mort luy fut contraire/
Puis Hilperic fut on regne remis
Et quant la mort leut soubz la terre mis
Charles martel retournant au lignage
De Dagobert(non obstãt mon ieune aage)
Me establist roy/et regnay par quinze ans
Durans lesquelz il feit des faictz tresgrans/
Car il conquist plusieurs terres Despaigne
Semblablement vne part de Alemaigne
Aussi Bourgongne/Acquitaine/ꝗ Prouence
Et desconfit en sa forte iuuence
Bien pres de Tours les mauldictz sarrazins
Dont les francois leurs congneuzꝗ voisins
Mirent a mort trois cẽs quatre vingts mille
Et cinq au bout/puis toute leur famille
De ces paiens fut en Poictou deffaicte/
Par ce moien en france paix fut faicte
Et demouray des gaules Roy paisible
Par le moien de Charles le terrible/
Qui pour ses faictz fut surnõme martel
Puis atropos de son glayue mortel/
Me vinst frapper et me priua de vie
Priez que es cieulx soit mon ame rauie/
A sainct Denis fuz mis on moys de Juin
Lan du salut sept cens quarante et vng.

⸿ De Childeric tiers de ce nom vingt
deuziesme Roy de france et dernier de
la premiere generacion.

¶ Childeric troisiesme de ce nom fut estably
Roy des francois par le duc Charles martel
apres le trespas de Theodoric son frere lan de
nostre salut sept cens quarãte et vng selon la
dicte cronique de Sigibert. Duquel an ledit
Charles martel alla de vie a trespas/et fut sõ
corps honnorablement enseuely en labbaye
sainct Denis en france. Et combien quil ne
fut Roy et nen souluft iamais prendre le tiltre et nom/touteffoiz il feit quatre Roys a son
plaisir cõme nous auons veu/et fuft son effi-
gie ensleuee sur sa tumbe portant couronne et
ceptre cõme vng Roy il laissa trois enfans.
Pepin le brief qui fut maistre du palais et eut
le gouuernement du roy Childeric/le second
fut Carloman/et le tiers Griffon. Lan neuf
uiesme du regne dudit Childeric il fut depo-
se de son auctorite royal par les princes de frã
ce et ledit Pepin le brief fut courône roy en son
lieu. Duquel Childeric prinst fin la premiere generacion des roys de france en ligne ma-
sculine/et cõmenca la generacion seconde des
ditz Roys oudit Pepin Lequel estoit aussi de
scendu a cause de feme de ladicte premiere generacion comme nous verrons cy apres. Sen
suyt lepitaphe dudit Childeric.

¶ Epitaphe dudit Childeric.

CNous qui verrez la tumbe et sepulture
De Childeric le tiers/ou la paincture/
Recogitez que neuf ans ie fuz Roy
Sur les francois/lesquelz par mon derroy
Et par ce aussi que puissance nauoys
Mais seulement de umbre ie leur seruoys
Par le conseil du pape zacharie
Me mirent hors de telle seigneurie
Et fuz fait moyne en vie fort monastere/
Ou ie finay mes iours envie austere/
Puis en mon lieu du palais le maieur

Pepin le brief par son ample et large eur
Et ses vertuz fut pour Roy ordonne
Qui luy valut plus que nest or donne.
¶ Dont vinst ce sort : si nō par nonchalance
Et pour ne amer(plus q̃ fait vng chat)lance/
Reallement puis quatre vingts huyt ans
Pour trop complaire aux appetiz plaisans
De volupte/mes predecesseurs Roys
A leurs maieurs ont soubmis leurs arroys
Et ont laisse pour a plaisir entendre
La charge,et faix dauoubzer et reprendre
Ausditz maieurs/Parquoy finablement
Ont retire voire totallement
Entre leurs mains la couronne francoise/
Et esloigne par puissance courtoise
Le propre sang du sexe masculin
De Pharamond/et prins le feminin
Car le derrier ie suis du viril sexe
¶ Et ce Pepin par qui de regner cesse
Est descendu de Blitilde la saincte
Qui fille fut de Clotaire sans faincte/
filz de Clouis premier Roy crestien
Et de Anselbert venu du sang troien
¶ Or a dure la propagacion
De Pharamond sans alteracion
De masle en masle en pouoir oportun
Des ans trois cens par dessus trente et vng
Et audroit poinct de lan sept cens cinquante

De ihesucrist/que fortune picquante
ya mis fin changeant mon ceptre et togue
Auec vng froc et ayre dure (r rogue
Je seruiray pour clousture de baye/
Priez a dieu que de moy pitie aye.

℧ De Pepin le brief. xxiii. Roy de france
et premier de la generacion seconde.

℧ Combien que noz historiographes ayent
escript que es Roys de france ya eu troys di=
uerses generacions. Il se doit entendre par la
deduction de leurs croniques en ligne mascu=
line. Car a cause des femes voire des hommes
a bien le prendre/ la generacion de la premiere
tige q̄ nous cōmancons a Pharamōd dure (r a
este cōtinuee iusques a frācois premier de ce
nom a p̄sent Roy de frāce. Et pour lentēdre/
p̄mieremēt celle de Pepin/ car de la tierce no'
parlerons en son lieu/fault entendre que Ble
tilde fille du roy Clotaire premier de ce nom q̄
estoit filz de clouisp̄mier roy xp̄ien fut mariee
auec anselbert senateur de rōme (Tritemius
le nōme Ambert surnōme Nycanor) r de leur
mariage vidrēt.trois filz r vne fille/sauoir est
Arnoul le p̄mier feriol q̄ fust euesq̄ du Trect
et sainct en paradis. Moderic q̄ fut euesque de
Arisid ou sō corps repose La fille fut tarsitha
Vierge r tenue po⁻ saincte a resnes ou son corps
repose/dudit arnoulvinst arnoul le secōd/dud

Arnoul le second vinst arnoul le tiers qui vi=
uoit du temps de Clotaire le second. Dudit
Arnoul le tiers vindrent trois filz / sauoir est
Ansigisus / ou Anchises qui succeda a son pe=
re / feudulphus q̃ eut vng filz nõme Martin
leq̃l fut occis tradicieusemẽt p le tirãt Ebro=
yn / durãt le regne de Theodoric premier de ce
nom / du tẽps dudit Arnulphe le tiers viuoit
Pepin de landen: filz Larlomen descẽdu des
sycãbriens p antique generacion cõe a escript
maistre Jehan lemaire en son tiers volume / ɀ
tiers traicte des illustrations des gaules. Le
quel Pepin de landen eut de sa fẽme Icte (qui
aps son trespas fut reputee saincte) vng filz ɀ
deux filles / le filz fut nõme Grimoald q̃ fust
prince ɀ maistre du palais du tẽps de Clouis
le secõd. Lune des filles fut nõmee Gertrud
qui fut abbesse de Ṅpuelle et reputee saincte
en paradis. Lautre nõmee Begga fut mariee
auec led Anchises filz dicelup Arnoul le tiers
Et de leur mariage vinst vng filz nõme Pe=
pin heristel qui fut aussi maistre du palais de
france / ɀ duc de Austrasie. Et du mariage de
lup ɀ de Plectrude vindrẽt deux enfãs Dru=
on qui fut comte de Chãpaigne / ɀ Grimoald
qui fut aussi maistre du palais de france. Et
dune cõcubine nõmee Alpaide il eut le preux
et vaillãt Charles martel. Leq̃l eut deux fẽ=

mes/de la premiere il eut Larloman/et ledit
Pepin le brief/et de la seconde Griffon. Ledit
Charles martel donna audit Lzaloman pour sa
portion hereditaire toute austriche la basse quon
dit maintenant lothric/brabant/souaue/alemai
gne/et thuringe. Et audit Pepin le brief ql feit
maistre du palais donna bourgogne/neustrie/
et Acquitaine. Au regart de Griffon fut passe
soubz silece. Touteffoiz depuis et apres q̃ ledit
Lzarloman eut laisse le monde et se fut redu re-
ligieux/ledit Pepin donna audit Griffon douze
comtez. Tritemi a escript en ses annalles de
france quant il parle de Clotaire le secod q̃ ledit
Anselbert mary de lad Blectilde fille de Clotaire le pmier/fut filz du duc sigebert/leql Si
gebert vinst du duc Priam Led Priam du duc
heribert/led heribert du duc Leonce/led ledre
du duc Merouee/led merouee du duc diocles/
led Diocles du duc Sunon/led sunon du duc
Genebauld/led genebauld du duc dagobert/
Ledit Dagobert fut frere de Marcomire qui
regnoit sur les francois en germanie/et fut oc
cis par les Romains lan de nostre salut trois
cens quatre vingts et treze come il a este dit cy
dessus en la genealogie du roy Pharamond q̃
est aussi venu dudict Marcomire/et lesquelz
Marcomire et dagobert estoiet enfas de Clogio xxxix. roy des fracois regnas en germanie

Or appert donc cletement commant ledit Pe
pin le brief est descendu de la premiere genera
cion des Roys francois. Lequel Pepin estât
maistre du palais durant le regne dudit Chil
deric gouuerna tresbien le Royualme p neuf
ans. Et les princes et barôs de france voyâs
la pusilanimite de leurs Roys/lesquelz puis
quatre vingts huyt ans auoient regne soubz
la puissance et auctorite des maistres du Pa
lais enuoieret vers le pape zacharie deux am
bassadeurs/sauoir est(côme tesmoigne Anno
nius) Richart euesque de Vvisibourg cite ca
pitalle de franconie qui est oultre et pardela
le Rhin/et fubrad archichapellain domesticq
dudit Pepin / Il est escript en la cronicque de
Gaguin que ledit Richart estoit euesque de
Bourges/mais il est a croire que led Gaguin
ne lentendit iamais / et que lerreur est procedee des imprimeurs qui ont mis Bituricêsis
en lieu de Vuiburgêsis. Lesditz deux ambassadeurs parlerent au pape zacharie et luy de-
manderent de par les princes z barôs de fran
ce Leql de leurs prices estoit le plus necessaire Stile z proffitable pour regner/ou celuy qui
auoit tiltre de roy et ne faisoit aucun proffit a
la chose publicque mais viuoit a son plaisir
sans prendre aucun labeur / Ou celuy qui
iour et nuyt traueilloit pour le bien commun

soubz lauctorite dung pufillanime. Le pape
zacharie feit responfe quil valloit beaucoup
mieulx que celuy fuft Roy qui bien fcauoit ⁊
vouloit gouuerner laborieufemēt et fongneu
femēt le Royaulme/et finablemēt aps auoir
veu par infozmacions fecretes le gouuernement dudit Childeric et celuy de Pepin man
da aux princes de france quilz deuoiēt ofter la
couronne a Childeric et la bailler a Pepin Le
quilz feirent lan fept cens cinquante. Et par
ce fut comme dit eft Childeric deppofe de fon
auctozite Royalle et mis en vng eftroict monaftere. Et ledit Pepin fuft ozdonne le xxiij.
Roy de france/et le premier de fa generacion.
Et quant il euft eureufement regne dixhuyt
ans alla de vie a trefpas Lan de noftre falut
Sept cens foixante et huit/a luy fur viuans
trois enfans Czarloman/ Charles furnōme
le grant/⁊ Berthe qui fut mariee auec Milon
compte du Mans pere et mere du hardy Che
ualier et per de france Rolland. Le corps dudit Pepin fut ēterre en leglife de labbaye fait
Denis en france. Senfuyt fon Epitaphe

℀ Epitaphe dudit Pepin le Brief.

℣ Le premier suis de ma posterite
Qui des francois au regne ay herite
Pepin nomme de petite stature/
Et grât de cueur plain de toute droicture
℣ En Childeric trosiesme de ce nom
faillit le sang comme on dit et renom
De Pharamond et haulx sicambriens/
Anticquement descenduz des Troiens
Mais le lygnage au long bien entendu
Charles martel mon pere descendu
En est Jadis en la ligne septiesme/

M

Le Epitaphes.

Car Anselbert (lequel si iay bon esme
Vinst autreffoiz des sycambriens bas)
Pour abolir tous discors et debas
Auec Blitilde il se voulut lier
Qui fille estoit de Clotaire premier
deulx vist arnulphe(t de arnulphe vng arnoul
De cest Arnoul/ vng Arnoul au long coul
Homme tressainct/et tel on le renomme
Qui eut vng filz que Anchises checu nomme
Lequel son cueur sur Bega tant pousa
fille a Pepin que a la fin lespousa/
Dont vinst vng filz dit Pepin heristel
Qui pere fut audit Charles martel
Leql conquist soubz quatre roys francois
Tout le pays des antiques Gaulois
Duc fut des ducz/tousjou esprest a cobatre
Il ne fut roy/mais il feit des roys quatre
Lestassauoir Lothaire/et Hilperic/
Theodoric/et aussi Childeric/
Et quant neuf ans Childeric eust regne
Il fut priue de son regne/et mene
En vng conuent/ou depuis deceda/
Luy deppose son regne on me cedda
Par le conseil du pape zacharie
Parce que lors le nom et larmoirie
Des roys frācois de rien ne leur seruoit/
Car le maieur du palais tout faisoit
Dz comencay regner tout en comun

Lan de ihesus sept cens cinquante ꝯ vng
℮ Le pape Estienne infeste des lombars
Remis au siege auec picques et dars
En quoy faisant Aistulphe subiugay/
Et cela fait men retournay tout gay/
Maistre et seigneur de toutes les Italles
Que ie conquis par victoires fatalles
℮ Puis ie rendy la terre et le domanie
Quon auoit prins sur leglise Romanie/
Et de nouueau ien feiz don a leglise/
Cest assauoir de Rome et sa pourprise
Rauenne aussi/Boulongne/ꝯ Arymyne
fayence/Anconne/ou le pape domine
fane et Imolle/Vrbin/et Senogalle
forlif/ferrare/et Naples la regalle/
Semblablemēt de la belle et riche isle
De la sardaigne/et celle de Cecille.
℮ Tantost apres par guerre assez longtaine/
Contre gueffier conquis toute acquitaine/
Et les saxons par prudente maniere
Rendiz subgectz/et le duc de Bauiere/
Lequel me feit de son duche homage/
℮ Je prins plaisir a tollir le dommage
Que pusieurs Roys fasoiēt lors aux eglises
Les remectant toutes en leurs franchises
Je feiz aussi refformer (non sans picque)
Les chants et meurs de leglise galicque.
℮ Et lan sept cens/auec soixante et huyt/

Les Epitaphes.

Quant ie eu regne plain deloz et bon bruyt
Dixhuit ans/laissay les royaulx nyce/
Et mon corps mort fut mis a sainct Denis/
Priez a dieu que iustice se accorde
En me iugeant auec misericorde.

℃ De Charles le grant autrement dit
Charlemaigne.xxiiii.Roy de frãce em
pereur de rõme τ monarque des gaules.

℃ Lan que le roy Pepin deceda qui fut d̄ nr̄e
salut Sept cens soixante et huit/Charles/et
Ꝓarloman partirẽt le royaulme d̄ leur pere/
Charles eut la courõne τ royaume de france
auec le pays Dacquitaine/et fut couronne a
Noyon/Ꝓarlomã eut toute Austrasie bour-
gongne/Soaue et ce quilz auoiẽt en Alemaigne quil garda trois ans seulemẽt/car oudict
temps ledit Ꝓarloman deceda cõme aussi fei
rent ses enfãs peu de tẽps apres/et par ce fut
ledit Charles monarque de toutes les gaules
ou il regna quarante sept ans. Lan.xxxiiii.de
son regne fut courõne empeur docidẽt qui fut
lan de nr̄e salut huit cens τ deux τ tinst lẽpire
treze ans ou enuiron τ iusq̃s a son deces τ tres
pas qui fut lan huit cẽs quinze. Il eut quatre
femmes espouses/la premiere fut fille du roy
des lõbars nõme Didier quil reppudia incõ-
tinant apres p ce quelle estoit infidele/De la
secõde nommee Hildegarde fille dun duc de

Souaue en alemaigne il eut trois filz/Char
les/Pepin/(z Loys/et autant de filles sauoir
est Theodore/Hertrude/(z Rocharde. De la
tierce espouse nomee ȝastarde fille du comte
Raoul/il eut deux filles/berthe/(z Gise/de la
quatriesme espouse nomee Emthgarde neut
aucūs enfans/(z fut enterree a sainct Martin
de tours. Aȝs toutes ces fēmes il eut a diuer-
seffoiȝ trois cōcubines/lune nomee Gersonde
de laqͥlle il eut vne fille nomee Abbatrix/la se
cōde Regie/de laqͥlle il eut deux filȝ 8ȝc gues/
et Hue/et la tierce Adalinde de laqͥlle il eust
vng filz nōme Thierry. Sigibert tesmoigne
en sa cronicȝ quil eut dūe de ses cōcubines vng
bastard nōme pepin leqͥl a la reqͥste daucūs ba
rōs de frāce en absence de sondit pere feit vne
cōspiracion cōtre luy. Au moien dequoy ledit
Charles (qui fut surnōme grāt ou magne selon le langage ditalie) le feit moyne/(z les con
ducteurs de la cōspiracton feit griefuemēt pu
gnir. Lan.xxxviii. de son regne feit sacrer roys
ses deux filȝ Loys (z Pepin en la cite de rōme/
et leur dōna sauoir est audit Pepin le Royau
me de Italie/(z audit Loys le royaume Dac-
quitaine/duqͥl ledit loys iopssoit lōg tēps par
auāt (cōe iay escript es annalles Dacqͥtaine)
Au regard de Charles son filz aisne luy gardoit lēpire (z le royaume de frāce. Certain tēps

M iiij

aps led Pepin alla de vie a tres pas z laissa a vng
filz nõme Bernard q fut son heritier z Roy de
Italie/z lan aps led Charles filz aisne dudit
empeur Charlemaigne alla aussi de vie a tres
pas dõt il fut fort desplaisãt. Et lan de son aa=
ge soixãte douze/de son regne.xlvij.de son em=
pire.xiij.alla de vie a tres pas q fut en lan de nře
salut huit cẽs et quinze / a luy sur viuãs ledit
Loys son filz vnicque / et Bernard filz de son
filz Pepin. Son corps fut enterre a Aix la cha
pelle/et depuis a este canonize.

C Sensuyt lepitaphe dudit Charlemaigne.

24 ROY

¶ Charles ie suis dit legrãt pour mes faictz
Filz de Pepin/qui crimes et messaiz
Chassay de france ou regnay(cõme on scet)
Triumphãment des ans quarante et sept
¶ Quatorze foiz saxons se rebellerent
Encontre moy/dont les guerres durerent
Trente et trois ans/et par diuerses tailles
Je les deffiz par douze grans batailles/
Et les soubmis apres mainte tuerie
Triumphãment dessoubz ma seigneurie/
¶ Le duc Hunault qui demprise longtaine/
Auoit surpris sur mon regne acquitaine
Je subiugay luy faisant prendre fuyte
En lombardie/auec toute sa suycte/
Et retiray mon pays et ma terre
Sans que depuys aucun my ait fait guerre/
¶ Le roy Didier qui par grant vitupere
Auoit surprins ce que Pepin mon pere
Donna Jadis au siege apostolicque
Je guerroiay par guerre mortificque
Et les lombars sur lesquelz il regnoit/
Voire fiz tant que ce que retenoit/
Le roy tirant et trescruel satrappe
Remis es mains de Adrian le bon pape/
    Et la mis fin au regne des lombars
Jadis venu de gens darmes espars
Qui ne dura que deux cens et quatre ans/
Dont ie chassay Didier et ses enfans
                          M   iiii

Pour leurs abuz et tresgrosse follie/
Puis fiz mon filz Pepin roy de Italie
Du bon vouloir du peuple et de leglise/
Lequel Pepin soubz moy conquist Menize.
¶ Cest Adrian voiant mon bon secours
Tresgrant recueil me feit faire en ses cours
Et fut par luy ma puissance esleuee
Par ce que auois leglise releuee/
Car on concille assemble pour laffaire
fut ordonne quon ne pourroit plus faire
Sans moy de pape/et de leslire/droit
Me fut donne par tous en cest endroit.
¶ Semblablement le droit de inuestiture
Me fut donne dessus la prelature
Qui est dauoir agreables euesques
En mes pays/aussi les arceuesques/
Sans que lon puisse en ce digne degre
y mectre aucun oultre (z contre mon gre/
¶ Depuis Leon en son siege remis
Contre le gre de tous ses ennemys/
Lesquelz lauoient sans vser de mercy
Priue des yeulx et de la langue aussi/
Quil recouura depuis diuinement
Car il parla/et veit tout clerement
Puis se tira vers moy ce bon pasteur
Pour de son mal estre le correcteur/
A ce moyen prins mon chemin vers Romme
Et quant ie eu mis on siege ce sainct homme/

Les delinquans qui estoient tous Romains
Je feiz pugnir de cas casinhumains
Qui fut en lan de Jesucrist huit cens
Deux ans apres les Romains par bon sens
Leur empereur sur eulx me instituerent
Et par les mains de Leon couronnerent/
℃ Treze ans ou plus tins le Romain empire
Dont fut la loy du faulx mahumet pire/
Car ie conquis Espaigne toute necte
Et en gectay toute infidelle secte
℃ Semblablement conquis les Mauriens
Les huns Dongrie/et les sardaniens/
Sclaues aussi/et multes leurs voisins
Lequelz estoiens payens et sarrasins/
Et si leur fiz la loy de Jhesus prendre
Comme aux saxons sans eu'x pouoir defendre
℃ Par bien long temps tins les dannois en crainte
Et les Bretons mis soubz moy p contraincte/
Et brief tant fiz que toutes nations
Doubtans auoir de moy vexacions
Voulurent bien auoir mon aliance
Par grans presens et dons en deffiance
℃ Je fuz eureux en guerres et assaulx
Fors vne foiz passant par Ronceuaulx/
Ou sarrasins par la tradicion
De ganelon feirent emotion
Secretement/et par faulse surprise
Dessus mes gens/dont partie fut mise

Les Epitaphes

A dure mort, voire mes nobles pere
Gens treshardiz, et en armes expers
Furent occis par faulte de secours/
Dont me vengeay plus soudain que le cours.

Je fuz piteulx liberal charitable
Voulant tousiours estre a tous proffitable.

Je fuz instruict es sept ars liberaulx
Et fort amay les escripuans morault.

Je sceule grec le latin/ et francois
L'italien/ lespergnol et langlois/
Semblablement la langue theutonicque.

Ja fuz songneulx de la chose publicque
Et deporter le faiz de gens pusilles
En lieulx diuers feiz faire cinq concilles
C'est assauoir a Magonce/ Chaslons/
Reins/ Arle/ tours/ sans tenir pourchas loge

Je instituay premierement en france
Les douze pers pour tollir toute oultrance

Aucteur ie fuz de luniuersi e
Mectre a Paris/ et si fuz excite
De faire escripre au iust come vng orloge
Les faictz des saincts/ quon nome martiloge

Je edifiay vingt et quatre monstiers/
Et ordonnay quon feist en tous quartiers/
Justice et droit au pauure come au riche/
Dor et dargent onques ie ne fuz chiche
Je eu le corps grant/ et fuz hardi/ et fort
agu desprit comprenant sans effort

Et tant amay la loy du bon Jhesus/
Que apres ma mort ma mis es cieulx lassus
Lan huit cens quinze en Januier rendy lame
Et fut mon corps mis a Aix soubz la lame.

℄ De Loys pmier de ce nom surnôme de
bonaire.xxv.roy de frâce/monarch des gau
les z second empeur de la ntation francoise
℄ Incôtinât aps le trespas deCharlemaigne
qui fut côe dit est en lan huit cês quinze Loys
son filz vnicque fut courône Roy de france et
empereur. De sa pmiere fême nômee Emen
garde il eut trois filz Lothaire/Pepin/z loys/
De sa secôde fême nômee Judich/il eut vng
aultre filz nôme Charles J. fut monarque de
toutes les gaules et regna vingt et six ans en
y côprenât lânee de son couronnemêt z lânee
de son trespas qui fut lan de nre salut huit cês
quarâte/selon la meilleure côputation/et fut
enterre en la ville et Cite de Mectz en leglise
saict Arnoul/z laissa Lothaire/Loys/z Char
les ses enfans/z au regard dud Pepin il mou
rut auant luy/et fut enterre en leglise saincte
Radegôde de Poictiers/côe a escript Bernar
dus guidonis en sa cronich. Pepin/zCharles
enfans dudit Pepin ne succederêt audit Roy
Loys leur ayeul/car on les feit moynes.
Sensuyt lepitaphe dicelup roy Loys.
℄ Epitaphe dudit roy Loys debonaire

Comme vertuz resplendissent en vie
De gens dhonneur/ aussi causent enuie
Es cueurs peruers/ie Roys debonaire
A tous les Roys en seray lexemplaire/
Car non obstant que fusse liberal
Doulx et begnin sans faire a aultruy mal/
Et que ie fusse en tous mes faictz paisible
Aucuns prelatz par emprise taisible
(Par ce que auoie leurs estatz dissoluz
Fait reformer) furent tous resoluz
De me priuer de lordre militaire

Et feirent tant auec mes filz Lothaire
Pepin/Loys/que iamois si tresfort
Que prisonnier me prindrent par effort
Judich ma femme/et Charles nostre filz/
Dont a peu pres de douleur me deffiz/
¶ Puis aCompiegne oultre les loix escriptes/
Les traditeurs sacerdaulx ypochrites
Sãs q aucun crime enuers eulx me accusast
Et sãsouyr aulcun qui me excusast
Par leur decret de regner me priuerent/
Et les habitz dung moyne me baillerent/
Que ie portay sans departir dun lieu
Patiemment pour lhonneur du hault Dieu
¶ Mais peu dura ceste mescongnoissance
Car le bon dieu si donna congnoissance
A mes subgectz du mal que auoient commis
Par lesquelz fuz en mon regne remis
Six moys apres quon men auoit priue
A quoy ne fut par mes filz estriue/
Qui ce groz mal et ceste grant offense
Auoient cõmis non par malice intense
Mais au pourchaz desditz prelatz peruers
Dont abatu iauois les maulx diuers/
¶ Trop follement helas me scongneurent
Les foulz prelatz lesquelz ne recongneurent/
Que auparauant iauois par bonne guise
Si fort a creuz les tresors de leglise.
¶ Premierement quant aux fundacions

Les Epitaphes

De leurs monſtiers/et grans dotations
Car vingt et ſix on pays Dacquitaine
Ien reparay de ediffice et dõmaine/
Tout leur ſeruice eſtanslors en deſordze
Ie procuray faire mectre en bon ordze/
Et leurs mõſtiers trop pauurem̃t rentez
furent par moy de rentes augmentez/
Bzief tout mon cueur eſtoit de ſouſtenir/
Les gens deglise et les entretenir/
Seb̃lablem̃et mõ peuple τ mes ſubgectz
Sãsquon y peuſt trouuer aucũsobgectz
Touſiourſfuz preſt dẽ mes treſozsd̃õner
Encozes plus aux pecheurs pardonner.
¶ En deux aſſaulx ie vainqui les gaſcõs
Et ſurmõtay les rebelles Bzetons/
Puis ie enuoiay mon armee en affricque
Qui ſubiuga les Aphzes a la picque/
Et lozs que ie eu regne vingt et ſix ans
Sur les francois/Romains/et Alemans
Tenu mon regne et le Romain empire
En lan huit cens quarante lame expire
De ceſtuy cozps/lequel pcur derrier metz
fut par les miens mis ſoubz la terre a Metz/
A ſainct Arnoul pzes ma mere Hidegarde
Lame eſt on ciel en bonne et ſeure garde.

¶ De Charles ſecond de ce nom ſur-
nõme le Chaulue vingt ſixieſme roy
de france/et empereur.

¶Combien que le Royaulme de fance z lem
pire du feu roy Loys de bonaire deuſſent eſtre
partis et diuiſez egallement entre Lothaire/
Loys/Charles/et les deux enfans de Pepin
qui eſtoient enfans diceluy feu Roy Loys de
bonaire. Ce neaumoins leſ Lothaire ſempa:
ra du tout/Aumoien dequoy leſditz freres/et
nepueuz eurent de grans diuiſions z guerres
et le iour de Laſcēſion noſtre ſeigñr aȳne iour
nee par eulx aſſignee au lieu de Fontenay on
pays de Laucerroys y eut ſi grant tuerie z oc
ciſion de gens dune part z dautre que toute la
force de france en fut ſi treſfort diminuee que
les Dannois q̃ depuis ont eſte appellez Nor:
mans en furēt preſque les maiſtres.Et deux
ans apres leſditz freres feirent ȳng traicte de
paix a Verdun/Par leqͤl Charles prinſt tout
le pays des gaules depuis la mer britānicque
iuſques a la riuiere de Meuze en retournant
aux mons Pirennees/tous leſquelz pays ont
depuis eſte appellez la france occidentalle.
Loys eut la france orientalle depuis ladicte
riuiere de Meuze iuſques a la riuiere du Rhin
qui lors eſtoit nommee Auſtraſie auec certai:
nes Citez et ſeigneuries qui eſtoient en Ger:
manie oultre le Rhin/et lothaire eut le royau
me de Italie et lempire. Et par ce fut ledit
Charles appelle Roy de france/ledit Loys

duc de bauieres/ᴉ ledit lothaire empeur. Led
Charles regna en france trente quatre ans a
cõmancer son regne quatre ansaps le trespas
de sondit pere/ledit Loys fut duc debauieres
trente trois ans/ et Lotaire empereur quinze
ans/au regard de Pepin/ᴉ Charles filz dudit
feu Pepin qui estoit roy Dacquitaine. Ledit
roy charles les feit moynes ᴉ suppriua le roy̕
aume Dacquitaine/et en lieu dũg roy y mist
Sng duc cõme iay amplemẽt escript es annal
les Dacquitaine. Ledit lothaire lan quinzies̕
me de son empire entra en religionᴉ bailla ses
terres a ses deux enfans Loys / et Lothaire.
Loys qui estoit laisne eut lempire/ᴉ Lotaire
les autres terres pardela la riuiere de Meuze
dont il feit Sne duche quil nõma Loraine de
sõ nom lotaire Led lotaire certain peu de tẽps
aps alla de Sie a trespas cõme aussi feit Loys
son frere qui estoit empeur sans enfãs en lan
huit cens soixãteᴉ seize. Et aceste cause ledit
Charlesle chaulue fut empeur enuiron deux
ans ᴉ iusques a son deces qui fut lan huit cẽs
soixante dixhuit a Mantue ainsi quil retour̕
noit de Rõme/et fut son corps enterre a sainct
Anthoine de Lyon. Annonius a escript que ce
fut en leglise sainctEusebe de Berselle. Quoy
quil en soit sept ans apres son corps fut trans̕
late en labbaye sainct Denis en france par re

uelation diuine/Il eut trois filz Carlon/char
les/et Loys/il feit creuer a Carlon les yeulx
pour son mauluaiz gouuernement/Charles
mourut auant luy/et par ce ne demoura que
Loys/qui fut Roy de france et surnõme le be
gue/il y auoit aussi vne fille nommee Judich
qui fut mariee auec Adolasus roy Dägleter
re. Apres la mort duquel ainsi quelle sen vou
loit retourner en fräce fut prinse et rauye par
vng groz seigneur nomme Bauldoyn q estoit
fourestier de la fourest Cherbõniere. Pour le
quel rauissemt ledit Bauldoyn seust enu des
enfans de Loys duc de bauieres fut excõmu
nie par les euesques/et depuis par le conseil
des princes ledit Bauldoyn prinst en maria
ge ladicte Judich/et luy fut dõnee lad fourest
Cherbõniere/dont depuis a este faicte la com
te de flandres. Ledit Loys duc de Bauieres
frere dudit Charles le chaulue mourut vng
an auant ledit Charles/et laissa deux enfans
Charles/et loys. Ledit Charles fut empeur
apres le trespas dudit Charles le chaulue son
oncle/et dud Charles empeur est venu Hue
capet/ouquel cõmãce la tierce generacion des
Roys de france comme nous verrons cy aps
Sensuit lepitaphe diceluy charles le chaulue.

⁋ Epitaphe dudit Charles
    le Chaulue.

                                                    M

26 ROY

Aux couuoiteux odieuse est pitie
Et a leur sang nont aucune amitie
Je le scay bien/car Loys de bonaire
Auant sa mort par loy testamentaire/
Son sainct empire a Lotaire donna/
Et a Loys germanie ordonna
A moy q̃ suis nõme Charles le chaulue
Tout le pays de Neustrie me saulue/
Oultre voulut que ieusse la couronne
Sur les francois qui de vertuz fleronne
Ce non obstant apres le sien deces

Mes deux germains prindrent tout par exces
Surquoy se meut si grant contention
Que france en fut presque a perdicion/
Car en trois ostz par nous mis sur la terre
En lausseroys y eut si forte guerre/
Et tant de gens furent illec occis
De toutes pars de sens tresmal racis/
Quon nauoit veu iamais si grant tuerie/
Dont france fut de gensdarmes tarie
Si fort que apres ne se peut pas defendre/
Des fors Danoys qui la vindret surprendre
Et touteffoiz ie qui nauois vain cueur
Je demouray sur mes freres vainqueur
Et des francois fuz roy sans plus debatre
Oultre leur gre des ans bien trente et quatre
Es deux derriers ie tins le sainct empire
Mais vne gent de toutes aultres pire
Nommez dannois qui estoient sarrasins/
De la grant mer germanicque voisins
feirent des maulx et oultrages en france/
Dont mes pays furent tous en souffrance.
℃ Par quelquefoiz ie fuz victorieux
Qui peu seruoit/car ces gens furieux
Venoient sur nous par motions secretes/
Et noz citez rendoient comme desertes.
℃ Les fors Bretons qui fasoiet leurs escutz
De telz effors furent par moy vaincuz
Et en tournant par lytalic chempyn

N ij

Les Epitaphes.

Je trespassay de poison et venin/
En quoy ie fuz par vng iuifz seduyt
En lan huit cens soixante et dixhuyt
Et demoura pour vng temps a verselles
Mõ pauure corps plain de vers sur des celles
Sept ans apres a sainct Denis fut mis
Par vng miracle aupres des mes amys
Priez a dieu que lame veuille absouldre
Du pauure roy/dõt le corps gist/ en pouldre.

℄ De Loys le begue vingt septiesme
Roy de france.

℄ Loys surnõme le Begue(par ce quil auoit
la langue courte)vnicque filz t heritier dudit
roy Charles le Chaulue/ fut le vingt septies
me roy de france apres son pere/mais il ne fut
empereur/ce fut Charles filz de Loys duc de
Bauieres son cousin germain/combien que le
pape Iehan huitiesme qui vinst en france luy
bailla le thiare de lempire a vng cõcille ql tinst
a Troyes en champaigne. Ledit Loys regna
deux ans seulement et trespassa Lan huit cẽs
quatre vingts:il laissa deux enfãs illegitimes
Loys/et carlon/t laissa son espouse Richeult
enceincte dung filz q depuis fut nõme Charles le simple. Le corps dud roy Loys fut enter
re en labbaye saicte Cornilhe de Compiegne
fondee de nostre dame. Sensuyt son epitaphe.

℄ Epitaphe dudit Loys le Begue.

27   ROY

¶ Les faictz seront petitement ouys
De moy qui suis nomme le roy Loys
Le begue dict dautant que mal parlay/
Car par deux ans seulement ie regnay
Durans lesquelz les francois mes subgectz
Des fors Normãs feirẽt deux grãs regrectz
Et a deux foiz Vnze mille en tuerent
Mais neautmoins tousiours se habituerent
En mes pays/ou feirent du dommage
Puis a la mort paiay le droit de hommage
Lan du salut huit cens et quatre Vingts

N   iij

Les Epitaphes

Deux ans apres que a la couronne vins
Et a Compiegne a dieu ie rendy lame
Mon corps fut mis au monstier nostre dame
Dudit Compiegne/ou il gist a lenuers/
Priez pour moy quant vous serrez ces vers.

¶ De Carlon le bastard vingt
huitiesme Roy de france.

¶ Par ce que Richeult vesue de feu Loys le
Begue demoura enceincte il y eut grosse diui
sion entre les princes de frãce. Car aucuns di
ceulx vouloient bailler le royaume a Loys et
Carlon enfans illegitimes et bastars dudit
feu/et les aultres a Boson comte de Prouen‑
ce/et les aultres le vouloient vnir au Royau
me de germanie et le bailler a Charles empe‑
reur. Et ce pẽdant ladicte Richeult vesue du
dit Loys le Begue acoucha et deliura dung
beau filz nomme Charles auquel le Royaul‑
me appartenoit/mais par ce q̃l estoit trop ieu‑
ne. Lesditz Carlon/et Loys bastars vsurpe‑
rent ledit Royaulme et regneterent/ sauoir est
ledit Loys quatre ans/et ledit Carlon cinq
ans qui est vng an apres ledit Loys. Lequel
Carlon eut le nom de Roy p̃ce quil estoit laif
ne et alla de vie a trespas lan huit cens quatre
vingts cinq a luy surviuant vng filz nomme
Loys. Sensuit son Epitaphe.

¶ Epitaphe dudit Carlon.

28 ROY

Loys mon frere et moy Carlon nomme
fils de Loys le begue surnomme
Si ses enfans legitimes ne fusmes
Ce non obstant sa couronne receusmes
Par la pluspart des princes francigenes
Et fusmes Roys/et alienigenes
Combien que fust lespouse a nostre pere
Grosse dung filz ou ny eut Vitupere/
Qui fut depuis Charles simple appelle
Et comme Roy des francois rappelle/
Cinq ans regnay/quatre ans auec mon frere

P iiij

Et vng an seul par fortune prospere
℃ Durãt ce temps par mon frere et par moy
furent normans mis en tresgrant esmoy/
Car a deux foiz en furent bien deffaiz
Pres de dix mil/qui furent treshaulx faiz/
Et lan huit cens quatre vingts cinq/lesprit
A dieu rendy/mais on ne treuue escript
Ou est le corps/cest au lieu de Sermaise
Priez a dieu que mon esprit soit aise.

℃ De Loys troisiesme de ce nom
vingt neufuiesme Roy de france
surnomme fait neant

℃ Loys filz dudit Carlon eut la couronne de
france apres son pere/toutesfoiz neut lentiere
administratiõ du Royaume par ce quil estoit
pusillanime et obeissoit du tout a sa volupte/
mais en eut le gouuernement lẽpereur Char
les qui se y acquita tresbien. Et lan cinquies
me du regne dudit Loys qui fut lan huit cens
quatrevingts et six/ledit Loys surnõme fait
neãt pour sa laschete/fut priue du royaume a
la raison de ce quil auoit retire par seduction
quelque religieuse dung monastere et abuse di
celle. Peu de temps apres alla devie a trespas

℃ Epitaphe dudit Loys fait neant.

29 ROY

℣ Loys ie suis fait neant surnomme
Tiers de ce nom/en france mal nomme
Par ce que moy des francois estant Roy
Chose ne fiz ou il ny eust derroy/
℣ Cinq ans regnay/et par ce que ie pris
Vne Nounain Bierge dexcellent priz
En vng monstier que lon appelle chelles
Ou selon dieu Biuoient plusieurs pucelles
Et que espousay celle religieuse/
Oultre son gre par force furieuse
Lesditz francois dauec eulx me chasserent

Et de couronne et ceptre me priuerent
Comme lubric et homme incontinent/
Dont ie mouruz de deul incontinent
Loing de louange et remply de reproche
Lan qui huit cens quatre vingt dix approche/
Je vous pry tous que a dieu vous suppliez
Que mes pechez soient par luy oubliez.

℄De Odo premier de ce nom
trentiesme Roy de france.

℄Ombien que le Royaume de france appar
tinst iustemēt a Charles le simple filz du roy
Loys le Begue comme nous auons veu cy
dessus. Touteffoiz aumoien de ce quil nauoit
encores que dix ans lors que ledit Loys faict
neāt deceda. Odo filz de Robert comte Dangiers par la deliberation des princes de france sempa dudit Royaume cōme administreur
dudit Charles le simple/ et fut couronne par
Gaultier arceuesque de Sens. Puis tinst le
dit Royaume p neuf ans ꝗ demy ou enuiron.
Pendant leꝗl tēps et lan quatriesme de son re
gne ledit Charles le simple fut sacre ꝗ courone a Reins lan neuf cēs/ledit Odo alla de vie
a trespas ꝗ p son testamēt declaira ꝗl ne pretēdoit aucun droit ne tiltre on royaulme de fran
ce mais appartenoit audit Charles le simple:
et defendit a ses enfās ꝗlz ne sempeschassent en
la ioissance diceluy Et est a noter ꝗ en lan ꝗ le

dit Odo fut fait roy Arnoul filz de Carlon q̃
eſtoit filz de Loys roy de germanie fut empereur (τ regna.xij.ans. Et aps luy ſon filz loys
fut empeur p dix ans/ouq̃l Loys la lignee en
ligne de maſculine de Charlemaigne ceſſa de
dominer ſur les romains τ pdit lēpire. pquoy
ne fut lēpire entre les mains des frācois que
cēt dix ans ou euiron. Depuis aps pluſieurs
mutatiōs a eſte trāſporte es Saxds/τ es Alemās deſcēduz des frācois a cauſe des femes.
℣ Senſuyt lepitaphe dudit Roy Odo.

Les Epitaphes

Quoy que lon die en prouerbe commun/
Que vng pecheur est autãt prise comme vng
Qui est tout bon/ie scay bien le contraire
Car mes vertuz sceurent tresbien attraire
Les bons francois a me faire leur Roy
Quant leur pays fut mis en desarroy
Par les Dannoys/actandans que lenfant
Du roy loys le begue triumphant
Qui lors nauoit que dix ans /fust en aage
De dominer sur si noble lignage
Neuf ans et plus regnay eureusement
Car ie vainquy tresuertueusement
Lesditz Dannoys et toute leur sequelle
En deux assaulx par vertuz dieu scet quelle/
Et me mis hors de plusieurs grans dangiers
Mon pere fut Robert comte Dangiers
Jadis venu du pays saxonique/
Qui fut occis en la guerre dãicque/
Quant Charles fut en bon aage et bon sens
Je trespassay lan du salut neuf cens/
Si en regnant iay commis quelque faulte
Priez lecteurs la mageste treshaulte
Que a moy Odo tous mes pechez remecte/
Et que mon ame en sa grant gloire mecte.

¶ De Charles surnõme le simple tiers de
ce nom et.xxxi. Roy de france.

¶ Lan de nre salut neuf cẽs Charles surnõme le simple/aumoiẽ de sa doulce⁊ benignite

cõmenca regner seul en france aps plusieurs
calamitez ꝛ miseres quil supporta en sa ieunes
se/ꝛ encores depuis tãt au moien des guerres
des Dannoys que de lẽnuy que luy feit Ro=
bert comte de Paris frere dud roy Odo qui di
soit le Royaume a luy appartenir par le deces
de sondit frere. Ledit charles estoit marie auec
Algine fille du Roy dãgleterre de laquelle il
eut vng filz nõme Loys/ꝛ vne fille nommee
Gile q̇ſ maria auec Rolo prince des dannoys
par le traicte de paix quil feit auec luy/ꝛ en fa
ueur dudit mariage leur dõna Neustrie q̇ les
Rollo feit depuis appeller Normandie. Cer=
tain tẽps apres en vne bataille q̇ fut entre led
roy Charles/et ledit Robert comte de Paris
iceluy Robert fut occie/ꝛ laissa vng filz deluy
Et de la seur de Herbert cõte de Vermedoys
nõme Hugues. Certain tẽps apres ainsi q̇ le
dit roy Charles passoit par Peronne ledit her
bert comte de Vermedoys q̇ en son cueur desi
roit veger la mort de son beaufrere/pria le roy
aller loger on chasteau dudit lieu poꝛ luy fai=
re vng festin/ aquoy le roy saccoꝛda . Et quãt
il fut ondit chasteau en lieu de le festiuer ledit
Herbert le feit mectre en dure ꝛ cruelle pꝛison
ou le tinst pꝛisõnier deux ans ou enuiron/ꝛ ius
ques a ce q̇ ledit roy Charles y mourut en lan
neuf cẽs vingt ꝛ six/ꝛ lan.xx viij.de son regne

et fut enterre en leglise saict furcin de ladicte
Bille de Peronne. Et au regard de son espouse
Algine se retira en angleterre auec Loys leur
filz qui estoit fort ieune.

Sensuit lepitaphe dudit Charles le simple.

¶ Combien soudains muables et diuers
Sont les honneurs de ce monde Bniuers/
Je lescay bien car fortune Bertible
A moy qui suis filz de Roy fut terrible/
Car non obstant que le ceptre royal
Fust tout a moy qui me eust este loyal

Comme vray filz du roy Loys le begue
Sans q̃ au côtraire aulcun tiltre on allegue/
Loys aussi Carlon ses deux bastars
Si feirent tant par vng tas de sotars
Que contre moy pupille et vray postume
Contre venans a la loy et coustume
Desditz francois/mon regne ilz vsurperent/
Et par cinq ans faulsement loccuperent/
Autant le tinst Loys deulx descendu/
Odo dix ans/puis il me fust rendu/
Et moy regnant la fureur oultrageuse
Des fiers Danoys rendy toute amoureuse
Par vng accord que auec leur duc ie fiz
Nomme Rollo/ouquel ie me deffiz
De la Neustrie appellee Normandie/
Et a la foy de Jhesus les dedie/
En quoy faisant le duc Rollo espouse
Giles ma fille/et deslors se repouse
Ediffiant eglises et monstiers
Lesquelz auoit destuictz en maints cartiers
Et touchant moy quant fuz de luy deliure
Je faiz la guerre et la bataille liure
A vng Robert de Odo frere germain
Qui me vouloit priuer côme inhumain
De mon dict ceptre et antic heritage/
Ou fut occis a son desauantage.
℃ Deux ans apres vng que ie ne demandois
Herbert nomme/comte de Vermandois

Qui frere estoit a la femme Robert
Vng tour me feit de faulse amour couuert
Car en faignant par faulse trahison
De me vouloir traicter en sa maison
Ainsi que doit vng subgect son roy faire
Ousa par trop encontre moy mesfaire/
Car non obstant regne ceptre et couronne
Me emprisonna on chasteau de Peronne/
Ou deceday depuis en grant langueur
℃Vingt et sept ans ie regnay sans rigueur/
Et mes subgectz tractay si doulcement
Quon me appella par tout vulgairement
Charles le simple apres fut mis mon corps
A sainct furcin/Dieu soit misericors
A ma pauure ame en maniere que ie oye
Les doulx accords de leternelle ioye/
Ce fut en lan neuf cens quatre vingts six
Que sur mon corps on a ce marbre assis.

℃De Raoul.xxxij.Roy de France.

℃Aps le trespas dudit Charles le simple en
absence de Loys son filz (que sa mere Algine
auoit emene en Angleterre auec elle luy estat
en laage de vnze a douze ans) Raoul filz de Ri
chart duc de Bourgongne vsurpa la couronne
de france et fut le.xxxij. Roy par la conduicte
de Hugues le grant comte de Paris/et dudit
Herbert comte de Vermadoys/il ne vesquit
q̃ deux ans et mourut dune maladie merueil

leuse cest quil fut mange de cyrons son corps
repose en leglise saincte columbe de Sens/ou
il fut mis lan neuf cens vingt et huit.

　　C Sensuit lepitaphe dudit Roul.

C Ie Roul gray filz de Richart de Bourgõgne
Deux ans fuz Roy de frãce qui quen grõgne
Mais ie vsurpay ce regne et ceste terre
Dessus Loys/qui lors en Angleterre
Estoit fouy par ce quen vitupere
Le comte Herbert tenoit Charles son pere
En ses prisons/ou il mourut martir
　　　　　　　　　　　　D i

En lan neuf cents vingt et huit departir
Il me conuinst de ce monde peruers/
Mon corps a Sens gist en pouldre et en vers
En ung monstier nomme saincte Columbe/
Priez pour lame en regardant ma tumbe.

De Loys quatriesme de ce nom
trente troisiesme Roy de france.

Apres le trespas dudit roy Roul/ Hugues
le grãt côte de Paris q̃ lors auoit la pꝛincipalle
auctorite en frãce ⁊ aucũs aultres pꝛinces en
uoierẽt vers madame Algine en Angleterre/
a ce quelle enuoiast son filz Loys en frãce poꝛ
recepuoir la courône ⁊ le ceptre de son feu pere
Charles le simple. Le q̃lle feit alasseurãce de
larceuesque de Sens q̃ fut lambassadeur. Et
fut ledit Loys quatriesme de ce nom courône
le.xxxiii. Roy de frãce/ou il regna vingt ⁊ sept
ans ou enuiron/ il fut pꝛinspꝛisõnier a Rouen
p̃ le duc de Normãdie/ dõt il fut desiure moiẽ
nant ce q̃l bailla pour houstage son filz Carlo
man leq̃l y mourut/ il eut deux aultres enfãs
de son espouse Geberge fille de lẽpereur Othõ
pmier de ce nom/ cest assauoir/ lothaire/ ⁊ char
les/ ledit lothaire fut roy apꝭ luy/ ⁊ ledit char
les duc de lorraine/ il eut aussi vng bastard nõ
me Arnoul q̃ fut arceuesque de Reins. Ledit
Roy loys alla de vie a trespas lan neuf cens
cinquante et cinq. Son corps repose en leglise

saict Remy de Reins. Il y a erreur en la croni
que de Gaguin/ou il est côtenu ꝗ raoul pcedẽt
Roy/regna.xij.ans/(⁊ led Loys.xxbij.ans/ et ꝗ
led Loys deceda oud an neuf cẽs.lb.ꝗ ne se po-
roit accorder/mais fault dire ꝗ li pmieur a erre / car en lieu de deux ans a mis douze pce ꝗ a
la berite led Raoul ne regna ꝗ deux ans. Cest
bne faulte dõt on en beoit tãt de sẽblables es
histoires ꝗ souuẽt les lecteurs sen trouuẽt cõ-
fuz/nõ seullemẽt es histoires des Roys ⁊ prin
ces/mais des apoulstres ⁊ disciples/qui est ad
uenu p lerreᶻ des escripuds Sẽsuit lepitapbe

Les Epitaphes.

¶ Si l'on scauoit les grans amaritudes
Peine/ soucy/ trauaux/ solicitudes
Que sont côtraincts auoir les roys môdains
Pour les honneurs de ce monde soudains
Ilz ne tendroient a couronne ne ceptre
Mieulx il Vauldroit vng simple bergier estre
Checun le Veoit/ et ie le congnois bien/
Car ie Loys quart du nom/ pour vng bien
Par moy receu Jay eu mille tristesses/
Premierement en pleurs et grans destresses
Lors que mon pere a peronne fut pris
Ma mere (et moy doubtans estre sur pris
Secretement par mer nous retirasmes
En angleterre / ou trois ans demourasmes/
Ma mere estoit fille au Roy dudit lieu
Nommee Algine/ et quant au treshault dieu
Charles mon pere estât vray roy sans blame
Eut es prisons (luy mort) rendu son ame
Aucuns francois du regne me priuerent
Et sotement a Roul sile baillerent
Qui par deux ans le tinst/ puis deceda/
A ceste cause a ma mere on manda
Quelle me fist en france retourner/
Pour de mon regne et couronne a tourner/
Ce qui fut fait/ et des ans vingt et sept
Sur les francois iay regne comme on scet/
Le comte Herbert par iuste droit fiz pêdre
Qui mondit pere auoit bien ouse prendre/

Son prisonnier/combien quil fust Vassal
Et son subgect/dont en fin luy prinst mal.
¶ Depuis fiz guerre aux Normans sans ppos
Qui me greua/car par fatal dispos
Leur prisonnier ilz me constituerent/
Et par priere apres me deliurerent
Le moiennant quilz eurent pour houstage
Mon filz Carlon/qui fut vng gros dommage
Car il mourut depuis entre leurs mains.
¶ Hugues le grãt plusieurs tours ihumais
Me pourchassa enuieux de mon regne/
Et lors que ie eu tenu la bride et renne/
Vingt et sept ans des francois comme Roy
fiere a tropos me vinst mectre a derroy
Et lan neuf cens cinquante cinq sans doubte
Je trepassay de fieure et non de goutte/
Mon corps fut mis a Reins a sainct Remy
Priez a dieu que a lame soyt amy.

¶ De Lothaire trente quatriesme
Roy de france.

¶ Apres le deces dudit Loys quatriesme de
ce nom Lothaire son filz aisne fut couronne
Roy de france oudit an neuf cens cinquante
et cinq en leglise de Reins es Jdes de nouẽbre
Et regna trente et vng an assez eureusement/
Puis alla de vie a trespas en ladicte ville de

                                    D iij

Reins Lan neuf cens quatre vingts six / Et
fut enterre en leglise sainct Remy dudit lieu
a luy sur viuãt son seul filz nõme Loys q̃ fut
Roy apres luy. Au cõmancemẽt de son regne
Hugues le grant comte de Paris qui gouuer
noit tout en france alla de vie a trespas / et fut
enterre en leglise sainct denys a Paris / il lais
sa trois enfans de son espouse Aygonde seur
de lempereur Othon premier de ce nom. Cest
assauoir / Hue capet qui fut Roy de france cõ
me nous verrons / Othon qui fut duc de bour
gongne / ⁊ Henry qui succeda a ladicte duchse
de Bourgongne apres le trespas de sondit fre
re othon. Et au regard de Charles frere puis
ne dudit Roy Lothaire il fut duc de Lorraine
et seit sa principalle demourãce a Bruxelles /
Il se appliqua plus a choses basses que a faiz
magnanimes / aumoien dequoy fut peu exti
me des princes dẽ frãce / dõt mal luy en prinst
ainsi que nous verrons cy apres. Sensuyt le
pitaphe dudit Roy Lothaire.

ℭEpitaphe dudit Lothaire.

¶ Si pour amer les nobles et gensdarmes
Si pour ne craindre assaulx et fortes armes/
Ung prince doit auoir gloire et honneur
Lothaire suis qui nauray deshonneur/
Car non obstant que apres la mort mon pere/
Loys le quart/aucuns par vitupere
Lesquelz estoient mes subgectz et vassaulx
Feissent sur moy sacarmes et assault
Et mesmement le comte de Paris
Et ses consors de charite taris/
Le non obstant suffocquay leur oultrance
                                    D·iiij

Et mis en paix tout mon pays de france/
Ou ie regnay des ans bien trente et vng
Tresbien ame de mon peuple commun/
   Je retiray le pays dauftrasie
Que lempereur Othon auoit faiste
Et le mis hors a sa tresgrande perte
Dempres Paris ou tenoit guerre ouuerte/
Puis trespassay lan du salut neuf cens
Quatre vingts six/mon corps priue des sens
A sainct Remy fut mis en labbaye/
Lame ne soit dauant dieu esbaye.

    ℃ De Loys cinquiesme de ce nom
    trente cinquiesme Roy de france.

℃ Ledit lothaire laissa son filz Loys vnique
v. de ce nom/q fut roy aps luy et le. xxxv. (en
laage de dixsept a dixhuit ans fut sacre en les
glise de Reins/ (aps auoir regne. xviij. moys
ou enuiron alla de vie a trespas sans hoirs p̄
creez de sa chair(fut enterre en labbaye sainct
Cornille de Compiegne/ce fut le derrier roy de
la lignee de Charlemaigne en ligne masculine. Aucūs histories ont escript q par son testamēt ordōna le royaume de france estre baille a
Hue capet o ce q̄ l espousast Blāche sa besue.
Bernardus guidonis a escript le cōtraire et q̄
ladicte Blāche son espouse luy feit bailler la
poison de laquelle il morut/ vous en croirez ce
quil vo' plaira. Sensuit lepitaphe dud Loys.

CLoys ie suis cinquiesme de ce nom
Roy des francois dont pauure est le renom
Dixhuit moys ie regnay seulement
Moy ieune estant/et fuz finablement
A sainct Cornilhe en sepulture mis
Cest a Compiegne aupres de mes amys/
Lan du salut neuf cens et quatre vingts
Auecques sept retournant dont ie vins.
COng oncle ie eu qui Charles nomme fut
Qui me voulut succeder/mais ne peut
Hugues capet le mist en ses prisons

Ou il mourut en grandes mesprisons/
Et les derniers fusmes du hault lignage/
Pouans tenir a tiltre de heritage
Le regne antique et noble heredite
Du roy Pepin et sa posterite/
Et lequel regne a dure deux cens ans
Et trente et huit en peres et enfans
Jusques a tant que lan neuf cens et huyt/
Sur quatre vingts/il fut ailleurs reduyt/
Cest en capet/ouquel le sang ne cesse
Dudit Pepin quant au femenin sexe/
Car filz estoit si bien y prenons garde
Daygonde nyepce a la belle Lyugarde
fille Darnoul de Carloman venu
Duquel Pepin estoit par le menu
Le triple ayeul/si sans faire mescompte
Tous les degrez lung aps lautre on compte.
¶ Si moy vivant ie nay aucun bien fait
Considerez que ie nay rien meffaict
Vous suppliant que cela vous prouocque
A prier dieu que es cieulx il me colloque.

   ¶ De Hugues surnõme Capet. xxxvi.
   Roy de france/et le premier de sa genera
cion quant au masculin sexe.

¶ Aps le deces du roy Loys cinqesme pce ql
ne laissa aucun enfant de sa chair le royaume
de frãce fut en qrelle. Car charles duc de Lor
raine oncle paternel dud feu Loys le ptẽdoit

côme plus pche heritier et p la loy et coustume
du pays luy apptenoit. Hugue capet côte de
paris duc et grât gouuerneur de frâce apuye/et
soustenu de la plus part des pinces et seignrs du
dit pays sen empara p foice et violêce/et disoit
led royaume luy apptenir p plusieurs raisôs
La pmiere q ledit Charles estoit incapable de
tenir royaume p ce ql nauoit sês ne cueut poz
ce faire/et quil estoit home pusilanime totalle
mêt dedie aux affaires piiuez. La seconde que
les pdecesseurs dud loys/sauoir est charles le
simple auoit vsurpe le royaume sur Odo q en
auoit este le.xxx.Roy/et q ledit Odo frere du
pere dud hugues capet estoit moit sans enfâs
et p ce estoit son plus pche heritier p la repsen-
tation de son pere La troisiesme ql estoit parêt
dud feu roy Loys:v.et descêdu de la ligne de pe
pin/q estoit vray en ligne masculine côe nous
verrôs cy aps.Et dauâtage disoit que p reue-
lacion diuine Robert le grât sô pere auoit sceu
q led royaume de frâce deuoit tûber en sa gnacion au moien de ce ql auoit fait retourner les
coips de saict Richer et sait euualerich en leur
eglise de Ponthieu/lesqlz coips saicts auoiêt
autreffoiz este trâspoitez de leurdicte eglise en
vne abbaye de la ville de sainct Omer durâs
lês guerres des dânoys. Toutes ces raisôs q
ne valloiêt pas la seule dudit Charles duc de

Lozraine donerēt coulez a ceulx q̃ souftenoiēt
duc de son pty sauoir est a lempeur othon/τduc
de Bourgõgne ses pchesparēs de le faire courõ
ner roy de frãce. En la ioissãce duq̃l royaume
les Charles duc de lozraine le Voulut empes̄
cher et dzoissa grosse armee q̃l menna en la Vil
le de Lan/ou il fut assiege p Hue capet τ p la
traysõ de Anselme euesque de lad cite de Lan
les charles sa fēme τ ses enfãs furēt prins et
enuoiez prisõniers a Ozleãs ou ilz furēt long
tēps en grãt misere/τcalamite. Pendãt lequel
tēps les charles eut deux filz τ Vne fille de sa
dicte espouse les filz nõmez Loys τ Charles
moururēt ieunes/τ sa fille nõmee Ermance
selon aucũs (Bernardus guidonis/τ maisstre
Jehan le maire la nõment Emãgarde) fut de
puis mariee auec Godessroy/τ de ceste genera
cion Vinst de puis le roy Loys. Viij de ce nom
filz de Philippes auguste. xlij roy de frãce cõe
nous Verrõs dieu aydãt cy aps. Et p ce que le
Poete dantes a escript q̃ ledit Hugues estoit
extraict de Boucheric/τ maisstre frãcoisVillon
aps luy calũpniateurs de la Vraye histoire de
frãce/τ aussi q̃ les Hugues capet p̃tēdoit tiltre
oud royaume de frãce cõe descēdu du roy pepin
est biē reqs den scauoir la descēse τ genealogie
et pour lentēdre no° repeterõs q̃ dudit roy Pe
pin/Charlemaigne roy τ empeur fut filz/du

dit Charlemaigne Loys de bõnaire . Lequel
Loys eut troys filz Charles le chaulue q̃ fut
roy de frāce Lotaire q̃ fut empeur/ Loys q̃ fut
duc de Bauieres ꝛ roy de Germanie/ dud loys
Bindꝛēt trois filz/ Loys/ charles/ ꝛ Carlomã:
ꝛ Bne fille nõmee Lyugarde. Led Carloman
eut Bng filz nõme Arnoul q̃ fut empeur/ dudit
carloman Binst Bng autre filz nõme Loys q̃
fut aussi empeur aps son pere. Lad fille Lyu
garde fut mariee auec Odo duc de saronie/ led
loys empeur filz dudit Arnoul neut q̃ deur fil
les Mehault/ ꝛ Plaisāce Desditz Odoꝛlyu
gardeBinst Hēry q̃ espousa lad Mehault fil:
le dudit empeur loys sa cousine germaine / et
Plaisance q̃ estoit latſnee fut mariee auec cou
rad leq̃l a cause dicelle Plaisance fut empeur
aps led loys son beaupere Et p ce q̃ lesditz cou
rad ꝛ sa fēme neurēt aucūs enfās ledit Hēry
mary de ladicte Mehault fut empeur aps le,
dit courad/ꝛ eut de sadicte fēme Plaisāce plu
sieurs enfās. Sauoir est Otho le ꝓmier q̃ fut
empeur/ Hēry q̃ eut plusieurs terres eŋ Ale,
maigne/ Bruton q̃ fut arceuesq̃ de coulõgne/
Geberge q̃ fuſt fēme de Loys le quart.xrxiii.
roy de frāce.Bne autre fille q̃ fut mariee auec
Bng duc Dacq̃taine cõe iay escript p mes an,
nales/ꝛ Aygõde q̃ fut mariee auec Huges le
grāt cõte de Paris pere ꝛ mere dud hugues ca

pet / q̃ fut ainsi surnõmé des son enfance / pce
q̃l se iouoit des capuciōs autremēt ditz chappe
rōs / dōt on ỹsoit en son tēps / ⁊ les oustoit aux
ieunes seig̃rs de son aage / ⁊ seblablemẽt aux
pages dhõneur. Les hugues capet ap̃s le tres
pas dudit Charles de Lorraine demoura roy
paisible / ⁊ regna sur les francois neuf ans ou
enuiron ⁊ iusq̃s en lan neuf cēs quatreẞingts
et seize / quil deceda a luy suruiuant sa ẞefue
fille du roy Dangleterre / et Roẞert leur filz
ẞnicque. Son corps repose en leglise de sainct
Denis en france.   Sensuit son Epitaphe

36 ROY

℄ Regne ny a qui par antiquite
Ne deperisse/ou par iniquite
De gent en gent soudainement ne passe/
Celuy le Beoit qui le temps bien compasse
℄ Opsiuete pour le dire a mot rond
Adnichilla le sang de Pharamond
Et duquel sang Bindrent Bingt et deux roys
Regnans en france en leurs royaulx arroys.
℄ Pepin apres regna par Bonne guise
Car il ama dieu sur tout/puis leglise
Et de son sang treze Roys il y eut
Sur les francoys/mais ce Beau regne cheut/
En moy qui suis Hugues capet nomme
Hardy Baillent/et sage renomme/
Jadis extraict Boire sans menterie/
De Royal sang/et non de Boucherie/
Quoy quen ay dit dantes le florentin.
℄ Premierement ie suis du roy Pepin
De par ma mere Aygonde descendu
Si le branchage au long est entendu
Car de Pepin fut Bray filz charlemaigne
Et charlemaigne a son retour Despaigne
Le roy loys deBonaire engendra.
℄ Ledit loys eut(qui bien ientendra)
Ung filz loys/lequel tinst germanie/
Et de luy Binst Bng filz (sans quon le nye)
Qui fut nomme Carloman/duquel Binst
Son filz Arnoul/qui lempire entretinst.

Ledit Arnoul si bien y prenons garde
Vne fille eut que lon nomme Lyugarde/
Qui mere fut a Henry lempereur
Lequel Henry par nature et par eur
fut le vray pere a Aygonde ma mere
Qui espousa Hugues le grant mon pere
filz de Robert qui mourut par oultrance
Et qui fut frere a Odo roy de france/
Lesquelz Robert et Odo enfans furent
Du bon Robert que les francois eleureut
Pour resister aux effors et dangiers
Des fiers dannoys/et fut comte Dangiers
Venu Jadis de noble progenie
Cest du vray sang des roys de Saxonie.
De la couronne aux francois souueraine
Je despouillay Charles duc de Lorraine/
Qui oncle estoit/et si eust succede
A son nepueu Loys lors decede/
Mourir le feiz et deux de ses enfans
En mes prisons de la tour Dorleans.
Couronne fuz en triumphe et gros bruyt
Lan de Jhesus neuf cens quatre vingts huit
Et si regnay neuf ans puis rendy lame/
A sainct Denis gist mon corps soubz la lame
Priez a dieu que pardon il me octroie/
Comme venu du noble sang de troye.

De Robert premier de ce nom
xxxvii. Roy de france.

C Robert premier de ce nom apres le trespas
dudit Hugues capet son pere fut le trente se=
ptiesme Roy de france paisible / ou il regna
eureusement ame de dieu et du peuple trente
et quatre ans. Lan quatriesme de son regne
Henry duc de Bourgongne alla de vie a tres
pas / et par ce quil nauoit aucuns enfans don
na par son testament ladicte duche de Bourgõ=
gne audit roy Robert lequel laccepta /ʒa ce til
tre en fut seigneurʒ possesseur. Il alla de vie a
trespas Lan mil et trente et fut son corps mis
en leglise sainct denis en frãce. Il eut deux fe=
mes / de la premiere nommee Constance fille
du comte Darle il eut cinq enfans. Hugues
Henry / Robert / Eudes / et Alison / lesditz hu
gues et Eudes moururent auant luy /Henry
fut Roy de france apres son trespas / et ledict
Robert duc de Bourgongne. Ladicte Alison
fut mariee auec Regnault côte de Nieuers cõ
me tesmoigne Annonius / touteffoiz en larbre
des Roys de france est côtenu quelle fut ma=
riee auec Bauldoyn comte de flandres ʒ que
de leur mariage vindrẽt Mathilde femme de
Guillaume qui conquist Normandie / Loys
et Robert qui furẽt comtes de flandres lung
apres lautre / mais ie croy que celuy qui a fait
nouuellement ledit arbre a equiuocque ʒ quil
cuidoit parler / De la generacion dAmaulry

P

auſſi filz dudit Roy Robert et de la côteſſe de
Noyon ſa ſeconde femme. Dont ſont venuz
les roys de Iheruſalem comme teſmoigne les
dit Annonius. Car ledit Amaulry eut deux
filz/ Symon/ et Amaulry/ Simon engendra
Amaulry de Montfort/ et Bertrande qui fut
comteſſe Daniou/ et Amaulry engendra Si
mon qui depuis fut comte de Montfort/ ⁊ vne
fille ꝗ fut comteſſe de Meulant. Ladicte Ber
trande comteſſe Daniou eut vng filz nomme
Foulques qui fut auſſi comte Daniou/ et de
puis Roy de Iheruſalem/ et de Foulques fu=
rent procreez Amaulry ⁊ Bauldoyn qui lung
apres lautre furent Roys de Iheruſalem/ et
auſſi Geoffroy qui fut comte Daniou/ et la
femme de Thierry comte de Flandres. Ledit
Geoffroy comte Daniou eut vng filz nõme
Henry qui fut Roy Dangleterre. Et de la
ſeur dudit Geoffroy ⁊ dudit Thierry ſon ma=
ry vindrent deux filz/ Phelipes comte de Flã=
dres/ et Mathieu comte de Boulongne/ et la
femme de Hugues de Boſay. Senſuit lepi=
tapße dudit Roy Robert.

⸿Epitapße dudit roy Robert.

ℭRobert ie suis de Hugues capet vray filz
Qui par mon eur bien peu de guerre fiz,
Mais applicquay mon sens et mon estude
A viure en paix/sans me monstrer trop rudde
A mes subgectz/ne les voulant greuer
Ains desirant tousiours les subleuer.
ℭCe que ie fiz par tresprudente guise
Par le moien de ce que amay leglise
Car plus ie fiz par les grans ozaisons
Des bons suppos des diuines maisons
Que nont aucus par grãt puissance darmes/

P ij

Ne pour auoir grant force de gensdarmes
¶ Trête quatre ans sur les francois regnay
Et grant honneur encores du regne ay/
Par ce que fuz deuot et equitable
Chaste/prudent/grant clerc/trescheritable
Et que Vouluz aux Vices resister/
Et de leglise au seruice assister
En quoy faisant il aduinst par miracle
Que de melun les murs et propugnacle
Esquelz mes gens auoient donne lassault
Soudainement tumberent par Vng sault
Lors que faisois le chappier a la messe
En Vne eglise/et quen saincte liesse
Ayant le cueur a dieu/ie comencoys/
Agnus dei/que tresbien prononcoys.
¶ Guerre me feit le comte de Neuers
Nomme landry qui par moiens paruers
Vouloit auoir la duche de bourgongne
Que me donna Henry/mais la besongne
Prinst bien tost fin/car landry subiugay
Et la duche contre luy ie gangnay
Je composay Vers ecclesiasticques
Prose/respons/et choses dulcificques/
Ou ie prenois souuent plus de plaisir
Que de obeyr a mon mondain desir.
¶ Plusieurs monstiers et eglises fiz faire
Que ie dotay/puis mort me Vinst deffaire
Lan du salut mil et trente a melun

Dont fort ploza tout le peuple commun.
¶ Pozte ie fuz on noble cymytiere
Des roys francoys dedans vne lictiere
A sainct Denys/Priez dieu que lespzit
Puisses veoir ceulx/desquelz iay tant escript.

¶ De Henry premier de ce nom
trente huitiesme Roy de france

¶ Henry filz aisne du Roy Robert fut Roy
apres luy/maistre Robert Gaguin a escript q̃
au commancemẽt de son regne il y fut empes
che par sa mere Constance qui vouloit que ro
bert son filz puisne le fust par la mienee du cõ4.
te de Champaigne ce qui nest a croire. Car se
lon la cronicque de Sigibert ladicte Constan
ce mozut Lan cinquiesme du regne dudit Ro
bert son mary/q selon la cronique de Annoni°
et Bernardus guidonis ledit Robert fut ma
rie en secondes nopces auec la cõtesse de Moy
on cõme il a este dit dessus: mais ie nen blcme
ledit Gaguin seql en tcute sa cronique a tcus
iours suyuy vng liure barbare et tcut cozrum
pu intitulle les grans croniques de france/et
na este curieux de senquerir de la verite auec
les antiques historicgraphes esquelz foy doit
estre adiouxtee. Quoy ql en soit ledit Henry
regna trẽte ans q mozut lan mil.lx. Il fut ma
rie deux foiz En premieres nopces il espousa
Mathilde niepce de lẽpereur Henry de laglle

P iij

il eut vne fille qui mourut au dedans lan/ τ la mere incõtinãt aps. En secõdes nopces espou sa Anne fille de Gaultier roy des Rhutenops de laqlle il eut trois filz/sauoir est Phelipes q̃ fut roy aps luy/Hugues appelle le grãt q̃ fut cõte de Vermandois/τ Robert q̃ mourt ieune enfant. Auãt q̃ mourir il feit couronner sondit filz Phelipes/et vng an aps fut malade de la maladie dont il deceda pendant laqlle feit son testamẽt τ par iceluy recõmãda son filz Pheli pes a Bauldoyn comte de flandres/τ luy en bailla la tutelle τ gouuernemẽt p ce q̃l nauoit lors q̃ huyt ou neuf ans. Sẽsuit son petiapho

¶ Epitaphe dudit Roy Henry.

¶ Le bon renom du roy Robert mon pere
Ma fait regner trente ans sans vitupere
Sur les francois/ou rien ie ne conquis
Bien sceu garder/ce quon mauoit acquis
Contre Robert mon frere sans vengence
Qui surprenoit sur mon regne et regence/
Et si taschoit a me faire mourir/
Apres ie allay guillaume secourir/
Dict le Bastard vray duc de Normandie
Ce non obstant affin que le tout die
Par faulx rappors apres le guerroiay
Deux foiz sans plus/ou trop me desroiay
Car ie perdy ces deux grosses batailles
Ou luy donner plusieurs gras coups z tailles.
¶ finablement Phelipes le mien filz
Auant ma mort a Reims couronner fiz/
Puis trespassay de la mort naturelle
Lan mil soixante en gloire temporelle/
A sainct Denis fut mis mon corps pourry
Priez pour moy qui nomme suis Henry.

¶ De Phelipes premier de ce nom
trente neufuiesme Roy de france.

Les Epitaphes.

¶ Phelipes premier de ce nom aps la mort de son pere Henry fut le .xxxix. Roy de frāce (τ regna quarāte (τ neuf ans / son regne cōmēca lan mil soixāte et prinst fin a son deces qui fut lan mil cent et neuf / et fut son corps mis a sainct Benoist sur Loyre. Led roy phelipes espousa en premires nopces Berthe fille du comte de Hollande et duc de frise / de laqlle il eut vng filz nomme Loys et vne fille nommee Constance qui fut mariee a Brunamont prince Dauthirche / depuis il repudia son espouse quoy quessoit labandonna pour vng temps (τ se abusa de la femme de foulques cōte Dan iou / et fille du comte de Montfort laquelle il entretinst par sept ans en adultere / (τ iusques a ce q par les censures du pape pascal deuxiesme il fut contrainct la laisser / (τ reprendre ladicte Berthe / il eut de ladicte femme du comte Daniou nommee Bertrande deux filz Phelipes et florry / et vne fille qui depuis fut mariee auec le comte de Triple. Ledit Roy Phelipes alla de vie a trespas a Melun lan de nostre salut mil cent et neuf / Et fut enterre en labbaye sainct Benoist sur Loyre. Sensuyt son Epitaphe.

¶ Epitaphe dudit Roy
Phelipes premier.

DEVM TIME

39　ROY

C Si ieune enfant nest selon lescripture
Digne dauoir sur aultruy prelature
Dautãt q̃ ung chief tãt peu dãs puisse auoir
Doit cẽt foiz p̃us q̃ ung aultre hõme sauoir
Le non obstant le roy henry mon pere
Moy ieune estant par fortune prospere
Qui suis nomme Phelipes le premier
Tant me Voulut luy Viuant premißer
Quil me feit Roy du francigene regne/
Duquel tresbien et soubz prudente renne
Ie presiday des ans quarante et neuf/

Et par argent ie conquis tout de neuf
Le bon pays de Berry/puis sans guerre
Des gastinois gangnay toute la terre/
Montlehery semblablement ie mis
Soubz mon pouoir maulgre mes ennemys/
⸿ Mais quelque teps q̃ Voulu; repos p̃dre
Et que laissay mon filz Loys entendre/
Au manyment de mon regne/et le faix
Luy eu baille des mes belliqueux faictz
Oysiuete qui toutes gens affolle/
Me feit amer Voire par amour folle
La Vraye espouse au bon comte Daniou/
Foulques/Richin/que ie tins soubz le iou
Sept ans ou plus/et ma loyalle espouse
Berthe nommee a toute ennuy ie expcuse/
Et si lexille et regecte de moy
Dont elle fut en trespiteux esmoy.
⸿ finablement le pape par censure
Paschal deuxiesme hors de ceste luxure
Me retira/Voire diuinement/
Et si reprins ma femme honnestement.
⸿ Durant mon regne aucũs princes d̃ frãce
Furent Venger la merueilleuse cultrance
Que sarrazins aux crestiens faisoient
Dultre la mer/lesquelz trop messaisoient
Au sainct sepulchre/et en la terre saincte
Dont lors suruinst en frãce tresgrãt plaincte
⸿ Puis les francois/Geoffroy de Bullion

Duc de Lorraine(apres ung milion
De gens occis de la payenne secte)
Laisserent la/lequel faix il accepte
Et par ce fut de Hierusalem Roy/
Ou il regna par long temps sans destroy
⸿ Et puis en lan que mil cět neuf on compte
Me preparay pour rendre a dieu mon compte
Voiant venir soudain mon derrier iour
Et a Melun mouruz en mon seiour/
Mon corps fut mis a sainct Benoist sur loyre
Priez a dieu que lame soit en gloire.

⸿ De Loys sixiesme de ce nom
surnomme le groz quarātiesme
Roy de france.

⸿ Cinq iours apres le trespas dudit roy Phe
lipes/ Loys son filz sixiesme đ ce nom fut cou
ronne le quarātiesme Roy de france on moys
Daoust lan de nostre salut mil cent neuf en
leglise saint Sanson dorleās/ ⁊ non a Reims
par ce quon disoit Larceuesque de leglise de
Reims estre intruz ⁊ nauoir tiltre canonique
oudit arceuesche. Ledit Loys fut appelle le
Groz/ par ce que a la verite il estoit grant et
groz de corps/ et fut prince de bonne foy/ Et

Les Epitaphes

cõme iay Veu par aucunes croniques ſouuent
ſe deſguiſoit et conuerſoit auec le cõmun peuple pour ſauoir commãt il Viuoit et eſtoit traic-
cte/Il eut de ſon eſpouſe Aliz ſix enfans. Phelipes quil feit couronner durant ſon Viuant/
mais il mourut Vng an apĩs ou enuiron dune
cheute de cheual en la Ville de Paris. Le ſecõd
fut Loys ſurnomme le Jeune ſeptieſme de ce
nom. Le tiers fut Pierre ſeigneur de Courte-
nay. Le quart Robert comte Deureux et du
perche. Le cinquieſme Hẽry eueſque de beauuaiz et le ſixieſme Phelipes archidiacre de Paris qui reffuſa leueſche pour la faire bailler a
maiſtre pierre lombart docteur en Theologie
de grant renommee qui a fait le liure des ſen-
tẽces. Apĩes que ſedit Loys le groz eut regne
Vingt et huyt ans alla de Vie a treſpas en Lan
de noſtre ſalut mil cent trente et ſept. Et fut
enterre en labbaye ſainct Denis en france
dauant le grãt aultier de la trinite pĩes Charles le ebaulue/Son eſpouſe Aliz repoſe en legliſe de Montmartre pĩes Paris. Senſuyt
ſon Epitaphe.

¶ Epitaphe dudit Roy Loys le groz.

¶ Moindre Vertuz nest de garder sa terre
Quen conquerir par argent ou par guerre/
Je ne te dy sans cause et sans raison:
Car ie Loys le groz/qui la maison
Tins des francois et tresgrant seigneurie
La preseruay de toute pillerie/
Vingt et huit ans iustice administrant
Selon le droit au petit comme au grant
Et les seigneurs qui ny Vouloient entendre
Obeissans a moy ie fiz bien rendre/
¶ Songneusement leglise ie garday/

Et des pillars ie la contregarday.
¶Je releuay de la taille commune
Et des impos mon peuple / et ma commune /
Et mieulx amay repos leur acquester
Que grans tresors et tetres conquester.
¶Je fuz contant du regne de mon pere
Lequel garday de guerre et impropere
Car ien chassay lempereur dict Henry
Tresuaillement / dont se trouua marry.
¶Semblablement a Henry dangleterre
Je eu par deux foiz grosse querelle et guerre /
Dont ne vouloit me faire hômage et foy /
De Normandie ainsi comme a son Roy
¶Mon filz aisne Phelipes ie fiz oindre
Roy des francois / mais cela ne peut ioindre
Car peu apres par cheute de cheual /
Il se tua / qui me feit tresgrant mal.
¶A ce moien fiz bailler la couronne
A son puisne / puis la mort me enuironne
Et non obstant que fusse grant et fort
Me feit bailler par fieure vng tel effort
Que apres auoir fait bastir et construire
Plusieurs môstiers / me vinst pôre(z destruire
Qui fut en lan mil cent et trente et sept /
A sainct Denis ie fuz mis(comme on scet)
Combien que ieusse auparauant fait faire
Le beau monstier sainct Victor / et parfaire
Dedans Paris / priez dieu que en repos

Mon ame soit pres des diuins suppos.

¶ Du Roy Loys.Vij de ce nom sur
nõme le Jeune.xlj. Roy de france.

¶ Loys surnõme le Jeune.Vij.de ce nom(qui
auoit este courõne Roy de france durant le Vi
uant du roy Loys le groz son pere)cõmeça regner seul aps son trespas lan mil cent trente(
huit et regna quarante trois ans/ il fut marie
en pmieres nopces auec madame Alienoz duchesse Dacgtaine/de laglle il eut deux filles:
sauoir est Marie g espousa le cõte de Troies
et Aliz g fut mariee auec le cõte de Bloys. Lan
mil cent cinquäte (deux ledit Loys le Jeune
repudia ladicte Alienoz(furet separez tät aumoien de leur lignage g pour glque adultere
Volütaire dõt on chargeoit las Alienoz/laglle
bien tost aps se maria auec Henry lozs duc ð
Nozmãdie g depuis fut roy Dãgleterre. Et
ledit roy Loys se maria auec Constance fille
du roy Despaigne de laglle il eut Vne fille g
depuis fut mariee auec Henry filz dudit hen
ry mary de ladicte Alienoz/et incõtinãt apzes
las Constãce deceða. Au moin dequoy les roy
loys se maria en tierces nopces auec madame
Alix fille de feu Thibault en sõ Viuãt cõte de
Bloys qui estoit desceðu de la lignee du Roy
charlemaigne selon aucüs histozies g nen ont
escript la genealogie / (ðe ladicte Alix quatre

ans aps ledit roy Loys eut vng filz q̃ fut nom
me Phelipes/ꝛ depuis surnõme dieu dõne par
ce q̃ poꝛ lauoir led roy Loys feit plusieꝛs vota
ges ꝛ pellirinages/ Lan mil cẽt quatre vingts
luy cedda son royaume ꝛ le feit couroner/ Lan
nee aps led roy Loys alla de vie a trespas en
la ville de Paris/ ꝛ p son oꝛdõnãce fut sõ coꝛps
poꝛte en labbaye de Barbel de loꝛdꝛe de Ciste
aux q̃l auoit fõde. En ce regne par le cõseil de
maistre Pierre lõbard q̃ feit les sentences les
Roys de frãce ꝛ aultres cesserẽt de poꝛter lon
gues barbes.   Sensuyt son epitaphe.

41 · ROY

¶ Loys ie suis le ieune surnôme
filz de Loys le groz bien renomme
Qui fuz begnin gratieux ⁊ paisible
Et a leglise et ses suppos duysible.

¶ Roy des francoys fuz p̃ quarãte trois ans
Trois femmes ie eu/et delles cinq enfans
Des filles quatre assez bien mariees/
Sans quelles soient par sort deuariees
Et le filz est/Phelipes dieu donne
En quop ie fuz dĩ dieu bien guerdonne/
Car iauois peur de mourir sans hoir masle
Qui eut este pour france chose malle/

¶ Oultre la mer passay pour secourir/
Les crestiens sans crainte de mourir
Ne les dangiers de tel pellerinage/
Mais rien ny fiz par le traistre courage
Des Suriens ⁊ grecz qui faulsement
Prindrent grans dons des turcs secretement
Dont fuz contrainct apres mainte souffrãce
Men retourner auec mes gens en france

¶ Alienor par Diuorce laissay
Qui contre dieu sestoit mise alessay
De me liurer agent sanguinolente/
Aussi estoit dĩ bien pres ma parente.

¶ Elle espousa depuis/dont fuz marry
Le roy anglops que lon nemmoit Henry
Second du nom/la chose est bien certaine/
Dont eut Poictou/Boire toute Acquitaine/

                                        M

Et len laissay iour comme du sien/
Combien quil neust en tous ces pays rien/
Deulz les grans cas comis par ceste dame
Qui requeroient peine de mort infame
¶ Semblablement son bon pere guillaume
Si les tenoit a hommage du royaume/
Ou ilz deuoient tourner par droit prefix
Sil decedoit (ainsi quil fit) sans filz.
¶ A ceste cause aucuns me conseillerent
Les repeter/et secours my donnerent
Et a la fin apres plusieurs assaulx
Oultre le gre daucuns de mes vassaulx
Laissay iour Henry de ceste terre
Aussi son filz Richart apres grant guerre
Moiennant ce/que lhommage men fit
Mais contre moy lun et lautre mesfit
Dont la querelle a mon filz est remise/
Car en mon corps feublesse tant sest mise/
Que sans pouoir la guerre plus mener
Paralisis est venu ramener
Mon pauure corps soubz ceste sepulture
En ce monstier de Barbel/que droicture
Ma fait fonder pour satiffaire a dieu
Des mes pechez/et fut mis audit lieu
Lan du salut selon le galic nombre
Que mil et cent quatre vingts vng on nombre
Priez a dieu que a lame soit piteux/
La preseruant des gouffres despiteux.

C De Phelipes auguste aultremēt dit
dieu donne quarante deuxiefme Roy de
france et deuxiefme de ce nom.

C Les Phelipes auguste(aultremēt dit dieu
dōne par ce ql̃ Uinst miraculeufeniēt)ꝗ le ij.de
ce nom/fut le xlij roy de frãce꜀rcōmēca regnet
lan mil cent quatre Uingts ꝓ Ung. Il eut trois
fēmes/La ꝓmiere fut yſabeau fille de Haulx
doyn cōte de Henault/de laqͦlle il eut Ung filz
nōme Loys Uiij.de ce nom qui fut Roy apꝝes
luy/ꝗ pere du roy ſaict Loys duql̃ ſont Uenuz
en ligne maſculine directe ꝗ collateral̃le tous
les roys de frãce qͦ ont efte depuis ledit Loys
Uiij. iuſꝗͥs au roy frãcoys ꝓmier de ce nom qͦa
ꝓſent regne. Ce ꝗ ie ne diz ſans cauſe/car ceſt
pour mōftrer ql̃z ſont du ſang de Pepin ꝗ char
l̃emaigne a cauſe de lad yſabeau. Et poꝛ lētē
dꝛe eſt a pꝛeſuppoſer ce ꝗ nouauōs Ueu deſſus
ꝗ Hugues capet.xxxUj.roy de frãce Uſurpa le
dit royaume apꝝs Loys.U.de ce nom qͦ neut au
cūs enfãs/cōtre mōſieur Charles duc de Loꝛ
raine oncle dud roy Loys U.et feit mourir les
Charles en ſes pꝛiſ de duql̃ charles duc de loꝛ
raine (qui eſtoit Uenu en ligne maſculine dud
roy Pepin)Uinſt entre aultres ſes enfans Une
fille nōmee Ermãce ſelon aucūs/et ſelon les
aultres Emēgarde Laqͦlle fut cōioincte ꝑ ma
riage auec godeffroy comte de Namur deſql̃z

                              D ij

Uinst Aliz qui fut mariee auec Bauldoyn cõte de Henault tiers de ce nom/q̃ estoit filz de yo= lant fille du Duc de Gueldres/ꝛ deulx Uinst Ung filz nõme Bauldoyn/et Une fille nõmee Agnes/q̃ fut mariee a mõsieur Raoul decou= sy/dont sont Uenuz ceulx de Neelle ꝛ cõseque mẽt ceulx du lude/cõe iay Ueu plez s genealo= gies Led bauldoyn espousa dame Margarite de flãdres/fille de Thierry cõte de flãdres ꝛ de dame Sibille fille de foulques cõte dãiou et Roy de Iherusalem/de laq̃lle Margarite dẽ de flãdres ledit Bauldoyn eut Ung filz nõme Bauldoyn cõme son pere/q̃ fut comte de He= nault. Et dudit Bauldoyn cõte de Henault Uinst ladicte ysabeau sa fille naturelle ꝛ legi= time q̃ fut mariee auec ledit roy Phelipes au= guste/et de leur mariage Uinst cõme dict est le dit Loys Uiij. pere de sainct Loys. Aꝑs le tres pas de ladicte ysabeau ledit Roy Phelipes se maria en secõdes nopces auec Iugeberge seur de Cayn roy dẽ Dalmace/de laq̃lle il eut Une fille nõmee Marie qui depuis fut Duchesse de Brebant. Et tantost apres la repudia puis la reprinst au moiẽ des censures q̃ le pape In nocent decreta contre luy/ꝛ tantost apres elle deceda. Au moiẽ duq̃l trespas ledit roy Pheli pes se maria en tierces nopces auec madame Marie fille du roy de Boesme/de laq̃lle il eut

Genealo gie de ceulx de Neelle et du Lude.

Cõtuma cion de la genealo gie du roi Pepin.

Vng filz nõme Phelipes qui fut comte de Bou
logne sur la mer.Et apres que ledit Roy Phe
lipes eut regne|quarãte et trois ans alla de Vie
a trespas Lan mil deux cens Vingt et trois.Et
fut enterre en labbaie sainct Denis en frãce.
　¶ Sensuit lepitaphe dudit Roy
Phelipes Auguste.

¶ Qui Veult bien dieu seruir/amer/et craindre
Et de pecche contre luy se reffaindre
En est pour Vray triplement guerdonne
　　　　　　　　　　　Q. iij

Je qui suis dit Phelipes dieu donne
Men appercoy/car pour ces choses faire
Jay tousiours Beu prosperer mon affaire/
℩ Quinze ans auoys quant regner cōmēcay
Et tout premier a dieu ie me auancay
Garder honneur/faisant a tous defense
Que par blapheme aucun si ne loffense/
℩ Secondement de france ie mis hors
Tous les iuifz faisans tours Bilz et ors
• Puis a Paris ma cite principalle
Droissay marchez nouuellement/et halle/
Le Cymitiere apres fiz renfermer
Sainct Innocent/et la Bille fermer
De treshaulx murs/puis cōmāday les ruhes
Toutes pauer de grez et pierres drues/
℩ Je feiz destruire apres les coctereaux
Qui estoient gens enuers dieu deslopaulx/
Pillans les laiz semblablement leglise/
Et qui Biuoient de rapine et main mise
℩ Puis pour donner aux crestiens secours
A tresgrans fraiz prins sur la mer mon cours
Acre gangnay non sans dure souffrance/
Et retournay(sans passer oultre)en france
Doubtant auoir Bng faulx tour par Richart
Roy des angloys/dont peu ie prisoys lart.
℩ Lestuy Richart Henry second son pere
Et Jehan apres qui fut son puisne frere
Tous roys angloys ie guerroiay si fort

Que a la parfin honneur et gaing en sort
Car ie conquis sur eulx la Normandie
Qui fut de frãce autreffoiz quoy quon die
Et retiray Guyenne/ ꞇ tout Poictou/
Le Mayne/ Tours/ Normãdie/ ꞇ Aniou
Par ma Baillãce apres que par iustice
Sans abuser de mon royal office/
Je eu ledit Jehan fait meurdrier prõdcer
Qui lors auoit (cõme on feit annoncer)
Au ieune artur sõ nepueu fait mort predre
Auquel deuoit (qui le cas ſcet entendre)
Dudit Richart obuenir tout le bien/
Dont ledit Jehan onc ne luy Bailla rien/
¶ finaBlemẽt ce Jehan rendy ſans terre
Car par mon filz Loys/ toute Angleterre
filz conquerir/ Puis de Othon empereur
Et des flamens non obstant leur fureur
Je fuz Bainqueur apres tresgrans esclandres
Du prisonnier prins le comte de flandres/
Semblablement regnaud de Dampmartin/
Lequel auoit este tousiours mutin.
¶ Aussi ie fiz les Albigeois destruire
Qui en erreurs Bouloient les gens instruire/
Tant daultres faictz ie fiz honneur querant/
Que nomme fuz Auguste et conquerant/
Et par mon Bruit et tresgrant renommee
france fut lors entre tous biens nommee.
¶ Et puis auoir des ans quarante et trois
                          Q iiij

Ainsi regne/la mort par durs destrois
Lan mil deux cens vingt (trois fit descendre
Mon corps en terre/ou il est tout en cendre/
A sainct denis/Priez dieu mes amys
Que mes pechez me soient par luy remys.

¶ De Loys viij.de ce nom xliij.roy de
france et pere de sainct Loys

¶ On moys Daoust de lan mil deux cens
vingt et trois Loys huitiesme de ce nom filz
dudit roy Phelipes et de dame ysabeau son es
pouse fut couroné roy de france.Et regna qua
tre ans ou enuiron et iusques es octaues de la
feste de Toussaincts quil trespassa en laville
de Mompensier en retournant Dauignon en
lan mil deux ces vingt et sept/et fut son corps
porte a sainct Denys en france ou il repose.
Il eut de sadicte espouse six filz et deux filles/
Le premier filz eut nom phelipes qui mourut
ieune/ Le second fut sainct Loys Roy apres
luy/Le tiers Robert comte dartoys/le quart
Alphons côte de Poictiers/le cinqiesme Char
les qui fut comte Daniou/de Prouence/et de
puis Roy de Cecille/et le sixiesme Jehan qui
mourut ieune. Lune de ses filles mourut ieu
ne/lautre nômee ysabel fut de saicte vie (gist
on monastere de long champ q son frere le roy
sainct Loys fonda et dota depuis. Sensuit
lepitaphe diceluy roy Loys huitiesme.

¶Pour peu regner ung roy nest moins prise
Quant son serment na rompu ne brize/
Mais soustenu le faix de seigneurie
Sans aux subgectz imposer pillerie
¶Je ne le dy pour de ce me excepter/
Car quant voulu la couronne accepter
Desfors francois ie Loys le huitiesme
Mon vouloir fut que soubz ce diadesme
Je entretiendrois mon peuple en bonne paix/
Le deschargeant de impos et aultre faix.
¶Mais mort me vinst opprimer de sa darde

A mompensier lors que ny prenois garde
Apres auoir regne quatre ans sans plus/
Et fut porte mon corps en lieu reclus
A sainct Denys pres des Roys de noblesse
Lan mil deux cens vingt et sept en tristesse
Et moy regnant le repos tant laissay
Que les angloys de france ie chassay
Qui quelque peu detenoient Dacquitaine
Et de Poictou iusques pres de Touraine.
¶ Puis Auignon ie prins par dur combat
Du albigeois par merueilleux sabat
Auoient seme mauluaises fantasies
Trop approchans de grosses heresies/
Dont ilz auoient censure soustenu
Sept ans et plus/mal leur en est venu
Car leurs haulx murs ie fiz a terre abatre/
Et des maisons plus de cent vingt et quatre
Voire trois cens/puis ilz furent absoulz
De la censure/et par force mis scubz
Le sainct pouoir de Honorius le pape
Sans rien vouloir surprendre de sa chappe.
¶ Extraict ie suis du sang de Charlemaigne
Roy des francois empereur Dalemaigne
De par ma mere et ysabeau qui nasquit
De Bauldoyn/lequel comte vesquit
Long temps de Henault/ꜩ en ligne directe
Dung Bauldoyn fut filz par bonne secte/
Qui dune Aliz et Bauldouyn fut filz/

Ladicte Aliz fille en degre prefix
Du bon Geoffroy qui de Namur fut comte/
Et de Emengarde ainsi que lon racomte/
Qui fille estoit de Charles/lequel fut
Duc de lorraine/auquel comme on conclut
Appartenoit desditz francois le ceptre
Car heritier estoit oncle et ancestre
Du quint Loys/ou la ligne faillit
De Charlemaigne/et si fort lassaillit
Hugues Capet/que le regne surprendre
Sceut bien sur luy/voire prisonnier prendre
Dont a dure la generacion
Par sept grans Roys/et de lextracion
Je suis de luy par Phelipes mon pere
Et de Pepin par ysabeau ma mere
Priez a dieu que mon nom soit escript
Auec les sainctz proches de Jesucrist.

　　¶ Du Roy sainct Loys neufuiesme
　　de ce nom xliiij. Roy des francois.

¶ Loys neufuiesme de ce nom filz aisne de
Loys huittiesme q̃ mourut a Mõpensier (aps
le trespas de sõ pere) luy estãt soubz la tutelle
de madame Blãche sa mere q̃ estoit dame bõne sage et prudente) fut courõne Roy de fran
ce en laage de treze ans Lan de nr̃e salut mil
deux cẽs vingt et six/ et regna quarãte quatre
ans,xiusq̃s en lan mil deux cẽs lxx.q̃l trespassa au siege d̃ Thunes(q̃l auoit ilec fait asseoir

contre les Sarasins/Dune malladie de flux
de ventre en laage de cinquäte sept ans ou en
uirõ. Il fut marie en laage de vingt ans ou en
uiron auec Madame Margarite fille du côte
de Prouence pour les grans vertuz qui en elle
florissoiet. De laqllc il eut neuf enfans/cest
assauoir Phelipes tiers de ce nom qui fut roy
aps luy/ loys qui mourut en laage de xv ans
Jehan dit Tristan qui nasquit en Dampete z
fut côte de Neuers. Pierre côte Dalencon qui
mourut en lapuille sans hoirs de sa chair/Ro
bert comte de Cleremõt z seignr de Bourbon
Margarite femme du duc de Brebant/ysa
beau femme de Thibault Roy de Nauarre/
Agnes fême de Robert duc de Bourgõgne/z
Blãche fême de ferrãt filz du roy Despaigne.
Dud Robert côte de Cleremõt sõt venues les
illustres maisõs de bourbõ z vedosme/car les
Robert eut deux filz/ Jaques q mourut ieune
sãs enfãs z loys q feit eriger la seignrie de bour
bõ en duche z fut le pmier duc de bourbõ. Dud
loys pmier duc de bourbon sõt venuz deux en
fãs/pierre secõd duc de bourbon z Jaques côte
de Charoloys z de la marche a cause de sa fê
me desqlz est descêdue lad maison de vedosme
Les Pierre secõd duc de bourbõ eut quatre fil
les z vng filz nõme loys q fut tiersduc de bour
bõ: z feit ediffier a Paris loftel de bourbõ dud

Loys Vinst Jeħan quart duc de Bourbon qui
mourut en Angleterre. Ledit Jeħan eut trois
filz Charles q̃ fut cinquiesme duc de Bourbõ
et espousa Agnes de Bourgõgne/Pierre q̃ fut
seignr̄ de Beauieu/ʒ Loys q̃ fut p̃mier comte
de Mõpensier. Duq̃l Verrõs cy aps la posteri
te/ledit Charles neut aucuns enfans/et fut
duc aps luy ledit Pierre seignr̄ de beauieu qui
fut marie auec madame Anne de france fille
du roy Loys.xj. Desq̃lz Vinst Vne fille nom
mee Suzanne qui fut mariee auec Charles
comte de Mõpensier a present duc de Bourbõ
et cõnestable de france son parent/Car cõme
dict est ledit Charles q̃ fut cinquiesme duc de
Bourbon eut trois enfans. Et entre aultres
Loys p̃mier comte de Mõpensier duq̃l Loys Genealo
gie de mõ
pensir
sõt Venuz certains enfans/ʒ entre aultres gil
bert comte de mõpensier q̃ fut lieutenãt gene
ral poꝛ le roy Charles huittiesme on royaume
de Naples. Et Vne fille nõmee Gabzielle de
Bourbon q̃ fut mariee auec mõsieur Loys de
latremoille comte de Guynes ʒ Benon ʒ Vicõ
te de Thouars/desquelz Vinst Charles de la
tremoille leur filz Vnique/qui fut marie auec
madame Loyse de taillebourg fille du seignr̄ Genealo
gie de mõ
sieur frã
cois de la
tremoille
de Taillebourg/et madame Jeanne dozleãs
seur de Charles dozleãs cõte Dengoulesme
pere de francois p̃mier d̃ ce nom a p̃sent Roy

de france. Et desditz Charles de latremoille/
et Loyse de Taillebourg. Est venu vng filz
leur heritier vnique nomme fracois de latre
moille/q est a present q nous disons mil cinq
ces vingt et deux marie auec madame Anne
de la val fille du seigñr de la val/Et dud Gil
bert est venu led charles connestable de frace.
℣ Dudit Jaques comte de la marche frere

Genealo
gie de la
maisonde
Vedosme.

dudit Pierre second duc de Bourbon enfans
dudit Loys vinst vng filz nome Jehan qui es
pousa la cotesse de Vedosme. Et dudit Jehan
vindrent Jaques comte de la marche/q roy de
Naples/q Loys qui fut comte de Vendosme
duquel Loys et de dame Catherine de la val
vinst Jehan comte de Vendosme/dudit Jehã
vinst francois aussi comte de Vendosme qui
espousa marie de luxembourg. Et dudit ma
riage est venu Charles premier duc de Ven
dosme/qui a espouse la seur de monsieur char
les duc Dalecon/lequel Charles est a psent
marie auec madame Margarite seur dud roy
francois pmier de ce nom. Le corps dudit roy
Loys fut apporte en frace/mises sepultures
des Roys en labbaye sainct Denys en frace
ses entrailles demoureret en labbaye demõt
Royal assez pres de salerne. Et fut canonize
Lan mil deux cens quatre vingts diz huyt.
℣ Sesuit lepitaphe dudit roy sainct Loys.

CLoys ie suis de ce nom le neufuiesme
Qui la couronne et Royal diadesme
Des francs froncois triumphâment portap
Du grans labeurs et peines supportap ·
CCouronne fuz a treze ans/ puis ma mere
Me gouuerna de facon non amere·
En mon ieune aage/en quoy querelle neut
Auec aulcun si premier ne lesmeut
A faire guerre et chose dommageable
Car elle estoit benigne et raisonnable/
CAucuns barons voulurent se esmouuoir·

Pour de mon corps et biens la garde auoir
Non au proffit de moy/mais au dommage
Ausquelz soudain feit fermer le passage/
A ce moien feirent par leur patoys
Que henry le quart poꝛ loꝛs roy des angloys
Vinst assaillir certainspays de france/
Dont le chassay deux foiz/ꝗ son oultrance
Mis tant aubas que depuis ny reuinst
Poꝛ faire guerre/ains tousiours me ẽtretinst
Et si feit tant que soubz amour legalle
Eut auec moy paix entiere et finalle/
Par ceste paix Guyenne luy baillay
Que en trois ressoꝛs seulement ie taillay
boꝛdeaulx/bazas/les lannes/ puis xainctõge
Oultre charante eut de moy que ie alonge
Des bons pays Dagenest de querey
Et Lymousin/Voire par vng tel si
Que tout cela tiendꝛoit par heritage
Des Roys de france a foy/ et lige hommage
Et en retins la souueraineté
A ma royalle et digne mageste.

℃ Et quant aluy/ sans que aultre chose die
Se despartit des dꝛoiz que en Normandie
Ponthieu/touraine/au mayne/ꝗ en Poictou
Il pretendoit/et on comte Daniou/
Et les ditz dꝛoiz aux roys francois transpoꝛte
Sans que iamais de par luy guerre en soꝛte/
Et me feit loꝛs lommage sans depart

Desditz pays dont ie luy fiz transport/
Par ce moien tins en paix toute france
Vingt(z huyt ans/bien eut dailleurs souffrāce
¶Or me voyant en paix me estudiay
De seruir Dieu/ou mon cueur dediay/
Et ma chair folle a tout mal faire encline
Je chastiay souuent par discipline/
La macerant tant la nuyt que le iour
Sans la vouloir laisser en long setour/
Et pour lorgueuil dicelle chair abatre
Je la fasois souuent de chaynes baptre/
Tousiours iusnay les iusnes commandez/
Et vendrediz comme recommandez/
Des indigens six vingts ie nourrissoye
Par chascun iour/et souuent le seruoye/
Tous les huyt iours par grant deuocion
De mes pechez faisois confession
Onc ne iuray/ie amay les gens deglise
Que ie tractay tousiours en bonne guise/
Sur tous prisay les bons freres prescheurs
Ceulx de Cisteaulx/et les freres myneurs.
¶Je feiz bastir lostel dieu de Ponthoise
Ceulx de Paris/vernou/Cōpiegne/ou voise
Chascun loger/(z pour lhonneur de dieu
Les beaux monstiers fonday de realteu
Lōg champ aussi/Royaulmēt/la chartreuse
Joignant Paris religion fameuse/
Les filles dieu/sainct mathieu/saincte croix

R

Les quinze vingts/et aultres a sur croys
Je nexposoys largent des mes domaines
En folz plaisirs/et moins en choses vaines/
℣Les officiers et iuges reffozmay/
Et leur salaire a raŷson confozmay
℣Je me creusay pour la piteuse plaincte
Des crestiens estans en terre saincte/
Et par deux fotz ie me mys sur la mer
Contre les turcs/dont ne suis a blamer/
℣Au premier tour ie conquis Damyete
Qui est cite dune tresbelle assiecte/
Puissante et fozte/ou le fleuue de nyl/
Passe et y fait son cours doulx et fertil.
℣Puis assiegeay la ville de mancôte
Ou ie fuz pzis/piteux en est lecompte
Car de mes gens estans en ce pourpzis
Nul demoura/qui ne fust mozt/ou pzis/
Et des francois ne resta que vne armee
A dampete estant lozs desarmee/
℣On me mist hozs a fozce de deniers/
Semblablement trois mille pzisonniers/
℣Secondement ie entrepzis le voiage
Ou ie conquis sans grant perte carthage/
Et par apzes contre Thunes passay
Ou fuz mallade et la ie trespassay
Dung fluz de ventre/ou mozt me redit blesme
Du moys daoust le iour vingtzcinquiesme
Lan mil deux cens soixante dix/ apzes
Mon cozps fut mis a sainct Denys tout pzes

Des Roys de france/et lame prinst Vollee
En paradis/ou dieu la extollee
Auec les saincts en lieux beaulx et plaisans
Quant ie eu regne par quarâte et quatre ans.

℣ De Phelipes tiers de ce nom xlV. Roy
de france et filz du roy sainct Loys.

℣ Lan mil deux cens soixante ꝯ Vnze Phelipes tiers de ce nom filz aisne du Roy sainct
Loys fut couronne le xlV. Roy de france/et regna quize ans. Il fut marie deux foiz/de sa pre
miere espouse nômee psabeau fille du roy dar
ragon il eut trois filz/Cest assauoir Loys qui
mourut ieune/ Phelipes surnomme le Bel q̃
regna apres luy/ꝯ Charles comte de Valoys
duquel sont descenduz ceulx de Valoys. De
sa seconde espouse nômee Marie fille du Duc
de breban il eut Loys côte Deureux dôt sont
descêduz aucûs roys ꝺ nauarre cõe no⁹ Verros
cy aps. Il eut aussi ꝺ ladicte marie deux filles
Lune nômee Margarite qui fut mariee auec
Edouard le premier de ce nom roy Dangle-
terre/lautre nommee Marie fut mariee auec
le duc Daustriche. Dudit Phelipes comte
Deureux Vinst Phelipes qui fut roy de Nauarre ꝯ espousa la fille du roy Loys hutin/ et
poᶻ entêdre cõmât il eut le royaume ꝺ nauarre fault p̃supposer q̃ lânee q̃ ledit roy phelipes
fut marie auec ladicte Marie fille dudit Duc

R ij

de Breban/ Henry roy de Nauarre comte de
Champaigne ꝗ de Brie alla de Bie a trespas a
luy sur Biuãs sa Befue et Jehanne leur seule
fille ꝗ heritiere. Laꝗlle Befue aumoiꝛ des mo
lestesquon luy faisoit se retira auec sadicte fil
le audit Roy Phelipes ꝗ les receut hōnozable
mēt/et quāt ladicte fille fut en aage/ la maria
auec son filz aisne Phelipes le Bel ꝗ fut p ce
moien Roy de frãce ꝗ de Nauarre/duꝗl Phe
lipes le bel Bindꝛēt quatre enfãs/ Loys/Hu
tin/Phelipes le long/ꝗ Charles le bel ꝗ tous
furēt Roys aps luy/ et Bne fille/ꝗ par ce que
tous lesditz trois filz decederēt sãs hoir masle
la courōne Binst a ceulx de Baloys cōme no⁹
Berrōs cy aps/touteffoiz ledit Loys hutin eut
deux filles lune ꝗ fut mariee auec Phelipes
de Baloys cinquātiesme roy de frãce. Lautre
nōmee Blāche fut mariee auec les Phelipes
filz Bnique dudit Loys comte deureux/et a ce
moien ledit Phelipes fut roy de NauarreEt
dudit mariage Binst Charles leur filz qui fut
aussi roy de nauarre et espousaMarie fille du
roy Jehan/ꝗ feit plusieurs cōspiraciōs contre
luy et Charles B. son beaufrere/dud mariage
Binst Charles aussi roy de Nauarre ouꝗl est
faillie la lignee masculine/et eutBne fille nō
mee Blāche ꝗ espousa le roy de Castille dont
Binst Alienoꝛqui espousa gaston de foueꝝ.Et

Pagination incorrecte — date incorrecte

NF Z 43-120-12

dud mariage bindzēt/messire gaston de fouez/
et messire Jehan defouez/dud messire Gaston
bindzent deux enfans sauoit est frācois Phe-
bus q̄ fut roy de nauarre douze ans ou enuirō
et Catherine q̄ fut mariee auec le filz Dale-
bret desq̄lz est benu henry a p̄sent roy de Nauarre. Led messire Jehan de fouez espousa la
fille dozleans et de leur mariage binst gaston
de fouez duc de Nemours q̄ fut bailī emēt oc
cis a la iournee de Rauenne ou il estoit lieute
nāt general du roy loys xij.lan mil b.cēs τ xij

℃ Dudit charles cōte de Ualoys secōd filz du
dit roy phelipes le tiers est descēdu la maison
illustre Dalencon. Et pour lentēdze est a pze-
supposer q̄ ledit Charles cōte de Ualoys eut
deux filz phelipes de Ualots q̄ fut roy de fran
ce et le cinquātiesme/et Charles cōte dalēcon
q̄ mourut en la bataille de Crecy/Dudit char
les est benu pierre q̄ espousa madame marga
rite bicōtesse de beaumont. Desditz pierre et
margarite est benu Jehan q̄ feit eriger lacōte
Dalencon en duche en lan mil trois cēs quatre bingts xb. Dudit Jehan est benu Jehan
secōd duc Dalēcon/duq̄l est benu Rene tiers
duc dalencon q̄ espousa madame Margarite
de Lozraine/et de leur mariage est benu feu
Charles duc dalencon τ gouuerneur de Noz
mādie qui espousa madame marguerite seur

R iij

du roy francoys premier de ce nom.

Ledit Roy Phelipes le tiers alla de vie a tres
pas en la ville de Parpignan Lan mil deux
cens quatrevingts et six ainsi qͤ vouloit aller
conquerir le royaume darragon Ses entrailles furēt mises en leglise cathedralle de Ner-
bonne/et son corps en labbaye sainct Denys
en france   Sensuyt son epitaphe.

¶ Communemēt les enfans dung bon pere
Bien gouvernez ont fortune prospere/
Et voulentiers le vin le goust retient
Du terrouer/ouquel il croist et vient/
Je qui suis dit Phelipes le troisiesme

filz premier ne de sainct Loïs neufuie(me
Lay bien congneu/Car pour auoir suyuy
Les meurs mon pere/et au bon dieu setuy
Tousiours viuant soubz vertueuse regne/
Jay par quinze ans en paix tenu mon regne/
Et preside tousiours eureusement
Sans quon me fist la guerre aucunement
Aymant leglise et soustenant iustice
Et pugnissant selon droit iniustice
¶Pour me macter la haire iay porte/
Jusne souuent/et labeur supporte/
Ame les bons que pensois sans reproche/
Mais fuz deceu en pierre de la broche
Car non obstant que dung cirugien
Jen eusse fait vng tresgrant terrien
Et chambellan/il donnoit congnoissance
De mon secret par grant mescongnoissance
A mes hayneux/et parce sans mercy
Pendre le feiz pour aultres cas aussi/
¶Les rocz passay/les boys et la champaigne
Pour faire guerre a Pierre roy Despaigne/
Et lors que ie eu Gennes par force pris
Geroune aussi/ie suz ilec surpris
De forte fieure/et parce ie prins erre
Pour retourner en ma tresnoble terre
Mais tellement de mal suz infeste
Que a parpignan par mort suz arreste/
Et fut porte mon corps en sepulture

R iiij

Les Epitaphes.

A sainct Denys/ou gist en pourriture
Lan mil deux cens quatre vingts auec six/
Mon esprit soit en paradis assis.

⸿ De phelipes quatriesme de ce nom
surnõme le bel xiiij. Roy de france

⸿ Apres le trespas dud roy Phelipes le tiers
Son filz aisne aussi nõme Phelipes quatries
me de ce nom fut couronne Roy de france en
lan mil deux cēs quatre vingts et six/il regna
vingt et huit ans puis alla de vie a trespas on
moys de Nouembre de lan mil trois cens et
quatorze a luy suruiuans trois enfans de ma
dame Jehanne royne de Nauarre/sauoir est
Loys surnomme Hutin/Phelipes le long/τ
Charles le bel qui furent successiuemēt roys
de france apres leur pere pour les causes que
nous verrons cy apres. Il eut aussi vne fille
nõmee ysabeau qui fut mariee auec le roy dã
gleterre Edouard le second. Ledit Phelipes
quatriesme fut surnomme le Bel par ce quil
fut grant beau et fort son corps repose a sainct
Denys en france. Sensuyt son Epitaphe

⸿ Epitaphe dudit Roy Phelipes le bel.

℃Le prince orne de magnanimite
Plus ame honneur auec calamite
Que son repos/ꝗ Seult mieux quon lescorche
Que de souffrir chose engendrant reproche/
℃Ainsi le feizie Phelipes le bel
Le quart du nom/car pour Sng cas cruel
Et mauluaiz tour que guy comte de fladres
Le mien Sassal me feit par ses esclandres
En soustenant contre moy Edouart
Roy des anglois/sans me monstrer couhart
fuz assaillir ledit Guy par puissance

Ou de ma force il eut la congnoissance
Car ie prins/ses deux enfans aussi/
Et les flamens ie mis en ma mercy
Ausquelz baillay pour gouuerner leur terre
Yng lieutenant qui les tinst trop en serre/
A ce moien tradicieusement
Mirent a mort des francois largement
En leurs logeis de nuyt par vng tour lasche
Parquoy soudain(sans leur doner relasche)
Je feiz mon ost a courteray marcher
Ou les flamens me vindrent remarcher
Et par lorgueuil daucuns mes capitaines
Non pouruoians aux choses incertaines
Par ces flamens ncn a la guerre faiz
Mais tous rutaulx mes gens furent deffaiz/
Et mis a mort par meruetlleuse cultrance
Plusieurs seigneurs et cheualiers de france/
Dont ie portay tant de mal sur le cucur
Que lors iuray que ie serois vainqueur
Desdictz flamens/ou mourrois a la suyte/
Et deslors fe z contre eulx telle pcursuite
Que par quinze ans les guerroiay tousicurs
Les destrupant corps et biens tous les icurs
Finablement leur fiz passer la fieure
Lan mil trois cés q quatre au mont en pieure
Ou ie assemblay si bon ncmbre de gens
Hardiz/et fors/prudens/et diligens
Que par leur force/et conduicte gentille

furent occis plus de trente et six mille
Desditz flamens/parquoy furèt côtraincts
Venir a moy comme gens tous retraincts
Demander paix/que ie ne leur ny ay
¶ Puis ysabeau ma fille mariay
A Edouart le second Dangleterre
Et luy rendy de Guyenne la terre
Que confisque ie auois par le forfaict
De son feu pere / et lhommage il men faict
¶ Durant ce temps le pape Boniface
Me fait sômer que la guerre ie face
Contre les turcs/ou quil se marrira
Et de mon regne/et ceptre priuera
Je luy respons que le francisque royaume
Ne tien daulcun fors de dieu/ɀ du heaulme
Et que de tous il est assez congneu
Que tous les roys francois nont recongneu
Superieur en chose temporelle/
Mais seullement en la spirituelle/
Et par ce Vsa de interdict sans respit
Dont ie appellay/puis il meurt de Despit/
Et benedict et Clement reuocquerent
Lest interdict/et du tout labdicquerent.
¶ Des faulx templiers ie fiz lordre casser
Par Clement pape/et au feu tout passer
Par ce que sceu par tesmoings autenticques
Que ces templiers estoient tous hereticques
Et puis au dit regne Vingt et huyt ans

Sur les francois ie laissay trois enfans
Preux et hardiz/t mouruz membre a membre
Lan mil trois cens et quatorze en nouembre
℃A sainct denis fut mis mon corps transy
Et le mien cueur au monstier depoissy/
Que ie fonday pour seurs religieuses/
Mon ame soit hors des peines tenebzeuses.

℃ De Loys dixiesme de ce nom surnome hutin xi.Bij.Roy de france.

℃ Loys surnome hutin dont nay peu scauoir
la cause/et le dixiesme de ce nom / p ce ql estoit
filz aisne dud feu roy Phelipes le bel fut couronne roy de france lan mil trois cens quinze
sept ans parauant auoit este couronne roy de
Nauarre a cause de madame Jehanne sa mere qui estoit decedee/il ne regna que deux ans/
et laissa sa seconde feme Clemence enceincte
dung filz duquel elle acoucha tantost apres/t
fut nome Jehan/mais il ne vesquit que huyt
iours/de sa premiere femme nommee Marga
rite seur de Robert duc de Bourgongne il eut
deux filles lune nomee Jehanne q fut mariee
auec Phelipes comte Deureux dont sont venuz les Roys de Nauarre come nous auons
veu dessus en la genealogie de Phelipes le
tiers. Lautre fille nommee Blanche fut ma
riee auec Phelipes de Valois qui fut Roy de
france. Ledit roy Loys alla de vie a trespas
au chasteau duboys deVicenes lan mil iiij ces

seize/ꝫ fut son corps porte ꝑ mis es sepultures
des Roys a sainct Denys en france. Sẽsuit
lepitaphe dudit roy Loys x. surnõme Hutin.

¶Par ce que peu ie regnay/peu ie fiz
Moy dict Loys dixiesme/et trop meffiz
Au premier an que ie fuz Roy de france/
Car aux Juifz ie octroiay la souffrance
De retourner en france demourer.
¶Ailleurs fiz bien/ quant voiant labourer
Tous mes subgectz a mon parlement suyure
Pour leurs proces et querelles poursuyure/

Le parlement a Paris ie ordonnay/
Et mon pouuoir a iustice donnay.
℄Puis enguerrant de marigne fi; prendre
Qui cheualier estoit/par ce quentendre
On me donna quil auoit par furt pris
Tous les tresors de mon pere/et surpris
Sur les seigneurs et comun populaire
En exigeant de tous double salaire/
Durant le temps que france gouuernoit
Et que mon pere en sa manche tenoit/
Il feit droisser a Paris lediffice
De mon palaix durant le sien office/
℄Quant ie eu regne par vng an et demy
Mort me rendit pour long temps endormy
Lan mil trois cens seize/& fuz en la biere
A saint Denys porte par la maniere
Des aultres Roys/pour lame dieu prie;
Et in pace requiescant crie;

℄De Philipes cinquiesme de ce nom
surnome le long xlviij. roy de france
℄Par ce q ledit roy Loys hutin deceda sans
hoir masle de sa chair et laissa madame cleme
ce son espouse enceincte/ Son frere Pḣelipes
come le plusproche pour succeder au royaume
fut reget diceluy iusq̃s a ce q̃lle sust a couchee
Et tantost apreselle sut mallade dune fieure
Pēdāt laq̃lle malladie elle accurcha on moys
de nouēbre lan mil trois cens et seize en la vil̃
le de Paris dung beau fil; nome Jehan q̃ mou

rut sept ou huyt iours aps/par quoy nest miz
au nōbre des roys de frāce/ Et fut ledit Pheli
pes courōne roy de france oudit an mil trois
cēs seize/ Le duc de bourgōne disoit que Jehā
ne fille du roy Loys hutin ꞇ de madame mar
garite de bourgōgne sa pmiere fēme seur dice
luy duc (laqtle Jeāne estoit mariee auec Phe
lipes cōte deureux ꞇ roy de Nauarre)cōe plus
proche heritiere ꞇ fille aisnee dud roy loys hu
tin deuoit auoir led royaume de frāce/ mais on
luy remōstra q͠l ne tūboit iamais en quenoille
p la loy saliq ꞇ q͠lle se deuoit cōtāter du royau
me de nauarre. Led roy phelipes fut surnōme
le lōg p ce q͠l estoit grāt ꞇ maigre Et aps q͠l eut
regne d. ans ou enuirō il alla de vie a trespas
on moys de Jāuier lan mil iii cēs xx ꞇ vng/ sō
corps fut mis a sait denys/ ses entrailles en le
glise des freres pscheurs/ ꞇ sō cueͬ en celle des
freres mineurs de paris/ il eut quatre filles de
sa pmiere fēme sauoir est Jehāne q̄ fut mariee
auec led duc de bourgōne/ p le moien duql ma
riage y eut paix entre eulx/ La secōde fut ma
riee au ieune enfant daulphin de vienne/ La
tierce auec Loys comte de neuersfilz de robert
cōte de flādres p telle cōuenāce q͠l succederoit a
lad cōte desq͠lz vist depuis loys cōte de flādres ꞇ
ꞇ dud Loys vist margarite de flādres q̄ depuis
fut marie auec phͤles le hardy filz du roy iehā

et la quarte fut cordeliere a longchamp. Il eut
vng filz qui mourut auant luy / et par ce quil
deceda sans enfant masle Charles le bel son
frere fut roy de france apres luy.   Sensuyt
lepitaphe dudit Roy Phelippes le Long.

Phelipes suis de ce nom le cinquiesme
Qui par la mort de Loys le dixiesme
Mon frere aisne fuz de france regent/
Duquel garder ie fuz tresdiligent
Jusques a tant que sa vefue Clemence
Qui grosse estoit de son faict et semence

Eut vng beau filz/nõme Jehan/ q̃ sept iours
Apres mourut/parquoy depuis tousiours
Jay sur francois regne iusques a lheure
Que mort (par qui conuiẽt q̃ chascun meure)
Me vinst frapper en Januier/lantrois cens
Mil vingt et vng/ou perdy mes cinq sens
Apres que ie eu soubz la lance et le heaulme
Desditz francois tenu cinq ans le ropaume
Mais ne laissay de ma chair aucun filz.
℧ Si moy regnant guerre et combat ne fiz
La cause fut parce que paix fut faicte
Par les flamens sur la guerre imparfaicte/
faicte contre eulx par des ans plus de vingt/
Duquel accord grant bien aux frãcois vinst/
℧ Mõ corps fut mis a saict Denys/mõ vẽtre
Aux iacobins/et veulx que mon cueur entre
Aux cordeliers de Paris/lesprit soit
En paradis/ou la gloire on receoit.

℧ De Charles quatriesme de ce nom
surnõme le Bel xlix. Roy de france.

℧ Pour mesme cause et raison que Phelipes
le lõg succeda a son frere le roy Loys Hutin/
aussi feit Charles quatriesme de ce ncm sur
nõme le bel audit Phelipes le long son frere/ꝗ
fut couronne Roy de france en lordre xlix. Vers
la fin du moys de feurier Lan mil trois cens
vingt et vng/madame Blanche son espcuse
fille du ccmte de Leurgongne estoit lors se
S

Les Epitaphes

parée de luy (et detenue prisonniere on chasteau
de Gaillart en Normandie, au moien des ad-
ulteres par elle commis/ touteffoiz il ne se po-
uoit marier ailleurs/mais comme dieu (Voulut)fut aduerty q̃ le mariage dêtre eulx estoit
nul/par ce que Maheult mere de ladicte Blanche auoit tenu sur les fons ledit roy Charles.
A ceste cause(aprés preuue faicte de ladicte co
gnacion spirituelle)ledit mariage fut par sentence declaire nul/Et permis a chascun deulx
de se marier ou bon leur sembleroit par le pape Jehan Vingt deuxiesme. Ce q̃ feit ledit char
les le Bel/ et espousa madame marie fille de
Loys deLuxembourg iadis empereur de ale-
maigne/de laquelle il eut vng filz qui bien tost
aprés mourut/cõme aussi feit ladicte Marie
en la Bille de Yssouldun/et fut son corps enter
re a Montargis en vne abbaye de Nounains
depuis il espousa madame Jehãne fille de son
oncle Loys comte Deureux. Et aprés quil
eut regne sept ans ou enuiron il alla de Vie a
trespas on chasteau du boys de Vincenes laVi
gille nre dame de chandeleur de lan mil trois
cens Vingt et sept a luy sur Biuant son epouse
Jehãne grosse et enceincte/et fut enterre a saict
Denys en france. Sensuit son epitaphe

¶Epitaphe dudit Charles le Bel.

Aulcun ne doit louurier en rien reprendre
Duquel ne scet la science comprendre
Et trop foul est qui louurage reprend
Quant il ne scet la fin ou louurier tend/
Surquoy long temps mon esprit a fait pause
Car Dieu lequel est la premiere cause
A fait regner mes deux freres et moy
Sur les francois en paix sans grant esmoy/
Et touteffoiz de nostre mariage
Combien que assez eust chascun mary aage
Pour engedrer et auoir quelque filz
Nen auons eu/mais comme desconfiz

S ij

Les Epitaphes

Nous summes mors aians seullement filles
A succeder audit regne inhabilles
℄ Le derrier filz qui Charles suis nomme
Le quart du nom/et le bel surnomme
Qui par six ans regnay seul en la france
Sans y auoir des mes voisins oultrance/
℄ Les fors angloys de Guienne chassay
Et tellement par guerre pourchassay
Que contrainct fut Edouart le deuxiesme
De menuoier Edouard le troisiesme
De luy bray filz/et de Dame ysabeau
Me faire hommage en triumphe moult beau
De la Guienne/ɋ de toute la terre
Mouuant de moy/sans plus actendre guerre
℄ Et au retour sa femme et le filz sien
Voulut bãnir/sont le garderẽt bien
Car ce fut luy/qui fut priue du regne
Par les angloys/comme viuant sans renne/
Et son dict filz ilz feirent lors leur Roy
Son pere estant en piteux desarroy.
℄ Tresbien tractay leglise/aussi noblesse/
En supportant du peuple la feublesse
Si faulte y a/le grant Roy bien le scet/
Auquel en lan mil trois cens vingt et sept
Rendy lesprit/priez dieu quil le mecte
Lassus on ciel/et mes pechez remecte
Touchant mon corps il gist a sainct Denys
Du roys frãcois prennẽt leurs derriers nyco

¶ De Phelipes de Valoys sixiesme
du nom ⁊ premier de ceulx de Valoys
cinquantiesme Roy de france

¶ Le trespas dudit roy Charles le bel donna
occasion de grosse diuision / car aumoien de ce
quil deceda sans enfant masle le Roy Dangleterre Edouard le tiers de ce nom filz de edo
uard le second et de madame ysabeau seur du
dit Charles le bel disoit le royaume de france
luy appartenir / on cas que madame Jehanne
vesue diceluy roy Charles (qui estoit demouree enceincte) nauroit vng filz / et que en atten
dāt quelle fust deliuree deuoit auoir la regence et gouuernement du royaume. Phelipes de
Valoys filz de Charles de Valoys oncle du
dit Charles le Bel et frere germain de Phelipes le bel pere diceluy Charles le Bel preten
doit aussi la regence et le royaume en deffault
que ladicte Jehāne nauroit enfant masle / par
ce quil estoit le plus proche parent et lignager
en ligne masculine dudit feu Charles le bel /
et que par la loy salicque le royaume de france ne deuoit iamais tumber en ligne femenine.
Sur quoy les pers de france furēt assemblez
et tout le conseil / qui mirent la matiere en deli
beracion / et arresterent que ledit Phelipes de
Valoys comme le plus proche lignager et parent capable pour succeder au royaume de frā

S iij

ce auroit la regēce diceluy iusques a ce qȝe la
dicte Befue fut deliuree/et on cas ꝗlle nauroit
enfant masle/que ledit pꜧelipes seroit couron
ne roy.En ensuyant lequel arrest ledit Pꜧeli
pes de Balops / fut regent iusques oꝝ moys
Dauril ensuyuant de lan mil trois cēt vingt
huyt que ladicte Befue dudit feu roy Charles
acoucha dune fille ꝗ fut nōmee Blāche. Et p
ce moiē ledit Pꜧelipes de Balops fut couron
ne roy des frācois vng moys aꝑs ou ēuiron/ꝥ
regna vingt et trois ans cōꝓis le tēps de sa re
gence /et trespassa a Nogent le roy oꝝ moys
Daoust lan mil trois cens cinquante/lan cin
quāte septiesme ȝ son aage.Il fut marie ȝeux
foiȝ/de sa pȝemiere espouse nommee Jeꜧanne
de bourgongne il eut trois enfans / sauoir est
Jeꜧaꝝ pȝemier de ce nom qui fut roy apȝesluy
Pꜧelipes duc Dozleās ꝗ mourut sans auoir
lignee/ꝥ Marie qui espousa le duc de Bȝeban
De sa seconde espouse nommee Blanche fil
le ȝu roy Loys hutin il neut aucuns enfans
durant son viuant/mais il la laissa grosse ȝu
ne fille dont elle acoucha bien tost aꝑs son tres
pas/et fut nommee Jeꜧanne et ȝpuis mariee
au duc de geronne/Le corps dudit roy Pꜧeli
pes fut enterre en labbaye sainct Denys eꝝ
france.   ¶ Sensuit lepitaphe dudit roy pꜧe
lipes de Balops.

℃On premier eur Vng Roy trop ne se fie/
Ne daucun gaing si ne se gloriffie/
Je qui suis dit Phelipes de Valoys
A tous le dy/car alors que Souloys
Vaincre tousiours mes parties aduerses
Je eu sur la fin fortunes trop diuerses.
℃Vingt ⁊ trois ans ie fuz des francois Roy
Apres la mort et le piteux derroy
De trois Roys filz du frere de mon pere/
Tous mors sans filz par fortune improspere
Ou me Soulut par Vng seul contredict

S iiij

Lors empescher Edouard le tiers dict
Qui en ce temps estoit roy Dangleterre
En maintenant que de france la terre
Deuoit auoir a cause de ysabeau
Mere de luy/que ie trouuay nouueau/
Aussi cestoit contre la loy salicque
Que les francois obseruent par praticque/
Laquelle veult que au sexe masculin
Voise le regne/et non au femenin
Et quil ne tübe en ligne femenine
Soit fille ou filz/mais en la masculine
℃ Ce quil eust fait si Edouard leust eu
Qui ne luy fut par les douze pers teu/
Et fut en moy la ligne commancee
Des de Valoys/de dieu soit auancee.
℃ Par ce moien edouard congnoissant
Que iestois Roy/se rend obeissant/
Et si me feit de Guyenne lommage
Et de ponthieu par droit de vassellage/
℃ Tantost apres les flamens desconfiz
Au mont cassel/et vingt mil en deffiz
Qui ne vouloient recongnoistre leur comte
Loys nöme/duquel ne tenoient compte/
Parquoy fuz dit le roy bien fortune/
Mais trop ie fuz apres importune/
Car edouard prinst nouuelle alliance
Auec flamens/et puis par deffiance
Vinst insulter mes villes et pays/

Dont les francois furent fort esbays
Je mis sur mer bien quatre cens nauires
Et galions/plains de canons et vires
Mais tout perdy/fors trois petiz vaisfaulx
Par ces anglops et flamens defloyaulx/
Ce qui aduinst par lorgueuil et enuie
Des admiraulx/ou nul est qui obuie
Et parapres des flamens et anglois
furent occis de mille plus de trois
A sainct Omer/le surplus prinst la fuyte/
Dessus lesquelz pour la nupt ny eut fupte
Puis a Crecy perdy de mes gensdarmes
Trente cinq mil non obstāt leurs grāsarmes
Par le moien de leurs acoustremēs
De chapperons et aultres vestemens
Lesquelz flotoient de toutes pars en terre
Qui nestoit bon pourgens de bien de guerre
Cfinablement apres tous ces cas laiz
Lesditz anglois prindrent sur moy Calaix
Qui fut en lan mil trois cens et quarante
Et sept au bout/et puis lan mil cinquante
Auec trois cens/mort a Nogent le Roy
Me feit quicter le penible charop/
De la couronne/en separant mon ame
Dauec le corps/lequel gist soubz la lame
A sainct Denys/de mon espouse pres
Et retenez vous qui venez apres.
Quant vous verrez la mienne sepulture

Et par deſſus de mon nom; leſcripture
Que moy regnant ie fuz bon creſtien
Autant ou plus que aultre Roy terrien.
¶ Car ie aſſemblay le conſeil de legliſe
Pour abolir lerreur par bonne guiſe
Que pape Jehan auoit publicquement
Dit et preſche/qui eſt que nullement
Les gens ſauluez ſerront dieu face a face
Juſques au temps que le iugement face
Grant et derrier/et tant fiz que deſdit
Sen eſt ce pape en diſant iay mal dict
¶ Si ie mis ſus en france la gabelle
Et ſi ie fuz en ſubſides rebelle
Les fraiz de guerre a cela mont contrainct
Eſquelz ie fuz (cōme iay dit) abſtrainct/
Le non obſtant priez quen lautre monde
En meilleur eur quen ceſtuy cy ie habonde.

  ¶ Du roy Jehan premier de ce nom
  cinquante vnieſme Roy de france.

¶ Jehan filz aiſne de Phelipes de Valoys et
duc de Normandie fut roy apres ſon pere et re
ceut la couronne on moys de ſeptembre Lan
mil trois cens cinquante et regna iuſques au
huitieſme iour Dauril lan mil trois cēs ſoixā
te quatre quil alla de vie a treſpas en angleter
re en la ville de Londres dont ſon corps fut ap
porte en legliſe de ſainct denys en frāce/ſon re
gne fut de quatorze ans. Et laiſſa huyt enfās
ſauoir eſt quatre filz et quatre filles. Les filz

sōt Charles cinqesme de ce nom q̃ fut roy apʒ
luy/ Loys duc Daniou ꝗ cōte du mayne/ Phe
lipes surnōme le hardy duc de Bourgōgne/ et
Jehan duc de Berry desquelz sont venues les
illustres maisons/ Dorleans/ de Bourgōgne
Daniou/ ꝗ Dengoulesme cōme nous verrōs
cy apres. Les filles sont Bōne/ femme de Ro
bert duc de Bar qui eut six enfans/ Jsabel qui
fut mariee auec Jehan galeace duc de Milan:
Marie q̃ fut mariee auec Charles roy de Na
uarre/ et Jehanne qui fut religieuse a Poissy/
Ledit Jehan duc de Berry fut marie auec la
fille du comte Dartoys il eut des enfans qui
moururent auant luy.

Ledit Loys duc Daniou ꝗ roy de Cecille et
de Jherusalem mena grosse armee a Naples
ꝗ fut courōne a Rōme p le pape/ mais ne peut
recouurer naples ne son royaume de cecille oc
cupe p charles/ dōt il mourut de deul/ et laissa
Bng filz aussi nōme Loys/ dōt vinst Rene duc
dantou roy de cecille ꝗ Jherusalem/ ꝗ charles
dāiou cōte du Mayne/ ꝗ dud charles est venu
Bng autre charles son filz q̃ laissa apʒ sa mort
Bne fille ou est faillie la lignee dud charles/ et
duʒ Rene vinst Jehan dāiou duc de calabre q̃
mourut auāt son pere/ ꝗ laissa B̃ne fille nōmee
yoland q̃ fut mariee auec rene duc de lorraine
ꝗ de bar q̃ d̃. fit charles duc d̃ bourgōne a nācy

Genealo
gie dāiou
et de Lor
raine.

Et dudit Rene est venu Anthoine a present
duc de Lozraine z de Bar/q̃ a espouse mada=
me Renee de mompé̈sier seur du duc de Bour
bon connestable de france.

Ledit Phelipes surnõme le hardy fut conne=
stable de frãce z espousa la fille du cõte de flã=
dzes/parquoy luy aduinst ladicte comte/et la
comte Dartoys/Il vng filz nõme Jehan aussi
duc de Bourgõgne qui seit tuer le duc Dor
leans a Paris. Et vng aultre filz nõme Phe=
lipes comte de Neuers q̃ mourut sans enfãs
Ledit Jehan fut occis a Monstreul faultyon=
ne et laissa vng filz nõme Phelipes tiers duc
de bourgõgne de ceste generacion quon appel=
la le bon duc/de luy vinst vng filz nõme Char
les qui fut long temps appelle cõte de Charo=
loys durant le viuant de son pere/il fut marie
en premieres nopces auec Catherine fille du
roy Charles vij.z en secõdes nopces auec ysa
beau fille du duc de Bourbon/z fut occis a la
iournee de nãcy p Rene duc de lozraine/z luy
vinst vne seulle fille nõmee Marie q̃ espousa
lëpereur maximilian/z de leur mariage vidzẽt
phelipes z margarite/lad margarite fut fian=
cee auec le roy charles vij. mais ne lespousa/
ains Anne duchesse de bretaigne/led phelipes
fut archeduc z cõte de flãdzes z cõtracta maria
ge auec la fille du roy despaigne/z laissa deux
enfãs charles apñt archeduc roy despaigne z

eleu a lempire/et domp ferrand comte de flã
dres qui viuet en ceste presente annee q̃ nous
disons mil cinq cens vingt et deux.

De ladicte ysabel q̃ fut mariee auec ledit ga
leace duc de Milan vinst entre autres enfãs
vne fille nõmee Valentine q̃ de puis fut ma
riee auec Loys duc Dorleãs filz dud Charles
cinqesme/Dõt sont venuz ceulx Dorleãs cõe
nous verrõs cy aps en la genealogie dud char
les cinquiesme de ce nom lij.Roy de france.

C Sensuit lepitaphe dudit Roy Jehan.

Les Epitaphes

CHomme nya viuant en ceftuy monde
A qui fortune aucuneffoiz ne gronde/
Vous qui viuez en ce mondain feiour
Le congnoiffez/et voiez chafcun iour
Et quant a moy/qui le nom de Jehan porte
Roy des francois / tefmoignage en rapporte/
Car non obftant que ie fuffe prudent
Riche ¿ hardy/pour a tout accidēt
Trefbien pourueoir/et faire a tous la refte
fortune vient qui les anglois infefte
A guerroyer moy/les miens/mes pays
Du plufieurs font vilainement trahis
Par la conduicte et malice trop arre
Dung gēdre mien Charles roy de Nauarre
C Et pour chaffer angloys de mes quartiers
Je me tranfporte ou ilz font/ a Poictiers
La ie combas par trefforte puiffance
Mais es anglois treuue fi grant nuyfance
Que de leur prince Edouard ie fuis pris
Comme auffi font aultres gens de hault pris
Et fuz menne tout droit en Angleterre
Dont france fut par quatre ans en grāt ferre
Et ont des maulx par faulte dequite
Car on ne vfoit que de crudelite
C Mon aifne filz le Duc de Normandie
Charles nomme(quelque chofe quon die)
Si trefgrans maulx alors il endura
Que mefvays commant tant il dura

Par le moien de la contumelie
De ce dict roy de Nauarre / et folie
Dung fier preuost des marchans de Paris
Nomme marcel / et gens de foy taris /
Qui mondict filz voulurent lors soubmectre
A leur vouloir / et soubz Nauarre mectre /
Mais dieu voulut quilz fussent a mort mis
Vilainement mesmes par leurs amys.
C Bien tost apres ie fuz mis audeliure
Par les angloys moiennant que leur liure
Tresgrans deniers / et que a leur appetit
Ont de ma terre / ou ie prins goust petit
Mon espoir fut en la haulte regence /
Et que mon filz en feroit la vengence.
C A mon retour fiz plusieurs beaulx edictz
Qui concernoient en faictz gestes et dictz
Le bien public / puis a Londres retourne
A celle fin que deliure et destourne
Deux de mes filz / et autres gens de bien
Que ie y auoys laissez soubz le lien
De respondans aultrement dictz hostages
Tant des deniers que villes et villages
Lesquelz iauois promis pour ma rancon /
Mais la mort vinst dune estrange facon
Me prosterner Dauril le iour hutiesme
Et me rendit a Londres palle et blesme
Lan mil trois cens soixante et quatre / et puis
Mon corps fut mis a sainct Denis / ou suys /

Les Epitaphes.

Apres q̃ ie eu regne non sans souffrance
Par quatorze ans/et non tousiours en france/
Priez a Dieu que pour mes mesprisons
Il ne me tienne es horribles prisons

¶ De Charles cinquiesme de ce nom
cinquante deuxiesme Roy de france.

¶ Le vingtiesme iour de May lan mil trois
cens soixante et quatre Charles cinquiesm̃e
de ce nom filz aisne dudit Roy Iehan fut cou
ronne le cinquante deuxiesme Roy de france
et lan mil trois cens quatre vingts/lan sezies
me de son regne alla de vie a trespas/q̃ fut en
terre en labbaye sainct Denys en france. Il
laissa de madame Iehanne de Bourbon son
espouse trois enfãs sauoir est Charles sixies
me de ce nom qui fut Roy apres luy. Loys q̃
fut cõte de Touraine et depuis duc Dorleãs
et vne fille nommee Catherine.
Ledit Loys duc Dorleans fut marie auec ma
dame Valentine fille de Galeace duc de Mi
lan q̃ madame ysabeau de france fille du roy
Iehã/et de leur mariage sont procedees les il
lustres maisons Dorleãs et Dengoulesme
dont est le Roy francois premier de ce nõm a
present regnant/et en estoit aussi venu le Roy
Loys douziesme de ce nom dernier decede. Et

pour lentendre p ce quil nous feruira ailleurs
Eſt vray que leſditz Loys et Valentine eu⸗
rent quatre enfans / ſauoir eſt Charles q̃ fut
duc Dorleãs / Jehan qui fut comte Dengou⸗
leſme / Phelipes qui fut comte de Vertu / ⁊ Je⸗
hanne qui eſpouſa le Duc Dalencon. Ledit
Charles eſpouſa en premieres nopces Iſabel
Vefue de Richard roy Dengleterre qui eſtoit
fille du roy Charles ſixieſme / et en ſecondes
nopces eſpouſa madame Marie de Cleues
niepce de Phelipes duc de Bourgongne de la
quelle il eut vng filz nomme Loys qui fut le
cinquante ſeptieſme Roy de france et le der⸗
rier Decede.

Ledit Jehan comte Dengouleſme eſpouſa
madame Margarite de Rohan / De laquelle
il eut vng filz nomme Charles auſſi comte
Dengouleſme qui eſpouſa madame Loyſe de
Sauoye de laq̃lle il eut deux enfãs ſauoir eſt
francois a preſent Roy de france / et Marga⸗
rite Ducheſſe de Berry qui fut mariee en pre⸗
mieres nopces auec monſieur Charles Duc
Dalencon / et a preſent eſt mariee auec Hen⸗
ry Roy de Nauarre. Sẽ ſuit lepitaphe dudit
Roy Charles cinquieſme.

℃ Epitaphe dudit Roy Charles V.
℃

Auoir souffert iniures magnifestes
Peines/ trauaulx/ tors/ guerres/ et molestes
fait lhomme sage en ses faict/et prudent
Maincre infortune et mauluaiz accident
Je le scay bien qui suis Charles cinquiesme
Car parauant mon royal diadesme
De ce que Jehan mon pere fut surpris
Par les anglois/ et leur prisonnier pris
Je supportay par long temps mainte iniure
Dont apres fuz sage assez ie Bous iure.
Quant ie eu le regne et dominacion

Desditz francois/et de leur nacion/
Je trouuay peu de pacificque terre
Par le moien de Edouart dangleterre
Tiers de ce nom roy puissant et tresfort
Lequel tenoit par Marcial effort
Toute acquitaine/et la plus part de france
Qui lors estoit en terrible souffrance/
℞ Mais en seize ans/troie moys que regnay
Si sagement mon regne gouuernay
Que en premier lieu ie mis hors iniustice/
Et feiz asseoir en mon trosne iustice
A compaignee assez bien a propos
De gens de lectre et vertueux suppos/
Qui sans faueur/auarice/ne crainte
Jugeoient proces par conscience saincte
℞ Et telles gês pour mectre en mon pourpris
De parlement/achaptoie a hault pris/
Par ce moien ie mis hors pillerie
De mes subgectz/et leur mutinerie/
Et sans me armer chassay de mes pays
Mes ennemys comme gens esbays
℞ Premierement du fier prince de galles
filz de Edouart/qui par mes loix regalles/
Ne vouloit viure/ains faire a son plaisir
Les terres filz de guyenne saisir/
Qui par raison audroit bien applicquees
furent a moy de tous poincts confisquees
Et me emparay de xainctonge et poictou

℞ ij

De perigort/cahors/lymousin/ou
fuz le plus fort/tant quil fault quil sen voise
Pour tout reffuge en marche bourdeloise
Et a bourdeaulx/qui seul luy demoura/
Ou des bourgeois encores lamour/a/
℣ Et par apres du viel Roy de Nauarre
Lequel tousiours encontre moy se quarre
Iustice fiz/car ie mis en ma main
Tous les chasteaux que cest hôme inhumain
Tenoit de moy/moiennant laliance
Que aux anglois feit pour me faire nuysâce
℣ Par ce moien en france paix regna
Aquoy tascher doit celuy qui regne/a/
Car ie neu plus voisin qui me fist guerre
Et si sceu bien(sans prendre armes)côquerre
Ce que tadis mondit pere perdit
La teste armee/et sans grant contredict/
Et tellement que querelle nauoye
fors aux anglois dont la fin bien sauoye
Et tousiours fuz contre eulx victorieux
En les chassant par combatz furieux.
℣ Peu me trouuois es guerres et alarmes
Mais plus fasois sans me trouuer es armes
En mon seiour allant dé coing en coing
Que neusse fait vng fort glayue en mô poing
Non par ma force/ains pour estre des prices
Ame/seruy/et craint de mes prouinces/
Et mesmement par le support tresbon

Des nobles ducȝ de bourgongne/ et Bourbon
Aniou/Berry/mon lignage notable
Semblablement de mon preux coneftable
Nomme bertrand de guequin cheualier
Sage et hardy/de moy fort familier.
¶ Uous qui Uenez apres moy ie Uous prie
Que Uous aiez auec Uous gens de trie/
Auec lefquelȝ Uous puiffez feurement
Uous confeiller/fi Uoulez longuement
Regner en paix/au pourchaȝ de ieuneffe
Ne faictes rien/꜀ penfez que ieu neffe
Deftre Ung grãt roy/mais Ung merueilleux
Par ce prudẽt fault eftre en dictȝ꜀faictȝ ꜀faix
    Confeillez Uous par gens Uielȝ et antiques
Et bien expers/et pour les faictȝ beliques
Executer/ieunes gens retenez
Et de grans dons toufiours entretenez
Ainfi le fiȝ/par ce fuȝ nomme fage
Et touteffoiȝ iay paffe le paffage
De dure mort/a laquelle te Uins
Lan du falut mil trois cens quatre Uingts/
Pres de Paris le feiziefme feptembre
A fainct Denis gift mon corps/mais le mẽbre
Plus precieux꜀ceft le cueur)fut porte
Lors a Roußen/chafcun foit exorte
Quant il Uerra leglife noftre dame
Du il fut mis/priez dieu pour mon ame.

                              T iij

Les Epitaphes

¶ De Charles sixiesme de ce nom cinquante troisiesme roy de france.

¶ Bien tost apres le trespas dudit roy Char-les cinquiesme dit le sage tacoit ce que charles sixiesme de ce nom/son filz aisne neust q̃ douze ans ou enuiron/fut couronne roy de france en ladicte annee mil trois cens quatre vingts et alla de vie a trespas lan quarante deuxiesme de son regne/qui fut en Lan mil quatre cens vingt et deux/son corps fut mis a sainct De-nis en france/et eut neuf enfans/sauoir est quatre filz/et cinq filles/les filz sont Charles qui mourut ieune/Jehan duc de Touraine/Loys duc de Guienne qui moururẽt sans en fans auant leur pere/et Charles septiesme d̃ ce nom qui fut Roy apres luy. Les filles sont Jehanne q̃ fut mariee auec Jehan duc de Bre-taigne/Michelle Duchesse de bourgongne/Isabel qui espousa Richard Dangleterre / Marie religeuse/et Catherine qui fut mariee auec Henry Roy Dãgleterre desquelzvinst le petit Henry qui fut courõne Roy de fran-ce en surprenant sur le roy Charles septiesme de ce nom. Sensuit lepitaphe dudit roy Char les sixiesme.

¶ Epitaphe dudit roy Charles vi.

Cõbien q̃ vng roy doyue estre magnanime
Et auoir cueur qui a vertuz le anime
Pourtant ne doit de ce cueur abuser
Ne de vengence a son plaisir vser/
Car ie qui suis nomme Charles sixiesme
Des ce que ie eu le royal diadesme
(Qui fut en lan mil troiscens quatrevingts)
Par mon hault cueur a gloire ᛜ hõneur vins/
Premierement de Paris ie reſeque
Rebellion/et puis a rosebecque
Des fcuſz flamens quarante mil deffaiz

T iiij

Lesquelz sestoient vers leur comte forfaiz
Ou fut occis de mort assez cruelle
Leur chief mutin Phelipes darteuelle:
Plus les ruraulx dauuergne/Lymousin
Et de poictou/qui le pays voisin
Auoient destruict par vne praguerie
Et fait des laiz et prebstres grant tuerie
feiz abolir et destruite du tout/
Et tellement que deulx ie vy le bout
℄Apres ie feiz vng cheualier notable
Cest Oliuier de clisson cõnestable/
Qui fut Breton/et lamay si tresbien
Quil manya tout mon royaume et mon bien
Mais vng de Cran par vne apperte enuie
Baptit clisson iusques a perdre vie/
Et pour reffuge en Bretaigne tira
Et au duc Jehan soudain se retira
Lequel duc Jehan ie sommay de me rendre
Pierre de Cran qui ny voulut entendre
Dont fuz despit/et lors deliberay
Luy faire guerre/et droit au Mans tiray
Pour me venger de ce duc Jehan par force
Ains que du tort congnoistre ie mefforce
Et en allant vengence executer
A vne lieux du Mans/persecuter
Me vinst vng mal pire que fieure double
Qui mon esprit/et mes sens si fort trouble
Que ie perdy lusage de raison/

Dont ie esbays tous ceulx de ma maison.
℘Mes oncles lors phelipes de Bourgongne
Et le duc Jehan de Berry qui quen grongne
Prindrent de moy lentier gouuernement
Et congnoissans que cest encombrement
Mestoit venu pour porter la querele
Dudict Clisson/et que soubz vng fainct zelle
Du bien public auoit pille/et pris
Soubz mon adueu de deniers vng grant prix
Qui est des francs plus de seize cens mille
De son estat cõme au royaume inutille
Le mirent hors/ et fut desappoincte /
Dont vng meilleur que luy fut appoincte
℘Tantost apres deuers moy prinst son erre
Henry qui fut exille Dangleterre
Pour quelque cas/par mon gendre Richart
Auquel depuis il feit maulaise part/
Car en prison feit mourir sa personne
Et Dangleterre vsurpa la couronne.
℘Or fuz ie bien dautres morsures mors
Quant par maleur mes oncles furent mors/
Car a Paris de nupt en plaine rue
Dessus Loys mon frere on frappe et rue/
Lequel estoit premier duc Dorleans/
Et fut occis en la fleur de ses ans/
Jehan qui estoit a lors duc de Bourgongne
Fut linuenteur de ceste ordre besongne/
Dont il sourdit si grant diuision

Que congnoistres par clere vision
Que moy les miens/ꝗ qui ont porte heaulme
En ont souffert/et to' ceulx de mon royaume
Car ce duc Jehan gaigna ceulx de Paris
Qui enuers moy de foy furent taris
Ou il y eut grant occision faicte
De ceulx lesquez me gardoient foy parfaicte
Et tellement que a Charles le Daulphin
Si tanneguy du chastel asses fin
Ne leust saulue/et mis hors de la Ville
On luy eust fait quelque tour lache et Ville.
C Or les anglois qui est peuple mutin
Considerans ce discord intestin
Et quilz auoient contre moy eu Victoire
A agyncourt Vindrent/on territoire
De normandie/ꝗ prindrent le pays/
Dont ledit Jehan et mon filz esbays
De faire paix entre eulx ilz entreprindrent
Et de parler sur Vng ponth ilz conuindrent
Que a Monstreul faultyonne lon fit
Ou Vng francois le Bourguignon deffit
Et mist a mort/parquoy son filz Phelipes
Entre en paris/quil mect entre les griffes
Dudict henry lors Dangleterre roy
Ma fille aussi/ma bonne espouse/et moy
Qui fille estoit du bon duc de Bauieres/
C Puis les anglois pôths/passages/riuieres
Cites/chasteaulx gaignerent sans effort/

Et cest Henry qui estoit le plus fort
feit tant Vers moy que mon filz ie exherede
Et que mon ceptre et couronne luy cedde/
Moiennant ce que ma fille espousa
Cest Catherine ou Beaulte repous a/
Combien que neusse aucune toissance
De mon bon sens/ne de donner puissance.

¶ Ung an apres(dont ie fuz bien marry)
Eurent Ung filz quilz nommerent Henry
Et mon seul filz pour demeure certaine
Se retira bien tost en acquitaine.

¶ Puis en lan mil quatre cens Vingt et deux
Laissay ce monde aux gens de bien hideux
Et trespassay la trentiesme iournee
Apres henry/et fut en ces iours nee
Discencion entre noz deux enfans
A qui auroit mes tiltres triumphans/
Mon corps fut mis a sainct denys soubz terre
Priez a dieu que lame soit sans guerre.

　　¶ Du roy Charles septiesme de ce nom
　cinquante quatriesme Roy de france.

¶ Combien q̃ par le trespas dudit roy Charles
Vj. le royaume de france appartinst a son filz
Vnique charles Vij. de ce nom/ neautmoins le
duc de bressort soy disãt regẽt de frãce senempa
poꝛ ꝕ on nom du petit hẽry filz de hẽry roy dã
gleterre Vj. de ce nom ꝛ de madãe catherine fille
dud roy charles Vj. dõt ꝓcederẽt plusieꝛs grãs

guerres/durans lesqlles ledit Charles vij. se
feit couröner ꝗ sacrer a Reims sept ans apres
et en lan mil quatre cens vingt ꝗ neuf/ꝗ deux
ans aps ledit henry en laage de vnze a douze
ans se feit aussi couröner roy ꝺ france ꝗ sacrer
en leglise nre dame de Paris. Et depuis fut si
maleureux ꝗl fut chasse de frãce ꝗ tous les an
glois/ꝗ finablemët mourut prisonnier en angleterre sans couröne ꝗ sans ceptre/Led Roy
charles regna trëte ꝗ neuf ans ou enuirö non
tousiours en paix/ꝗ deceda le iour ꝺ la feste de
magdelaine lan mil iiij.cês lxj. et eut deux filz
ꝗ trois filles/sauoir est Loys xj. de ce nom qui
fut roy aps luy/charles ꝗ fut duc de guiëne et
mourut a Bourdeaulx/ catherine ꝗ fut mariee
auec Charles duc de bourgongne/Jehanne ꝗ
espousa Jehan duc de Bourbon/et Magdelai
ne qui fut mariee a Gaston comte de foix.

C Par ce ꝗ auös ple cy dessus ꝗ plerös cy aps
des roys dagleterre iay voulu cy eploier la ge

Genealo
gie des
roys dan
gleterre
depuis
Guillau
me le ba-
stard.

nealogie dud hëry vj. et de to' les autres roys
dagleterre depuis guillaume le bastard iusqe
a hëry vîij.de ce nom regnãt en ceste pñte ãnee
mil ciq cês xxij. selon ce ꝗ ien ay peu recolliger
p les histoires/ꝗ pour y entrer cöuiët entëdre/ꝗ
led guillaume le bastard duc de normãdie lan
mil lxvj. p le secours des frãcois cõquist le roy
aume dagleterre cötre Araldus tirãt ꝗ vsurpa
teur dicelluy ꝗl feit mourir ꝗ y regna xxvj. ans

Ledit roy guillaume laissa trois filz/et deux fil
les/sauoir est Guillaume le Roux q̃ fut Roy
apres luy/Robert/et Hẽry premier de ce nom
Lune des filles fut mariee auec estienne com
te de Bloys/dont vinst vng filz nõme Estien
ne. Lautre fille nõmee maheult espousa Ge,
offroy martel second filz de foulques comte
Daniou et du Mayne/desquelz vindrẽt deux
enfans Henry et Geoffroy.

Ledit guillaume le roux alla de vie a trespas
sans hoirs de sachair/parquoy ledit Hẽry son
pl⁹ ieune frere vsurpa le royaume Dãgleterre
et la duche de Normãdie sans en vouloir faire
part a son frere/Robert q̃ estoit aisne de luy/et
apres leurs trespas a la raison de ce quil ne lais
serent aulcuns enfans/les estienne filz dudit
cõte de Bloys et dune des filles dudit Guil,
laume le roux separa desdits rouyaulme et du,
che qui ne luy appartenoient/mais audit hen,
ry le secõd filz aisne de ladicte maheult p̃miere
fille dudit guillaume le roux Surquoy feirẽt
vng accord/p lequel ledit Estienne demoura
ioissant dudit royaume Dangleterre iusques
a son trespas/et ledit Henry le secõd de la du,
che de Normãdie. Et au moien de ladicte con,
uenãce les hẽry le secõd aps le deces dudit est
enne fut roy Dãgleterre et duc de normãdie a
cause de ladicte maheult sa mere/et cõte dãiou

et du Mayne a cause de Geoffroy martel son
pere (τ depuis il bailla Aniou τ lemayne a son
dit frere Geoffroy.

Ledit Henry le second espousa madame alie
noz duchesse de Guienne apres quelle eut este
repudiee par Loys le ieune xlj. Roy de france
côme iay escript au long en mes annalles dac
quitaine/Et de leur mariageuindrent quatre
filz/et quatre filles/sauoir est Henry tiers de
ce nom q̃ espousa madame Margarite de fran
ce fille dudit roy Loys le ieune et de madame
Constance despaigne sa seconde espouse/ Le
secôd filz fut Richard surnôme cueur de lyon
q̃ fut duc Dacquitaine/ le tiers geoffroy q̃ fut
duc de Bretaigne/ et le quart Iehan surnôme
sans terre p ce q̃ son pere ne luy bailla aucun
apennage/ Les filles furent mariees sauoir
est lune auec lêpereur de Côstantinople/lau-
tre auec le roy de Castille dont uint Blãche
q̃ fut mere du roy sainct Loys. La tierce auec
le duc de saxonie dõt fut filz Otho empereur/
et la quatriesme fut sême de Guillaume roy
de Cecille/ apres le trespas duquel elle espou
sa Raymond iiij. de ce nom côte de Tholoze.
Ledit roy Henry le second feit coutôner roy
Dãgleterre sondit filz henry le tiers leq̃l mcu
rut auãt son pere sans laisser aucuns enfans
touteffoiz est mis en lordre des roys Dangle-

terre. Ledit Geoffroy Duc de Bretaigne alla
aussi de Vie a trespas auät son pere z laissa son
espouse enceincte dug filz q̃ fut nõme depuis
Artur. Et lan mil cent quatre vingts et neuf
ledit roy henry le second alla de vie a trespas/
apres lequel son second filz Richard fut Roy
Dãgleterre/ et par ce quil deceda sans enfans
le royaume Dãgleterre deuoit appartenir aŭ
dit artur duc de Bretaigne p̃ representation dud
geoffroy son pere mais ledit Jehan sans terre
lusurpa sur luy et depuis le feit mourir cõme
il est cõtenu es ditez annalles. Et põᵘ ledit cas
et aultres q̃l auoit cõmis cõtre le roy phelipes
auguste sõ souuerain seignr ses Duchez de nor
mãdie z guiéne z ses cõtez de poictou/aniou/z
le mayne furét cõfisq̃es a la courõne de frãce
et luy viuãt loys filz dud roy phelipes le chas
sa Dãgleterre/z en fut courõne roy/pquoy ne
fut a tort nõme sãs terre/ touteffoiz aps̃ le tres
pas diceluy Jehan led Loys laissa led royaŭ
me a henry quart de ce nom filz dudit Jehan.
Ledit henry le quart regna long temps z lais
la vng filz nommie Edouart le premier de ce
nom/qui fut Roy apres luy/ et espousa madã
me Margarite seur de Phelipes le bel/ et fille
du roy Phelipes le tiers de ce nom xlv̄. roy de
france. Ledit Edouart le p̃mier eut quatre en
fãs sauoir est edouart le secõd filz de luy z de la

comtesse de Ponthieu sa premiere femme/z de
sa seconde femme qui fut ladicte Margarite de
france eut Thomas côte de Cornubie et deux
aultres enfans. Ledict edouart le second fut
roy Dagleterre z espousa madame ysabeau
de frace fille dudit Phelipes le bel dont Vinst
edouart le tiers qui feit mourir son pere en pri-
son/et fut couronne roy Dangleterre/z puis
Voulut pretendre le royaume de france a luy
appartenir a cause de ladicte ysabeau sa mere
comme il a este dit dessus en parlât du roy phe
lipes de Valoys.
Ledit Edouard le tiers eut cinq filz/le pmier
fut Edouart prince de galles qui prinst le roy
Jehan dauant Poictiers/qui mourut auant
son pere/et laissa Vng filz nôme Richart q fut
couronne roy Dangleterre en laage de Vnze
ansapres le trespasdudit edouart le tiers/Le
second filz fut messiere Leonnet duc de claten
ce qui fut marie auec Valête fille de Galleace
duc de Milan/et apres son trespas laissa deux
filles/La premiere fut mariee auec le côte de
Nothobelande / ta seconde nômee Phelipe fut
mariee auec messire Rogier de mortemer dont
Vinst edouart le quart côme no'Verrôs cy aps
Le tiers filz dudit edouart fut messire Jehan
de gand côte de Herby qui espousa dame blâ-
che delenclastre fille et heretiere du duc delen

claftre/et en secondes nopces se maria auec la
fille du Roy pietre Despaigne/de laqlle il eut
deux filles lune fut mariee auec Alphons roy
despaigne/lautre auec le roy de portugal Aps
le deces de sa secõde femme fut amoureux du
ne dame de laquelle il eut cinq enfans ql feit
legitimer ꝗ entre aultres Hẽry comte Derby
cinquiesme de ce nom qui Usurpa le royaume
Dangleterre sur ledit roy Richart filz dudit
Edouart prince de Galles/leql Richart mou
rut son prisonnier. Ledit Henry cinquiesme
eut deux enfans/sauoir est le comte de Riche
mont/et Henry le sixiesme/ledit henry sixies
me fut roy Dangleterre ꝗ se feit courõner roy
de france duquel nous auons parle au cõman
cement de ce chappitre/ꝗ a la fin mourut sans
royaume/car ledit Roy Charles septiesme le
chassa de france/ et Edouart le quart duquel
nous parlerons on subsequent article le priua
du royaume Dangleterree et feit mourir son
filz/ Ledit comte de Richemont son frere eut
ung filz nomme Henry septiesme de ce nom
ꝗ chassa Richart frere dudit Edouart le quart
et fut roy apres iceluy edouart par le secours
du roy Charles huitiesme de ce nom / duquel
Heney septiesme sont venuz trois enfans/sa
uoir est Henry huitiesme qui a present est roy
Dangleterre en ce tẽps que nous disons mil

D

Les Epitaphes

cinq cens vingt et deux/Margarite qui espou
sa le feu roy Descosse qui fut derrierement oc
cis en vne bataille côtre les anglois/et Marie
qui espousa le roy de france Loys douziesme.
Le quatriesme filz dudit Edouart le tiers fut
messire aymon de langloy comte de cambage
et duc de Dyozt dont vinst le duc de Diozt le
graz comte de cambage/duquel et de madame
Anne de Moztemer fille dudit messire Rogier
de moztemer et de ladicte Phelipe sont venuz
trois enfâs/sauoir est ledit Edouart le quart
Le duc de Clarêce que ledit edouart feit mou
rir en maluoisie et Richart/lequel apzes le tres
pas dudict Edouart son frere tinst deux ans
ledit royaume dangleterre puis en fut chas￼
se par ledit Hêry septiesme de ce nom. Le cin￼
quiesme filz dudit Edouart le tiers fut messi￼
re Thomas de bestoly comte de Bonquignan
et duc de Cloceftre ledit Richart son nepueu
le feit mourir a Calaix/et laissa deux filles lu
ne mariee au comte de Harefozt/et lautre au
comte de Suffozt. Sêsuit lepitaphe dudit roy
Charles septiesme.

¶Epitaphe dudit Roy Charles
septiesme de ce nom.

On dit que dung feuble cõmancement
Souuent aduient vng riche auancement
Et que celuy qui seuffre en sa ieunesse
A du repos et de laise en vieillesse/
Je le scay bien/car ie Charles qui fuz
Du nom septiesme apres vng long reffuz
Roy des francois par la mort de mon pere
Trouuay fortune assez rude et aspere
Par le moien des cruelz bourgongnons/
Qui furent lors des anglois compaignons/
Et qui Henry sixiesme Dangleterre

D ij

Ne ayant que Ung an/feirent roy de ma terre
On nom duquel parlement fut assis
Jusques en lan quatre cens trente et six
Mil par dessus Dauctorite royalle
En ma cite de Paris capitalle
Depuis lan mil quatre cens Vingt et deux
Que Paris fut entierement pour eulx.
℟ Pendant ce temps remply de malefice
Je feiz asseoir a Poictiers ma iustice
De parlement/et fuz en tel derroy
Que de Poictiers et Bourges fuz dict Roy/
Aussi nauoys en paisible Dommaine
Que ces pays/Languedoc/et Touraine/
Qui tindrent bon en ma necessite
Et Orleans qui fut Danglois cite
Et assiege/mais Jehanne la pucelle
Par la bonte(comme croy)supernelle
Semblablement les princes de mon sang
Et aultres gens tenans pour moy le ranc
furent leuer ce siege a grant poursupte
Et aux anglois ilz baillerent la fupte.
℟ Puis le pays me feirent Gironner
Le conquerant/et a Reims couronner/
Et tellement que a force tresharie
Je retiray presque la Picarie.
Ou la pucelle estant en garnison
fut faulsement par tresgrant traison
A Ung seigneur de Luxembourg rendue/

Et aux angloys par luy de puis vendue/
Qui a Rouhen lont fait par feu mourir
Sans la pouoir des francois secourir
Luy supposant que vsoit de sorcerie
Sans rien prouuer de ceste menterie/
Aussi viuoit droictement selon dieu
En le seruant puremēt en tout lieu
Elle nestoit dhonneur ambicieuse
Ne mal parlāt/moins auaricieuse/
Chascun dimanche elle se confessoit
Jusnoit souuent/grans aulmosnes faisoit
Aussi estoit en faictz et dictz pudicque/
Hardie/et sage en laffaire belicque/
On nom de dieu tout son cas conduisoit
Sans point iurer/qui tresbien luy dupsoit/
On la iugea pour ce seul cas en somme
Dont elle vsoit des vestemens de lhomme
Par ce quil est aux femmes defendu/
Ce qui estoit a eulx mal entendu
Car cela fut dauctorite diuine
Pour subuenir a mon mal et ruyne
Aussi depuis ce peruers iugement
Je les chassay hors de france aisement/
Joinct q̃ feiz paix maulgre langloise trongne
Auec le duc Phelipes de Bourgongne/
Prince tresbon/riche/et bien renomme/
¶ Et lan apres a certain iour nomme.
Parisiens leur ville me liurerent/

Et des angloys du tout la deliurerent/
Et fismes tant que nous les remectons
En normandie ainsi quon faict moutons/
Par le secours de la bonte celeste
Des miens aussi/et daultres pour le reste
Cest assauoir de Artur le bon breton
Et du bastard Dorleans/de pothon
Auec la hire et les seigneurs Descosse
Qui leurs vertuz myrent hors delescorce/
Et tellement que anglois furent côtraincts/
Treuues crier/dont ie ne me retraincts.
¶ Durant ce temps pour iustice remectre
En son estat gens de bien y fiz mectre/
Et establiz ordonnances royaulx
Pour corriger les abuz desloyaulx
Je feiz droisser la saincte pragmaticque
Pour le grant bien dordre ecclesiasticque
Et le proffit des Vniuersitez
Voulant pourueoir a leurs necessitez/
¶ Mais les ãglois non obstãt treuues prises
Contre leur foy par trop lasches surprises
Vindrent courir dessus mes alliez/
Lesquelz estoient en noz treuues liez/
¶ Et parautant que de tout cest affaire
Le roy Henry ne voulut raison faire
Recõmencay la guerre contre luy
Voire si bien que a son tresgrant ennuy
Je le chassay par fureur desgourdie.

Tant de Rouhen que de la Normandie.

℧ Puis enuoiay gens cheuaulx et harnois
Droict a bourdeaulx soubz le sieur de dunois
Qui la fureur des Angloys ancienne
Myrent au bas/et conquirent Guyenne/
Laquelle apres se rendit aux Angloys/
Dont les chassay lan mil cinquante et trois
Et quatre cens/tors ie fuz roy paisible
De toute france/et par force inuincible
Tous les anglois en leur pays chassay/
Ce que a grás coustz ꝗ trauaulx pourchassay
Et ne pillay noblesse ne leglise/
Quát au surplus pâns deulx ꝑ bonne guise/
Ce qui leur pleut boire pour en vser
En mon affaire/et sans en abuser.

℧ Depuis ves qui huit ans sás guerre aucúe
Durans lesquelz ie remply de pecune
Tous mes subgectz/et beurent le bon temps
Apres debatz/guerres/discors/contends.

℧ Je fuz begnin plain de mansuetude
Et neu iamais en moy dingratitude/
Parquoy suis dit Charles ie bien ame
Qui ne fut onc de grant crime blame/

℧ Trente neuf ans en diuerse fortune
Jadis regnay/puis la mort importune
Lan quatre cens mil et soixante et vng
Me vinst saisir en la ville de Mun/
Je vous supply que priez dieu quil ame

                          D iiij

(Ainsi q̃ au mõde on feit mon corps) mon ame
Et lequel corps qui tant de maulx porta
A sainct Denis moy mort on transporta.

¶ De Loys Onziesme de ce nom
cinquãte cinquiesme roy de france.

¶ Pour quelque question que ledit roy Char
les septiesme auoit eu a Loys son filz aisne/le
dit Loys sestoit retire a son cousin Phelippes
duc de Bourgongne auec lequel sestoit long
tẽps tenu. Et incõtinãt quil eut este aduerty
de la mort de sondit pere se Oinst faire couron
ner (& sacrer a Reims a la fin du moys Daoust
lan mil quatre cens soixante (& Ong. Et pour
a pennage bailla au commancement la Du=
che de Berry a son frere puisne charles/ Dont
il ne se contenta / et fut contrainct luy Bailler
par apres la duche de Normandie. Laquelle
certain peu de tẽps apres trouua moien de re=
tirer caultement dudit Charles / (& luy Bailla
pour recompense la Duche de Guienne / quil
tinst iusques en lan mil quatre cens soixante
douze ouquel anledit Charles mourut a Bour
deaulx sans auoir este marie / parquoy ladite
duche retourna aud roy Loys q̃ fut le cinquã=
te cinquiesme Roy de france / (& regna Oingt et
deux ans/ ou enuiron et iusq̃s en lan mil qua=
tre cens Oingt et trois / en laquelle annee il de=
ceda le penultime iour Daoust en la Oille de

Tours/｟ fut enterre en leglise collegialle no
stre dame de Clery ｠l ediffia et dota richemẽt
durant sa Bie/il espousa en premieres nopces
madame Margarite fille du roy Descosse/la
quelle deceda sans auoir aucuns enfans/｟en
secondes nopces il fut marie auec madame
Charlotte de Sauoye/de laquelle il eut qua=
tre enfãs/sauoir est Joachim qui mourut ieu=
ne enfant/Jehanne quil maria par force auec
Loys duc Dorleans et depuis roy de france
lequel au commancemẽt de son regne feit de=
clairer nul ledit mariage dentre luy et ladicte
Jehanne comme faict par force et contraincte
aussi eut ledit Loys Bnziesme Bne aultre fille
nommee Anne qui fut Bne sage dame｟ espou
sa monseigneur Pierre seigneur de Beauieu
et depuis duc de Bourbon/｟ le quart｟ derrier
de ses enfans fut Charles huitiesme quil lais
sa en laage de treze ansou enuiron qui fut roy
apres son pere lequel au temps de son trespas
auoit laage de cinquãte neuf ans ou enuiron.
Sensuyt son epitaphe.

¶ Epitaphe dudict roy Loys Bnziesme.

ROY

¶ Si suspeçon crainte/et ferocite
Je neusse mis auec seuerite
Et mon sauoir sens et experience
Je eusse regne en plus grant pascience
¶ Mais ce qui suis Loys Unziesme dict
Je messoignay par secret interdict
De mes parens/et les princes de france
Parquoy tousiours fuz en peine et souffrance
Car ces seigneurs qui auoient le cueur bon
Et mesmement les seigneurs de Bourbon
Charles mon frere/et les comtes du mayne

Et Dengoulesme a se douloir ie mayne/
Semblablement les seigneurs de Dunoys
Et de nemours/ et auec moy tenois
Pour mon conseil gens de peu de value
Comme oliuier le Damp/Doyac/balue
Et aultres gens destat petit et bas
Dont tout soudain sourdirent grans debas/
Car chascun deulx contre moy crie (z hongne/
Et par le filz du bon duc de bourgongne
Charles nomme comte de Charoloys
Et par le duc Breton nomme francois
Encontre moy droissent vne praticque
Quilz font nomer par tout le bien publicque/
Donnans entendre a tous en general
Que de mon ceptre et couronne vsois mal
Pour me exiller a mon grant vitupere
Et couronner roy de france mon frere
Lequel estoit a lors Duc de Berry/
Dont ie fuz lors desplaisant et marry
C Et aduerty que auec grosse puissance
Le charoloys tasche auoir iouyssance
De mon Paris luy presente combat
Amontlery/ou mes gens il abat/
Et sur la fin apres longue bataille
Ou fuz tousiours/il fault que ie men aille
Et me retire au chasteau de Corbeil
Ou me sauluay par soudain appareil
Or congnoissant mal aller mon affaire

Les Epitaphes

Je fuz contrainct auec eulx la paix faire/
Et contanter chascun deulx a leur gre
Dargent ou terre en leur ordre et degre
℄ Touchant mon frere il eut pour a pennage
La normandie auec son Vasselkage/
Puis feiz bailler chapeau de cardinal
A Jehan Balue estant lors principal
Entremecteur du siege apostolicque
Pour adnuller du tout la pragmaticque/
Ce quil ne feit/car Jehan de sainct Romain
Mon procureur tinst contre luy la main/
Et de loctroy que ien fizen appelle
Et par lappel ledit balue expelle.
℄ Deux ans apres ce Judas nompareil
Duquel croioys plusque en tout mon conseil
Me feit aller sans craindre ma couronne
Parler au duc de bourgongne a Peronne
Du il me tinst comme son prisonnier
Siie nestois auec luy parconier
Pour aux liegeois mes amys faire guerre
Cu fuz cõtrainct pour me sauluer prẽdre erre
Et maulgre moy gueroiay mes amys
Auec ce duc qui furent a sac mis/
Semblablement leur Ville populleuse
Qui fut a moy chose tresdouleureuse.
℄ Tantost apres a mon frere fiz tant
Duil saccorda Voulut et fut contant
De me laisser Rouen et normandie

Ou les anglois auoient leur estudie/
Et luy baillay pour le recompenser
Toute Guyenne ou mal se feit penser
Car en lan mil quatre cens et soixante
Et douze au bout dune poison puissante
Il y mourut de chascun regrete/
Quon a sur moy sans cause interprete/
Accord ie fiz par ce que estois en serre
A edouart le quart roy Dangleterre
A Piguiny / ou a luy ie parlay/
Et a Paris dilec ie men allay
Ou sceu par luy/et Charles de Bourgongne/
La trahyson/et mauluaise besongne
Que contre moy Luxembourg conspiroit
Qui trop aux biens et honneurs aspiroit
Et non obstant quil fut mon conncstable
Et de sainct paul comte assez redoutable
Luy fiz coupper la teste en peu de tours/
Semblablement a Jehan duc de Nemours.
Ong an apres Rene duc de Lorraine
Occist de lan la premiere sepmaine
Charles le duc de Bourgongne a Nancy
Comme il fuyoit/sans en auoir mercy/
Puis retiray de Bourgongne la terre
Et tous mes gens contre flamens asserre
Qui me font guerre en la comte Dartoys
Que ie conquis/et comme ie y estois/
One rencontre on feit aguynegaste

Ou de mes gens quelque nombre on degaste/
Puis les flamens se dirent mes amys
Par le moien & ce que leur promis
Bailler mon filz Charles a Margarite
De lempereur fille/lors bien petite
Laquelle apres en france filz Venir
Pour aux flamens et alemans me Unir.
¶ Cest accord fait me Vinst guerre nouuelle
De malladie/assez a moy cruelle/
Que supportay non pas sans grans destroiz
Juc en lan mil quatre cens Vingt et trois
Et quatre Vingts/que mouruz en destresse
¶ Mon pauure corps fut mierheux ma mais
En son monstier & clery que fonday (stresse
En mon Viuant ie me recommenday
Tousiours a elle en tous mes grans affaires/
En mes assaulx contre mes aduersaires
En tous mes maulx/et mes necessitez/
Afflictions et grans aduersitez
Par ce quelle est du bon Jesus la mere
Et que onc ne fut a ses seruans amere.
¶ Si cruel fuz ien eu loccasion
On me Vouloit mectre a confusion
Et si ie prins emprunts / et grosses tailles
Paioys tresbien mes gens pour mes batailles
Ou ie faisois si bon ordre garder
Quen neust cure mes subgectz regarder
Pour les piller dune petite mycche

Ne dung poulet/par ce tout estoit riche.
¶De gens deglise aucuns deniers ne pris
Mais leurs faisois oblations de prix/
Et desirant quon fist bonne iustice
Je ne voulu iamais vendre vng office
Et ceulx lesquelz congnoissois vertueux
Je colloquoys en estatz sumpteux/
Et si mectois en la iudicature
Gens assez meurs ayans lectre et droicture.
¶Priez Jesus qui penitens receoit
Que gracieux a ma pauure ame soit
Et que en faueur de sa mere Marye
Ne soit en moy sa grant bonte tarie.

Du roy charles Viii de ce nõ cõi.roy de frãce
¶Charles Viii.de ce nom filz vnique du Roy
Loys xi.fut roy apz son pere le cõi.cluy succe
da en laage de xiii.ansou euiron/touteffoiz ne
fut couronne iusqs en lã mil iiii.cõs iiii.vingts
c iiii.ql eut xiiii.ans/il feit tenir les troisestatz
a tours.Et apz ql eut regne xiiii.ansou euirõ
(acõpter du iour du deces de sõ pere)alla de vie
a trespas on chasteau Dãbaise de mort subite
le Vii.iour Dauril Lan mil iiii.cõs iiii.vingts
dixsept auant pasque/a cõmancer lannee a la
dicte feste de Pasque ainsi quon fait a Paris/
et lan mil quatre cõs quatre vingts dixhupt a
cõmãcer lannee a lanũciaciõ nre dame ainsi
quon fait en acqtaine/cfut triũphãmt enterre

Les Epitaphes
en labbaye saict denys en frãce. Des le viuãt
dud roy Loys son pere il pmist prẽdre a fẽme
Margarite de flãdres fille de lẽpereur Maxi
miliã laqlle poz ceste cause fut amẽnee en frã
ce. Et aps q led roy Charles eut eu la victoire
cõtre frãcois duc de Bretaigne q q iceluy fran
cois fut decede il espousa sa fille aisnee mada
me anne q rẽdit lad margarite aud maximiliã
auec la cõte Dartoys dõt il se cõtẽta/il eut plu
steurs enfans de lad Anne mais to' moururẽt
parquoy faillit en luy la ligne directe & ceulx
de Valoys.   ¶ Sensuit son Epitaphe.

A cueur vaillant il nest rien impossible/
Tout est facil sil le treuve possible
Et le conduit par conseil prouident
Qui scet preueoir vng futur accident
Je lay congneu par mes nobles victoires
Qui sont assez communes et notoires/
Car non obstant que neusse membres fors
Pour soustenir les belliqueux effors/
Et fusse roy des mes ans le treziesme/
Qui suis nõme Charles du nom huitiesme/
Petit de corps de vouloir nompareil
Tousiours garny de louable conseil
Paciffiay les princes de mon royaulme
Qui contre moy vouloiẽt prẽdre le heaulme/
Vng excepte/cest le duc Dorleans
Loys nomme/qui en ses ieunes ans
Auec francois alors duc de Bretaigne
Et aultres gẽs (dõt fault que ie me plaigne)
Encontre moy prindrent lances escuz
Qui furent tous a sainct aulbin vaincuz
Et la fut pris par gens de pie rustirques
Ledit Loys Dorleans pres des picques.
Et quant le duc francois fut trespasse
Dedans son lict/fut vng accord passe/
En ensuyuant lequel prins sa fille Anne
Et sa duche/puis sans que ie suranne
Je lespousay non pas a lestourdy/
Et Margarite a lempereur rendy/

✴

A qui iauois autreffois fait promesse
De lespouser en ma tendre ieunesse/
Dont faz quicte / moiennant ce que artoys
Je leur laissay que oudict temps ie tenoys/
¶ Henry septiesme estant hors de sa terre
feiz couronner par force en Angleterre
Et le rendy roy paisible et recteur
Contre Richard du regne Vsurpateur.
¶ Je mis en paix Guienne/et Normandie
Aussi bourgongne/et toute Picardie
Au roy Despaigne auant le bout de lan
Rendre ie feiz/ Roussillon Parpignan/
Par ce que lors on me donnoit entendre
Que selon dieu ie les luy deuois rendre.
¶ Et puis auoir de mon cas ordonne
Et en la france vng bon ordre donne
Par bon conseil duquel tousiours me alye
Dultre passay les mons/et litallie
Du les seigneurs des Villes et citez
furent(ne scay comant)tous excitez
Me receuoir non pour Roy / mais monarque
En me donnant des empereurs la marque.
¶ A rome fuz/et la come humble filz
Obeissance au sainct pere ie fiz/
Dilec ie prins chemyn amoy facille
Pour recouurer mon isle de Cecille/
Que ie conquis dont fuz couronne roy/
Et tins long temps a Naples mon arroy.

❡Et au retour par vne extrange guise
❡Ceulx de milan/de rôme de Venize
Et aultres gens mes secretz ennemys
Lesquelz sestoient tous en embusche ntis
Pour me affoller/et les francois destruire
Donnent sur nous a furnone sans bruyre/
Et non obstant quilz fussent dix contre vng
furent vaincuz par nous vng iour de Juing/
Et si passay non obstant leur oultrance
Lespee au poing en ma terre de france/
Et de Noarre(ou lassault ie liuray)
Ledit Roys dorleans deliuray/
❡Ie amay leglise et reueray iustice
Et feiz garder en mes citez police/
Ie fuz courtoys begnin et liberal
Sans pourchasser par vengence aucun mal/
Ie feiz honneur aux suppos de noblesse
Et ne voulu que le commun on blesse
Ieusse fait mieulx si la mort ne meust pris
Mais ie fuz delle a Ambaise surpris
Et tous mes sens dung caterre elle saque
Du moys dauril iour septiesme auãt pasque
Mil quatre cens quatre vingts dixsept.
❡A sainct Denys est le corps/vng verset
Dictes pour lame auec vne collecte
A ce que dieu lassus es cieulx la mecte
❡En moy prend fin la generacion
Des de Valoys et propagacion

                        ❀ ij

Les Epitaphes
De la directe et ligne principalle
Dont orleans tient la collateralle.

⁋ Du roy Loys xij. de ce nom
l'Bij. Roy de france

⁋ Par ce que ledit roy Charles huitiesme dece
da sans enfans procreez de sa chair la ligne di
recte des roys de france desceduz de Phelipes
de Valoys prinst fin en luy / et a ceste rayson
Vinst la couronne a son plus proche parent de
ladicte lignee de Valoys qui estoit monsieur
Loys duc Dorleans. Car comme il a este dit
dessus en la Genealogie du roy Charles cinquiesme. Ledit Charles cinquiesme eut deux
enfans / sauoir est le roy Charles sixiesme qui
fut pere du roy Charles septiesme / ledit charles septiesme du roy Loys Vnziesme / et ledit
Loys Vnziesme dudit Charles huitiesme qui
mourut sans enfans. Lautre filz dudit Char
les cinquiesme fut Loys duc Dorleas duquel
et de Valentine fille du duc de Milan Vindret
trois filz Charles q fut duc Dorleans / Jehan
qui fut comte Dengoulesme / et Phelipes qui
fut comte de Vertuz. Ledit Charles duc Dor
leans Vesqdit longuement. Et apres quil fut
deliure Dangleterre ou il estoit prisonnier il
eut a son Vieil aage de son espouse Madame
Marie de Cleues ledit Loys qui fut duc Dor
leans / auquel par ce moien appartenoit la cou

tône de frâce côme le plus proche et fut le LViï.
Roy/et le douziesme ʒ̃ ce ncm/Son sacre fut
on moys ʒ̃ May L an mil quatre cens quatre
Bingts dixhuyt. Il auoit espouse en pmieres
nopces madame Jeḣanne ʒ̃ frâce fille ʒ̃u feu
roy Loys Bnziesme/laꝗlle ledit feu roy loys
luy auoit fait prẽdre par force/et en lespouꝼât
protesta par deuant gens de bien que quelque
solẽnite ʒ̃espousailles quil y eust/il nentẽdoit
contracter mariage/touteffoiꝫ ʒ̃puis ne eusa
faire declairer ledit mariage nul/tant pcur la
craincte ʒ̃udit feu rcy Loys Bnziesme que du
dit Charles ḣuitiesme frere dicelle Jeḣanne.
Et incontinât apꝛes le ʒ̃eces dicesuy cḣarles
et quil eut este coutonne Roy par sentence ʒ̃ö
nee parties oyes p le cardinal ʒ̃ luxembcurg/
Leuesque Dalby/ꝙeuesque de Lepte iuges
a ce deleguez par le pape ledit mariage fut ʒ̃e
claire nul et ꝑmis aux parties de se marier ou
Bon leur sembleroit Laquelle sentẽce fut pꝛin
cipallemẽt fondee sur ladicte force ꝗ contrain
cte et que de ʒ̃roit la Braye substance de maria
ge est le mutu consentement des contraḣans
ioinct que ledit roy Loys nauoit iamais ccn
gneu cḣarnellement madame Jeḣanne/laꝗl
le ccmbien quelle fust belle de face touteffoiꝫ
auoit le corps conttefaict et indispose ʒ̃auoir
lignee. Apꝛes ladicte sentence ʒ̃önee ledit rcy

Loys espousa madame Anne de Bretaigne
vesue dudit feu Roy Charles huitiesme par
dispense apostolicque/de laquelle il eut entre
autres ses enfans deux filles qui les suruesz
quitent sauoir est Claude/et Renee. Ladicte
Claude a este mariee auec monsieur frãcois
duc Dengoulesme/lautre est encores a marier
Lad madame Anne de Bretaigne deux foys
Royne mourut a Bloys le neufuiesme iour
de Ianuier Lan mil cinq cens τ treze et fut en
terree a sainct denys en france. On moys do
ctobre ensupuãt ledit roy Loys pour traicter
paix auec Henry roy Dangleterre huytiesme
de ce nom (q luy faisoit guerre) espousa sa seur
Marie qui estoit vne fort belle dame. De laql
le il neut aucuns enfans/aussi il deceda en la
ville de Paris trois moys apres ou enuiron/
le premier iour de Ianuier Lan mil cinq cens
quatorze lan dixseptiesme de son regne/et lan
cinquante quatriesme de son aage. Et en luy
est faillie la ligne masculine τ directe dorleãs
par quoy est venue la couronne a son plus pro
che parent ledit francois duc Dengoulesme
filz de Charles comte dengoulesme qui estoit
filz dudit Iehan frere du pere dudit Loys xij.
Les corps duquel fut enterre a sainct Denis
en france. Sensupt son epitaphe.

℃Epitaphe dudit Roy Loys xij. de ce nom.

ROY 57

℃ Ainsi que l'oeuil se resiouyst de seoir
L'aer pur et nect/apres le trouble et noir
Et que la ioye on marinnier redouble
Quãt seoit la mer trãsquille aps son trouble
Semblablement celuy fort se esiouyst
Qui dung grant bien apres son mal iouyst
Et qui apres quelque grant infortune
Est mis au hault du trosne de fortune.
℃ Si ie le dy/ce nest sans grans raison/
Car non obstant que fusse de maison
Tresopulente/et de royalle tige/

Les Epitaphes

Pour vng discord/different/ou litige
Ie qui fuz dict Loys duc Dorleans
(Duquel le corps a present dort leans
A sainct Denys/tout transy palle et blesme
Et depuis Roy de ce nom le douziesme)
Par les francois ie fuz prisonnier pris
Entre Bretõs/ou quelque peu mespris
Et par long temps fuz en ceste misere
Par le vouloir de Charles mon beau frere
Et derrier Roy/auquel iay succede
Par ce quil est sans enfans decede
Et que ie pris ainsi que luy mon estre
En tiers degre que tenois a main dextre
Du sage roy Charles le quint nomme
Et luy le droit dung sang tant renomme
¶ Deuoys ie point auoir resiouyssance
Si deuois bien/pour telle iouyssance
Mais qui sauroit le dangier et derroy
Ou sont maints Roys/ne vouldroit estre roy
Veu quil leur fault dauãt dieu rẽdre compte/
De tant de maulx souuent a leur grãt honte/
Et si au monde ilz ont les grans honneurs
Aussi ne sont sans ennuyz ne labeurs/
¶ De moy me soit qui ay tenu mon regne
Dix sept ans dessoubz si bonne renne
Quonc ne pillay de pillage importun
Prebstres/ne laiz/ne mon peuple commun
Et rabaissay les subsides et tailles

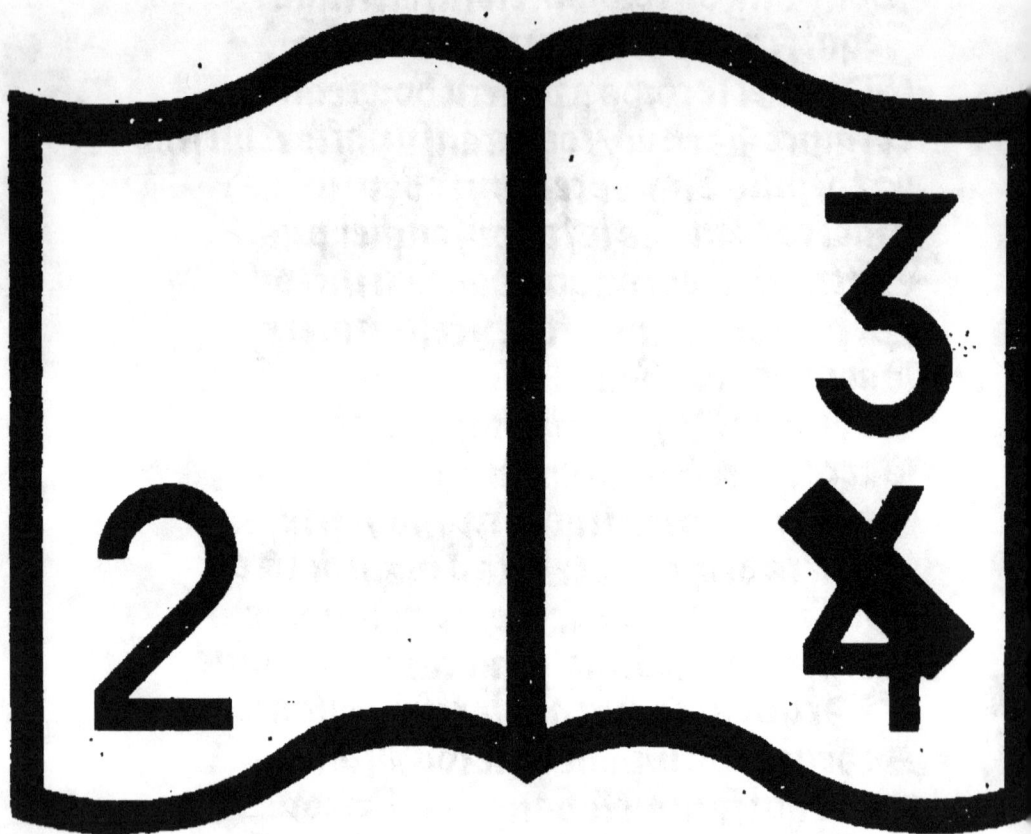

Pagination incorrecte — date incorrecte

NF Z 43-120-12

Combien q̃ teuſſe hozs france grãs batailles
Ou ie conquis ma duche de Milan
Et mis au nyc de bourges le mylan
Dollant trop hault quon nõmoit Loys fforce
Lequel auoit tenu Milan par force/
Puis retiray tous les lieux anciens
Dudict Milan contre Deniciens·
Que ie Dainquy par querelle treſbonne
A aignadel/ou teſtois en perſonne
℃ Les geneuois feirent reuoltement
Encontre moy Doire trop follemẽt/
Mais ie reprins Daſſault foudain leur Dille/
Ou ie pugniz leur reuolte inciuille.
℃ Naples gaignay/puis ie le reperdy/
Boulongne apꝛes au pape ie rendy
Que detenoit Jehan de benetyuolle
Dont le mis hozs/et ailleurs il ſen Dolle/
℃ Dultre fiz rendze au ſainct ſiege romain
Ce que tenoient du ſien deſſoubz leur main
Deniciens/auſſi au roy Deſpaigne
Et lempereur/ deſquelz fault que me plaigne
Car pour guerdõ me Dindzent pourchaſſer
De toutes pars guerres/pour me chaſſer
Dudict Milan/mais ien eu la Dictoire
Pres de Rauanne a mon honneur et gloire.
℃ Et pour les fraiz daffaires ſi peſans
Je nen chargeay laboureurs/ne paiſans
Marchans/Bourgeois/ne les gens de leglſe/

Ailleurs trouuay deniers pour ceste mise/
Cest que sedois estatz de tresoriers
De generaulx et aultres officiers
Qui ne seruoient a la iudicature
Car de ceulx la ce neust este droicture/
Par le moien de quoy fuz reclame
Pere du peuple/et des pauures ame/
℃ Si aux mignons de court ne fiz largesse
Pensent en eulx que ce fut par sagesse/
Et quon ne doit de lun prendre et saisir
Pour enrichir vng aultre a son plaisir.
℃ Mais sur la fin on feit sur moy saillie
De toutes pars/et fut france assaillie
Par Espaignolz/Scuysses/et Angloys/
Parquoy conuinst prendre gens et arnoys
Aultres que ceulx que iauois es Italles/
Pour resister a ces guerres fatalles
Et fuz contrainct grans subsides leuer
A mon grant deul/et le peuple greuer/
Qui peu dura/car la seconde annee
Par vng accord guerre fut condamnee
Moiennant ce/que alors ie me alliay
Du roy angloys/ꝗ que me mariay
Auec sa seur quon appelle marie.
℃ Puis contre moy la fortune varie
Car ie suz prins dung grief mal si trespres
Que trespassay dedans trois moys apres
Et de Januier la premiere sepmaine

Lan mil cinq cens quatorze pour lestraine
Je Bous supply priez au bon Jhesus
Que ma pauure ame il colloque lassus.
℧ Separe fuz de ma premiere espouse
fille de roy / par ce que ie propouse
Selon le Bray que par force la pris /
Parquoy nen puis daucun estre repris.
℧ Depuis ie prins quant receu ma couronne
La Befue au roy Charles si sage et Bonne
Que anne on nõmoit / dõt le bon renom court
Par le conseil des princes de ma court /
Elle estoit fille a francois de Bretaigne
Et par quinze ans ꝗ plus fut ma compaigne:
Deux filles delle a Bous laisse francois
Lune espousee auec le Duc francois
De Charles filz / ꝗ fut dengoulmoys comte /
Et filz de Jehan / lequel selon mon compte
frere germain de mon feu pere estoit /
Par ce apres moy la couronne auoir doit.

℧ Ly finissent les Epitaphes Genealo⸗
gies et effigies des Roys francois Jmpri⸗
mez nouuellement a Poictiers p Jacques
Bouchet Jmprimeur le Bingt sixiesme iour
de Jãuier Lan mil cinq cens Bingt et sept.

www.ingramcontent.com/pod-product-compliance
Lightning Source LLC
Chambersburg PA
CBHW050455270326
41927CB00009B/1748